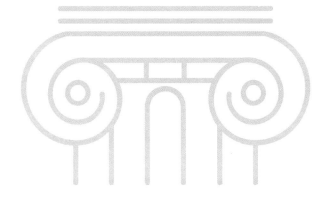

# 经济性裁员
# 法 律 制 度

## 司法适用与立法完善

王倩／著

上海人民出版社

本书是国家社会科学基金项目"经济性裁员法律制度的适用与完善"（项目号：13CFX104）的结项成果，结项鉴定等级为"良好"。

# 序

    适逢世界范围内新冠病毒猖獗的当下,每每想到餐饮、娱乐、旅游、运输等劳动密集型、需大量接待"客人"的经营单位及其雇员在疫情期间经营之艰难与生活之艰辛,不禁唏嘘不已。该问题恰恰是与我们研究的领域密切相关的。市场经济社会不可能离开雇佣,雇佣不可能摆脱解雇与裁员,这是市场经济社会优胜劣汰和社会生产要素市场化随机分配的组成部分。我这个年龄的学者对于计划经济时期的用工模式有着亲身体验和体会,固定工与终身制可能对一部分劳动者而言,是躺在"温柔之乡"里不用担忧前程与风险,工资、福利、退休与疾病保障等有着国家可依靠。但是,这种没有解雇的用工模式背后就是企业和社会效率的损伤,亦有企业中部分因无法拿到超出普通劳动者若干报酬的"专业能人"或"经营者",他们会因过于平均而不满,平均主义的待遇不仅使部分行为不端者不能受到惩戒而离职,亦造成了"专业能人"和"经营者"等劳动者无法发挥效率。1992 年之后,中国特色的社会主义市场经济体制得以确立,上述计划时期企业经营与用工模式开始剧烈变向。1993 年我硕士毕业分配到劳动部政策法规司,开始工作就接触到了"经济性裁员"这个新名词。《劳动法》(草案)中已经明确规定相关经济性裁员的内容,我硕士专业是民法学,是传统民法的一些东西,连物权、债权概念都较少使用,直到王利明教授他们几位编著的《民法新论》出版以后才开始接触上述概念,没有商法内容,更无民法与劳动法关系问题的学习,劳动法完全是一个全新的领域。《劳动法》颁布后，经济性裁员制度只有第二十七条一个条文。为便于《劳动法》的实施，劳动部以部门规章的形式将该法的相关规定细化，《企业经济性裁减人员规定》就是《劳动法》即将生效之前颁布的。想起我那些每天都在审核部门规章的日子，想起《企业经济性裁减人员规定》就是当年我本人直接审核的规章之一，不禁感慨岁月无情，人生易老。《企业经济性裁减人员规定》较之《劳动法》第二十七条规定而言，有了十二个条文，相对详细一些。遗憾的是，《劳动合同法》有关经济性裁员又仅仅规定了一个条文，即该法第四十一条，自此以后，除最高人民法院相关司法解释有所涉及外，在国家层面，企业裁员便再无其他法律规范。我2005年在中国政法大学期间，有几个我国台湾地区的在职研究生，那时他们对大陆有若干的陌生感和热络感，有位同学给我带了一本我国台湾地区现行劳动法规汇编，其中有一部法律是"大量解雇保护法"，我简单翻阅后得知，此为我国台湾地区的裁员保护规定，德国也有相关法律。

世纪翻转二十年来，中国劳动法学、社会保障法学，尤其是前者取得了长足进步，劳动法若干领域的成果已经步入学术行列，虽然它与民法、刑法、诉讼法、法制史这样的传统的学术积淀深厚的学科无法相比，但是，该领域年轻的学子们完成了若干领域的理论拓展。前些日子华东政法大学李凌云副教授将同行的学术成果发送到"中国社会法"的微信群里，集中交流一下学术，实为一件为大家服务的好事，其中有一个系列关注的问题就是解雇保护。当然，解雇保护的问题既体现在个别解除劳动合同的情势中，也体现在裁员的保护措施设置上。劳动立法是社会立法中重要一项，劳动法必然体现出它相应的社会政策属性。众所周知，若是过多的劳动者"丢掉饭碗"，没有饭吃，会引发社会问题，危及社会稳定。企业裁员与对雇员的解雇保护是事物的一体两面，全社会范围内，企业不可能不裁员，裁员又不可能没有顾忌、没有限制，劳动法上法律制度之构建几乎就是平衡与取舍，裁员法律制度实在是不好平衡与拿捏的制度创制。

认识王倩是自她归国之后。德国留学归来的这几位博士有侧重从事劳动法教学科研的,也有侧重社会保障法教学科研的。他们都是绝对的新鲜血液,在国内他们多数没有博导,作为业余导师我非常乐意,也尽力加强和他们的联系。王倩攻读法学博士时师从德国著名劳动法学家、不来梅大学法学院教授多伊普勒,他也是台湾政治大学林佳和教授的导师。多伊普勒教授对中国友好,自 20 世纪 90 年代中德劳动立法合作项目启动后,刚五十多一点儿的他曾多次来过中国,活跃于立法咨询、科研教学各领域。王倩回国后执教于同济大学法学院,一心从事劳动法的科研教学工作,这本专著是她学术成果的一个部分。从专著内容来看,她并没有陷入部分海归学术上不能返国的境地,著作的内容体现了中学为体、西学为用的特色,所探讨的问题植根于中国现实问题和中国法本体,又充分借鉴了域外资料和经验。这样的著述才是国内学者欢迎的,如果全部引进或者纯粹介绍分析域外制度,无法与国情相结合,难免脱离实际。王倩的著述将两者有机结合,对于研究该领域的其他学者,可谓有充分的参照与佐证。

"经济性裁员",顾名思义,乃指从企业经营效益视角所着手的裁减受雇者的行为,不含有任何政治色彩和歧视色彩,裁员起因于企业经营困难。我国企业裁员,依据现行法律制度的规定,须在企业破产重整、经营发生严重困难、转产或重大技术革新和其他客观经济情况发生重大变化等情势之下。企业依法裁员受法律保护。而现行企业经济性裁员制度颇为粗糙,实施过程中漏洞过多,许多规定难于解释和理解造成法律实施困难重重,诸如"客观情况发生重大变化"之"重大"、"企业经营发生严重困难"之"严重",在现行法律规定中没有任何再加以解释的文字表述,也没有任何情形的比照,使得法官和仲裁员对于这样的规定在实践中无所适从。裁员必然有法律上的定义,否则极有可能转圜而成个别解雇,例如,裁员 100 人如果分散于一年之中,必然体现为个别解雇,而如有期限界定,个别解雇形式之外实质上乃是企业裁员。从应然视角,企业经济性裁员所应负担之义务肯定大于个别解雇,从与政府相关关系看,只有裁员才负担报备(行政备案)甚至批准程序,换言之,企业负担有相应的公法义务,而个别解雇无须负担如此义务。

裁员要经过政府之手,乃是政府在后续事宜上须负担相关义务。企业裁员后,失业劳动者要生活,亦须再就业,失业保险给付乃是重要的社会保险行政给付。政府的行政义务不可能丢弃,政府在"背着抱着都一样"的情势下,必然要考虑哪个更为省事和省力气,然而我国现行法下企业裁员与失业保险、就业促进环节并无直接联系。我国《劳动合同法》第四十一条之规定仅仅是"听取工会意见",听取意见后是裁,还是不裁?听取意见,是只听不取,还是听而又取?这些都是悬而未决之事宜,事实上,劳资协商是裁员的一个重要程序和环节,如果企业裁员完全"一意孤行",完全不考虑工会和职工意见,即使法律规定有再好的"保护"措施和"兜底"条款,实践中亦会漏洞百出。

概而言之,王倩的这部著述为理论与实务界深度思考和研究该问题打开了一扇窗户,大家可以呼吸更多新鲜空气。当然,任何著述不可能完美,这部著述结构上,背景取材上尚有部分不足,但瑕不掩瑜。这部著述是部好作品,也是本学科内又一部重要的理论著述和学理资料。

路漫漫其修远兮,吾将上下而求索。劳动法领域若干研究才刚刚开始,企冀年轻学子更加努力,亦希望王倩学术之路越来越宽。

郑尚元

2020 年 5 月 29 日

于清华大学法律图书馆

# 目录 CONTENTS

# 第一章　经济性裁员制度概述

在市场经济的框架下,销售市场、技术设备、贸易纠纷、汇率、原材料与能源、产业政策、环境治理等外部和内部的、宏观和微观的因素都在时时刻刻影响着企业的生产经营,其所需的人力资源的质和量也得相应调整,所以,即使在"风调雨顺、形势大好"的时候,用人单位裁减人员的现象也并不罕见。当前,我国经济发展面临着错综复杂的局面,国内呈现出增长速度换挡期、结构调整阵痛期、前期刺激政策消化期"三期叠加"的阶段性特征,世界经济也在进行深度调整,以世界贸易组织为核心的国际经贸秩序受到多重挑战,在此背景下裁员更是屡见不鲜,诸如"裁员、抗议、罢工,苹果代工厂遭数百名员工围堵""车企产能过剩,裁员过冬将成常态"之类的新闻经常见诸报端。不过,日常用语中所使用的"裁员"并非法律概念,其内涵和外延都不确定,一般指的是用人单位成批量地解除或者终止与多名劳动者的劳动合同,其实现途径往往是多样的,比如根据新闻报道,某知名公司在 2017 年年末裁员几千人,但是其裁减人员的方式包括"让劳动者因个人原因自行辞职""协商一致解除劳动合同""试用期员工不予转正"或者"开除刷单的违纪员工",①相关的法条分别是《劳动合同法》第三十七条、第三十六条、第三十九条第一项和第三十九条第二项,并非《劳动合同法》第四十一条。然而,本

---

① 李晓青:《王健林旗下万达网科员工遭集体裁员,超千人已接到通知》,载澎湃新闻 https://www.thepaper.cn/newsDetail_forward_1924568。

书所要讨论的裁员是指用人单位基于经营原因短期内预告解雇多个劳动者，①在我国法律框架对应的是《劳动合同法》第四十一条的"经济性裁员"。

## 第一节　经济性裁员的现行规定

我国《劳动合同法》第四章是关于"劳动合同的解除和终止"的规定，其中第三十九条、第四十条和第四十一条是对用人单位一方的法定解除权的规定。《劳动合同法》第三十九条规制的是过错解雇，也是即时解雇，该法第四十条所规制的是无过错解雇，也是预告解雇。究其本质，该法第四十一条的经济性裁员也属于无过错解雇和预告解雇，但是，与个别解雇不同，经济性裁员涉及人数众多，不仅会导致个别劳动者失去安身立命的饭碗，而且可能造成规模性失业、贫困人口增加，处理不好将会扰乱市场秩序、冲击社会稳定，甚至可能引发严重的群体性事件，所以立法者对经济性裁员有特殊安排。

相对于《劳动法》第二十七条对经济性裁员的规定，《劳动合同法》第四十一条有较大的变化。一方面，第四十一条第一款表达了立法者对用人单位经营自主权的尊重。该条款对于劳资协商和报告政府的程序性要求几乎没有变化，但是增加了两项裁员事由，不仅保障了用人单位在经营不善、陷入困境时可以通过经济性裁员来"割尾求生"，而且允许用人单位为了提高经营效率、增强竞争力、寻求更大的发展空间而主动调整员工的数量和质量，其中第四项裁员事由属于兜底条款，相对于以前的封闭式列举，此开放式列举的立法模式有利于避免僵化滞后、挂一漏万。另一方面，第四十一条第二款关于优先留用的规定是完全新增的内容，该制度要求用人单位在挑

---

① 裁员是指用人单位一次性预告辞退部分劳动者，以此作为改善企业生存和发展条件的一种手段，它是预告辞退和无过错辞退的一种特殊形式，其原因在于经济方面，即用人单位由于生产经营状况发生变化而出现劳动力过剩现象，因而被称为经济性裁员。见王全兴：《劳动法》，法律出版社 2017 年版，第 220 页。

选被裁减的劳动者时必须考虑社会因素,不可恣意按照自己的喜好需求决定裁员人选,而是要尽量减少对工作岗位依赖性强的劳动者的冲击,虽然法条设定的劳动合同期限标准不甚科学,但是对家庭负担重的劳动者的照顾切实体现了立法者的社会理念。另外,就优先招用的规定,①第四十一条第三款增加了用人单位通知被裁减人员的义务,并将优先招用限定于"同等条件下",比以前的规定更为科学。

虽然相对以前的规定有明显的进步,但是《劳动合同法》第四十一条作为规制经济性裁员的核心条款,仍然有过于简略之嫌,比如,就经济性裁员中劳资协商的环节,法条只是笼统地表述为"用人单位提前三十天向工会或者全体职工说明情况,听取工会或者职工的意见",留下了诸多疑问:用人单位应该向职工方说明哪些与裁员相关的情况,提供哪些信息和资料? 职工方的协商主体应该是谁? 用人单位是否可以在工会和全体职工中任选? 劳资协商应该采取何种形式、涉及哪些事项、经过哪些环节? 职工方在此过程中享有何种权限? 劳资协商陷入僵局时有何出路? 对于劳资协商过程中发生的群体性劳动争议又应该如何处理? 用人单位违反劳资协商义务的行为会导致什么后果? 由于这些问题立法都没有明确,所以实践中处理得相当混乱,所谓的劳资协商环节经常是"走过场"。

此外,《劳动合同法》第四十一条的规定本身也有不合理之处。以该条的适用范围为例,不同于未作任何区分的《劳动法》第二十七条,《劳动合同法》第四十一条设定了一个人数门槛,即"裁减 20 人以上或裁减不足 20 人但占企业职工总数 10％以上"。此规定存在以下问题。②

第一,未对小微企业设定豁免,以至于实践中出现了职工总数只有

---

① 就优先招用的问题,已经有学者进行了较为深入的讨论分析,详见冯彦君:《论劳动者录用优先权》,《吉林大学社会科学学报》2000 年第 6 期。

② 多名学者指出了该规定的问题所在,详见谢德成:《海峡两岸经济性裁员制度之比较》,《海峡法学》2010 年第 4 期;钱叶芳:《裁员保护立法的国际比较及其启示》,《法商研究》2012 年第 2 期;熊晖:《解雇保护制度研究》,法律出版社 2012 年版,第 190—192 页;高瑾:《我国大量解雇法律制度之检视与反思:兼评〈企业裁减人员规定(征求意见稿)〉》,《时代法学》2015 年第 6 期。

11 人的企业解雇 2 人也不得不适用经济性裁员规定的窘境。[1]且不说小微企业资金少、抗风险能力差、缺乏法律知识和专业人才,难以严格遵守相关规定,更重要的是此举背离了立法目的。立法者之所以针对经济性裁员设置劳资协商、报告政府、优先留用等特殊要求,不仅是为了给个别劳动者提供解雇保护,也是要避免规模性失业对社会稳定和市场秩序的冲击,然而小微企业即使裁减大半职工,人数也很有限,没必要被纳入经济性裁员的特殊规制之内。[2]

第二,未区分用人单位的规模,对于小型、中型、大型企业适用统一的人数或比例标准,然而在一个职工总数 40 人的企业和一个职工总数 4 000 人的企业中分别裁减 20 人,其影响明显是不同的,人数越多、占比越高,带来的冲击越大。为了在社会安定利益和企业经营自由之间进行平衡,有必要将关于裁员的特殊规定的适用与裁减人数以及企业规模挂钩,所以域外法往往不是"一刀切",而是采取分档、动态控制的方法,针对不同的企业规模设定不同档次的人数或比例标准更为科学。[3]

第三,未设定裁减人数的计算期间,现行规定没有明确该人数或比例标准指的是一次性解雇行为,还是在一定期限之内的连续解雇行为,理解为前

---

[1] 广东省惠州市惠城区人民法院(2013)惠城法水民初字第 118 号,"昶昕化学实业(惠阳)有限公司诉李某劳动纠纷案",案例源自北大法宝数据库。该案中公司总共只有 11 名职工,由于长期亏损而裁 2 人,但是因为未优先留用签订了无固定期限劳动合同的李某,被法院认定裁员违法。

[2] 《劳动合同法》的立法过程中,一审稿即征求意见稿曾经将经济性裁员的人数门槛设定为50 人,但是大多数人持批评态度,认为标准过高,有人主张人数越少越好,甚至认为只要裁减两人以上就构成经济性裁员,以保护劳动者的合法权益,还有些人认为,有些企业规模小,一次性裁减20 人以下的就可能对企业和职工来讲是一件很大的事情,所以应该在 20 人的固定数标准之外再设定一个比例标准。见杨景宇、信春鹰主编:《中华人民共和国劳动合同法解读》,中国法制出版社2007 年版,第 132 页。笔者不完全认同上述观点,针对用人单位基于经营原因的个别解雇,立法者已经通过《劳动合同法》第四十条第三款的规定赋予了劳动者解雇保护,小微企业用工总数有限,即使裁减多数员工,对于社会的影响也很有限,而且如果对小微企业要求太高,可能导致其负担过重,反而危及其他幸存岗位。

[3] 比如,德国《解雇保护法》第十七条根据不同的雇员总数设定了不同的人数或比例标准,即"雇员总数在 21 人至 59 人之间的,裁减至少 6 人;雇员总数在 60 人至 499 人之间的,裁减至少 10%的比例,绝对人数至少 25 人;雇员总数至少 500 人的,裁减至少 30 人"。

者的话用人单位就可以按照低于法定人数或比例标准的方式分次裁减员工,通过化整为零的方式来规避法律适用,所以福建省原劳动和社会保障厅2008年12月11日公布的《福建省企业经济性裁减人员实施办法》第四条作了针对性规定,"用人单位一年内累计裁减人员二十人以上或者裁减不足二十人但占企业职工总数百分之十以上的"适用经济性裁员程序,不过一年的时间有过长之嫌,设定为六十天更为合适。①

虽然1995年1月1日生效的《企业经济性裁减人员规定》对经济性裁员的部分事项规定较为详细,比如其第四条规定了经济性裁员的五个步骤,但是,《企业经济性裁减人员规定》不仅立法层级比较低,而且是原劳动部针对《劳动法》出台的配套性规定,2008年1月1日《劳动合同法》生效之后,该规定未被明令废止,却并不清楚能否继续适用,实践中只有少部分法院主动适用了该规定,②而大多数法院并不适用该规定,甚至某些案件中法院明确反对适用该规定。③人力资源和社会保障部在2014年12月31日公布了《企业裁减人员规定(征求意见稿)》,对裁员的实体性条件、避免或减少裁员的措施、裁员的协商和报告程序等有较为详细的规定,也有学者就此表达了不同意见,④然而之后再也没有进一步的消息,至今该征求意见稿也没有通过。不过,即使人力资源和社会保障部就经济性裁员出台新的部门规章,也必须以《劳动合同法》作为立法依据,自然不能突破上位法的框架,《劳动合同法》本身的问题只能通过修法解决。

---

① 比如德国设定的计算期间为三十天。

② 比如广东省佛山市中级人民法院(2015)佛中法民四终字第1408号,"波尔亚太(佛山)金属容器有限公司与蔡某甲、蔡某乙劳动合同纠纷案",案例源自北大法宝数据库。

③ 比如江苏省常州市中级人民法院(2014)常民终字第726号,"顾某与常州武进大众钢铁有限公司劳动合同纠纷案",案例源自北大法宝数据库,该案中劳动者提出,关于经济性裁员的程序问题应当适用原劳动部的《企业经济性裁减人员规定》,但是法院认为,《劳动合同法》已经就经济性裁员的程序问题作出了规定,所以《企业经济性裁减人员规定》中关于裁员程序的规定不再适用。

④ 董保华、田思路、李干等:《从法理情审视〈企业裁减人员规定(征求意见稿)〉》,《中国劳动》2015年第3期;高瑾:《我国大量解雇法律制度之检视与反思:兼评〈企业裁减人员规定(征求意见稿)〉》,《时代法学》2015年第6期。

## 第二节　经济性裁员的理论研究现状

虽然经济性裁员的问题很重要,但是国内学界对于经济性裁员的关注度很低,整体看来,现有研究成果存在严重不足。关于经济性裁员的法学专著一本也没有,以此为题的学术论文也非常有限。仅有的一些学术论文篇幅都比较短,除了少数几篇以外,多数论文都是在笼统批判现有规定的基础上泛泛地介绍别国的大致法律框架,然后在此基础上提出制度重构,对于我国司法实践所面临的现行法的解释和适用问题缺乏关心,对于现行法的修改和完善也没有结合我国国情提出具体的、有针对性的、可操作的修法意见。以下笔者将简要介绍几篇较为重要的论文。

张在范的《劳资协商的引入与我国经济性裁员制度的重塑》一文聚焦了经济性裁员中的劳资协商环节,该文首先强调了劳资协商对于在经济性裁员中保护劳动者权益、确保企业经营计划实施、维护社会利益的重要作用,然后分析了现行法制度下劳资协商制度的形式化对其他环节的不良影响,最后着重阐述了将来应该如何重塑经济性裁员中的劳资协商制度:在程序上协商机构应该由劳方、资方与劳动行政部门三方代表共同组成,为了保证充分协商,还有必要明确协商的最少次数和每次协商之间的间隔天数,协商结果方面如果无法达成一致,用人单位应当拥有最终的决定权,但在协商陷入僵局时应赋予劳方要求政府介入进行调解的权利;就劳资协商的内容,凡是与裁员相关的事宜皆可纳入协商范围,劳资双方应首先确认裁员事由是否合法,然后共同寻求能够使劳动者免于失业却又能使企业摆脱困境的替代方案,努力无果时再来商讨裁员的名单、经济补偿和优先雇佣等问题;涉及协商的效力,不仅应该认定未经协商的裁员行为无效并配置相应的法律责任来禁止用人单位擅自解雇劳动者,而且应该确认劳资双方通过协商所达成之协议经法院审核后具有法律拘束力,如果协议是以金钱或其他替代物之给付为标的,那么劳动者在用人单位违约时可径行向法院申请执行,以劳资协议作为执行依据,如果协议以用人单位的某种行为为标的,比如承诺不解雇或者安排岗位调动,那么劳动者可在用人单位违约时主张损害赔偿。①

闫海在《我国经济性裁员的治道变革:国际金融危机背景下的反思》一文中指出,经济性裁员中政府的参与要注意方式和手段,市场经济条件下,实现劳动力资源的优化配置必须维护和尊重劳动力市场机制,规制经济性裁员应该尊重用人单位的经营自由,政府没有能力和精力代替众多经济主体进行市场决策。该文还列举了几种重要的治理手段:首先,做好失业预警,失业潮突如其来可能对经济社会造成严重冲击,司法事后救济缓不济急,政府必须采取积极的预防手段发现失业风险的端倪并及时处理,按照《就业促进法》第四十二条,"县级以上人民政府建立失业预警制度,对可能出现的较大规模的失业实施预防、调节和控制";其次,给予企业直接或间接补贴鼓励其少裁员,一方面对采取在岗培训、轮班工作、协商薪酬等办法稳定员工队伍并保证不裁员或少裁员的困难企业,使用失业保险基金支付社会保险补贴和岗位补贴,鼓励困难企业通过开展职工在岗培训等方式稳定职工队伍,另一方面对暂时无力缴纳社会保险费的困难企业在一定期限内缓缴社会保险费或阶段性降低社保费率;再次,为了避免企业主用"跑路"的方式逃避履行责任,加大劳动监察工作力度,加强对企业的监管,积极防范和严肃查处少数企业主欠薪、拖欠社会保险费后转移资金、关厂逃匿等行为;最后,政府提供的失业登记、就业政策法规咨询、职业指导和职业介绍、就业援助等公共就业服务也很重要。②

钱叶芳在《裁员保护立法的国际比较及其启示》一文中对全球约 80 个国家的裁员保护要素进行了横向比较,涉及构成裁员的人数规模、裁员事由、裁员补偿、劳资协商、政府参与、优先留用和优先录用等各方面,通过比

---

① 张在范:《劳资协商的引入与我国经济性裁员制度的重塑》,《江苏社会科学》2009 年第 2 期。

② 闫海:《我国经济性裁员的治道变革:国际金融危机背景下的反思》,《前沿》2010 年第 5 期。

较之后认为：我国在占总比较对象79％的采"正当理由说"的国家中规制水平处于低端；虽然两人以上即构成裁员的门槛比较高，且未规定对小企业的豁免，但是由于采取单次解雇人数的计算方式，所以规制强度并不一定高；集体裁员补偿金和个别解雇的补偿金适用相同的规则，且补偿标准较高，但是有占比33％的国家规模性裁员的补偿标准高于个别解雇；虽然我国《劳动合同法》要求用人单位与职工方协商，但是没有规定协商的具体内容，比如裁员理由、规模和替代方案等；用人单位只需要通知劳动行政部门其裁减人员的方案，无需获得其同意，行政参与度在比较对象中处于一般水平；被裁减人员的选择标准为劳动合同期限和家庭责任两项，较为狭窄；用人单位考虑替代方案的义务仅限于转产、重大技术革新或经营方式调整的情形；在占比较对象36％的规定了优先录用制度的国家中，我国设定的该权利的有效期时间最短；解雇通知期"一刀切"，都是三十天，没有基于工龄、工种、解雇理由和企业规模而进行细分，而且没有设定裁员通知期生效前的延迟时间。最后，钱叶芳认为，我国裁员保护立法之规制强度不高，应该提高裁员成本、降低裁员灵活度。[①]

董保华等人在《从法理情审视〈企业裁减人员规定（征求意见稿）〉》一文中，对于人力资源和社会保障部在2014年12月31日公布的《企业裁减人员规定（征求意见稿）》几乎是逐条从合法性、合理性、合情性角度进行了分析，指出了各条文的问题所在并提出了针对性修改意见。主要涉及裁员的性质与协商解除劳动合同的关系、"减少裁员的鼓励"与政府职能定位、民主协商的空间选择与现实困境、裁员程序的行政化改造与风险承担、优先留用的模糊性与实操悖论、立法时机与规制理念这六个方面。比如该文就立法时机与规制理念问题指出，我国经济发展已步入"新常态"，特别是在面对经济增速放缓、产业结构优化升级的挑战下，企业通过裁员释放多余产能、适应转型的需求是客观的，国家与行政部门应予以尊重，只要企业的裁员行为

---

① 钱叶芳：《裁员保护立法的国际比较及其启示》，《法商研究》2012年第2期。

及经济补偿方案符合《劳动合同法》的规定,行政力量不宜过多干预,不宜为企业设置过于烦琐的裁员选择障碍。①

江锴在《论经济性裁员中的劳动合同解除》一文中指出,我国现行劳动法对用人单位经济性裁员作出了前提限制、程序限制、补偿限制和录用限制的规定。但对于这些限制性规定的内涵、法律性质以及具体应如何理解和适用,在理论和实践中存在争议。经济性裁员中客观存在着协商解除和单方解除两种性质不同的行为,协商解除和用人单位单方解除应适用不同的效力判定规则。对协商解除的效力,只要其与集体合同的相关约定不抵触,即应予以充分的尊重。对于用人单位的单方解除,则应基于合同解除权的形成权属性,并充分考虑经济性裁员所具有的处理集体劳动关系的特殊性质,对劳动法律就用人单位行使解除权作出的限制性规定,从个别劳动关系和集体劳动关系两个层面进行综合解释。"通知工会"义务相对应的只是工会的监督权,而"听取工会或职工的意见"义务既是用人单位行使解除权的程序性义务,也是其集体合同的缔约义务。"裁减人员方案向劳动行政部门报告"义务既是用人单位行使解除权的程序性义务,也是劳动行政部门依法审查集体合同的规则的体现。②

经济性裁员是解雇的一种方式,法律对于经济性裁员的规制属于整个解雇保护制度的一部分。学界对解雇保护制度的研究成果较为丰富,整体研究水平也更高,但是也只有部分论文和著作中零星提到了经济性裁员的问题。相比之下,熊晖在《解雇保护制度研究》一书中对经济性裁员的论述较为详细和系统:首先,该文指出裁员在人数规模和社会影响上不同于个别的预告解雇,失业人口的规模性增加可能导致失业保险、职业训练、职业介绍等其他劳动法问题,所以规制裁员虽然也有保护个别劳动者利益的功能,但其主要目的在于劳动市场政策方面,以熨平劳动市场的波动、减缓裁员对

---

① 董保华、田思路、李干等:《从法理情审视〈企业裁减人员规定(征求意见稿)〉》,《中国劳动》2015 年第 3 期。

② 江锴:《论经济性裁员中的劳动合同解除》,《政治与法律》2015 年第 4 期。

社会和整体经济的冲击为首要任务;其次,熊晖强调,涉及裁员事由的问题,除非企业有明显自相矛盾或者不符合社会通念的行为,裁判者大多会尊重经营者的决策,相反各国立法大多更为重视对裁员程序的规制,希望通过程序的限制使得企业裁员行为更为谨慎,因此解雇回避措施、解雇对象选择标准、劳动者知情权保障、用人单位与劳动者的协商义务、劳动行政部门的介入等往往是裁员的规制重点;最后,该书在介绍国外相关立法例的基础上指出了我国现行规定的一些具体缺陷,包括裁员规定的适用前提不周严、集体协商机制虚化、行政机构控制乏力和最后手段原则适用不充分等问题。[①]

## 第三节　经济性裁员的司法判决数据统计

　　为了获得对经济性裁员更为直观的了解,笔者对关于经济性裁员的司法判决进行了数据统计。笔者在 2017 年年末至 2018 年年初在北大法宝法律数据库进行了案件检索,地域为全国,案件审结时间限定为 2014 年 1 月 1 日至 2017 年 6 月 30 日,文书类型为"判决书",案由为"劳动争议、人事争议",核心关键词是"经济性裁员"。笔者对相关案件进行了梳理,按照年份、审级、省份统计了经济性裁员的案件数量,并且在进行人工筛选后对真正涉及经济性裁员的案件进行了更为细致的分析,比如用人单位在裁员时所主张的裁员事由多为何种情形、劳动者起诉提出了什么样的诉求而法院最后又支持了什么诉求、经济性裁员被认定违法是基于何种原因等。需要指出的是,本数据分析并不能准确反映实践中经济性裁员的全貌,因为经济性裁员引发劳动争议的只是其中的一部分,而经由劳动仲裁进入到法院诉讼程序的更少,基于裁判文书上网而得以进入统计分析的又只是其中的一部分,尽管如此,笔者还是希望能从这些有限的资料中得出一些有效的信息。

---

　　① 熊晖:《解雇保护制度研究》,法律出版社 2012 年版,第 154—198 页。

## 一、案例初步检索结果

笔者按照前面所描述的设置,进行初步检索。按照审结时间进行案件数量统计,2014年561件,2015年1190件,2016年1168件,2017年上半年636件。除2014年数量较少以外,①之后几年基本持平,可见近几年相关案件基本没有大幅增减。具体见图1。

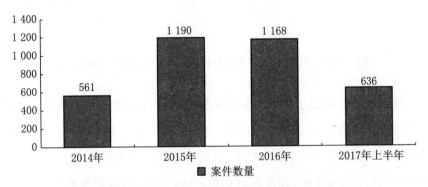

**图1　2014—2017年上半年各年度经济性裁员案件数量**

按照地域进行案件数量统计,依案件多寡排序,上海市471件、江苏省399件、广东省326件、湖南省209件、重庆市191件、四川省185件、海南省182件、辽宁省159件、山东省116件、浙江省112件、安徽省111件、湖北省105件、河南省102件、黑龙江省100件、河北省98件、吉林省90件、广西壮族自治区90件、山西省89件、北京市88件、贵州省80件、陕西省59件、内蒙古自治区54件、福建省30件、云南省27件、天津市23件、新疆维吾尔自治区19件、江西省11件、甘肃省9件、宁夏回族自治区4件、青海省4件、西藏自治区1件。由此可见,经济性裁员案件的数量大致上和当地的经济发展水平、人口数量成正比。具体见图2。

---

① 笔者在北大法宝数据库找到的2014年审结的案件较少,未必是当年审结的案件少,而有可能是由于2014年1月1日才开始正式实行裁判文书上网,各地贯彻实施的程度不一。

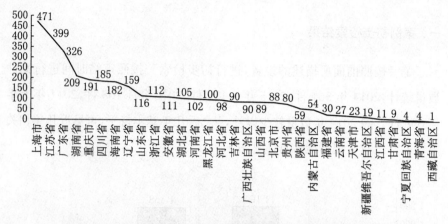

**图 2　2014—2017 年上半年度各省份经济性裁员案件数量(初筛)**

　　笔者在同一时段于北大法宝法律数据库进行检索,"劳动争议、人事争议"案由下,共有判决书 612 221 份,"劳动争议、人事争议"案由下以"解除劳动合同"为关键词进行全文搜索,共有判决书 289 514 份,而经济性裁员的判决书仅有 3 555 份,如此粗略估算经济性裁员的案件在整个解除劳动合同的案件中只占比 1.23%,可见劳动合同因为经济性裁员而解除的比例很低。还是在同一时段于北大法宝法律数据库进行检索,"劳动争议、人事争议"案由下以"解除劳动合同""协商一致"为关键词进行全文搜索,共有判决书 70 819 份,"劳动争议、人事争议"案由下以"解除劳动合同""客观情况发生重大变化"为关键词进行全文搜索,共有判决书 13 907 份,前者主要指向用人单位和劳动者协商一致解除劳动合同,后者主要指向用人单位基于"客观情况发生重大变化"解雇劳动者,不管是前者还是后者,相关案件数量都远多于经济性裁员的案件。据笔者了解,实践中由于经济性裁员的实体性条件和程序性条件要求较高,用人单位有裁减人员计划的,往往并不走《劳动合同法》第四十一条的路径,而是选择和劳动者协商一致解除劳动合同,①甚至把经济

---

①　比如广东省广州市南沙区人民法院(2017)粤 0115 民初 2087 号,"朱某与广州精工电子有限公司劳动合同纠纷案",案例源自威科先行数据库。2016 年 12 月 28 日,电子公司召开会议并发布通告,以公司经营困难为由实施经济性裁员,通告内容为"经公司依法制定、与公司工会(转下页)

性裁员"化整为零",拆分成多个基于"客观情况发生重大变化"的解雇,法院对此基本持容忍态度,并不认为这是在规避经济性裁员的法律规定,[①]上述数据基本可以与之相互印证。

## 二、案例精细检索结果

在完成初步检索后,笔者进行了人工筛选,发现上述 3 555 个案件中,有部分案件并非真正以经济性裁员为由解除劳动合同,比如用人单位计划裁减人员,但是采取的是与劳动者协商一致解除劳动合同的手段或者发出了基于"客观情况发生重大变化"的解雇,不是此处研究的对象,应当予以排

---

(接上页)协商、劳动部门给予指导意见后,公司本次经济性裁员具体方案如下:一、本次经济性裁员涉及人员为公司 LCD 事业部员工和其他部门部分职员裁减员工共 96 人。二、2016 年 12 月 28 日全面停止 LCD 事业部的生产工作,2017 年 1 月 31 日遣散员工。三、工资发放和经济补偿金方案。1.公司于 2016 年 12 月 28 日发布本通告后,属本次裁员范围的员工按照公司指示休假或进行其他工作。公司仍继续发放 2016 年 12 月 28 日至 2017 年 1 月 31 日的工资。2.属本次裁员范围的员工可自愿申请在 2017 年 1 月 11 日前与公司签订《协商解除劳动合同协议书》,签订后,公司将向员工发放 2017 年 1 月份全月工资、按工作年限计算(以劳动合同解除前十二个月的平均工资为计算基数)的经济补偿金,2016 年年终奖,同时额外发放一个月工资作为提前申请离职的代通知金。员工在办理完离职手续后可立即离开公司。其中,于 12 月 28 日至 1 月 5 日与公司签订《协商解除劳动合同协议书》的员工,公司将于 1 月 13 日向员工转账以上款项。于 1 月 6 日至 1 月 11 日与公司签订《协商解除劳动合同协议书》的员工,公司将于 1 月 23 日向员工转账以上款项。3.属本次裁员范围的员工没有在 2017 年 1 月 11 日前与公司签订《协商解除劳动合同协议书》的,公司将在 2017 年 1 月 25 日向该员工或该员工有效地址送达《解除劳动合同通知书》,依照经济性裁员解除公司与该员工之间的劳动合同关系,并在通知书寄出后,将安排在 2017 年 1 月 25 日向该名员工工资账户发放 2017 年 1 月份工资、经济补偿金以及年终奖。4.员工离职后,公司将为其出具解除或者终止劳动合同的证明以办理失业保险"。

① 比如广东省广州市中级人民法院(2009)穗中法民一终字第 5904 号"张某与广州市梅山水泥厂、广州市番禺水泥厂有限公司劳动合同纠纷案",案件源自北大法宝数据库。该案中,政府部门将梅山水泥生产线列入了"广东省落后水泥生产能力淘汰范围",水泥厂决定在 2008 年 10 月底停止梅山水泥生产线生产,并向员工公布减员方案,随即水泥厂以"客观情况发生重大变化"为由分别解除了包括张某在内的多名员工的劳动合同,虽然水泥厂公司裁减人员在 20 人以上,也符合"其他客观经济情况发生重大变化"的情形,但是,对公司不遵循经济性裁员的规定转而选择《中华人民共和国劳动合同法》第四十条第三项的路径,法院没有提出任何质疑,反而认为因梅山水泥生产线产能被有关政府部门列入落后水泥生产能力淘汰范围,用人单位以客观情况发生重大变化解雇张某并不违法。

除。部分判决书实际上分别涉及同一个案件的一审、二审或者再审程序,以多个判决书的面貌出现,所以笔者将其统计为一个案件。另外,虽然《劳动争议调解仲裁法》第七条规定,"发生劳动争议的劳动者一方在十人以上,并有共同请求的,可以推举代表参加调解、仲裁或者诉讼活动"。同一经济性裁员中往往有多个劳动者被解雇,原本可以适用该条,但是有一部分法院为了降低此类案件的社会关注和影响,方便案件处理,将劳动者群体与用人单位之间的矛盾分解为单个劳动者与用人单位之间的矛盾,在实际处理的时候往往有意地将其拆分成多个案件,有多少个劳动者就作为多少个独立案件处理,①每个案件都有独立的案号,但是其案号是连续的,判决内容基本相同,对于此类案件,笔者在进行统计时将多个案件视为一个案件。在前述条件设置下,笔者总共统计出 374 个经济性裁员的案件,以下的数据和结论全部都是基于对这 374 个案件的分析。

(一) 概况

按照审结时间进行案件数量统计,2014 年 76 件,2015 年 95 件,2016 年 117 件,2017 年上半年 86 件。按照地域进行案件数量统计,依案件多寡排序,广东省 81 件,江苏省 43 件,上海市 35 件,辽宁省 26 件,北京市 22 件,山东省 15 件,湖北省 14 件,浙江省 13 件,湖南省 12 件,四川省 11 件,吉林省 11 件,河北省 10 件,黑龙江省 10 件,安徽省 10 件,天津市 10 件,福建省 9 件,贵州省 6 件,山西省 6 件,海南省 5 件,广西壮族自治区 5 件,河南省 5 件,陕西省 4 件,重庆市 4 件,云南省 2 件,江西省 1 件,青海省 1 件,内蒙古自治区 1 件,新疆维吾尔自治区 1 件,西藏自治区 1 件。排序和进行初步检索时没有大的变化,基本上案件数量还是和当地的经济发展水平、人口数量成正比。具体见图 3。

(二) 裁员事由分析

我国《劳动合同法》第四十一条列举了四种裁员事由,分别为:(1)依

---

① 王天玉:《集体劳动争议的成因差异与分类治理》,《当代法学》2013 年第 5 期。

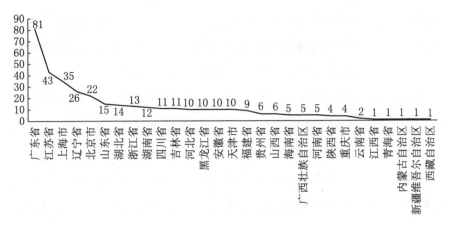

图3  2014—2017 年上半年各省经济性裁员案件数量(细筛)

照企业破产法规定进行重整的;(2)生产经营发生严重困难的;(3)企业转
产、重大技术革新或者经营方式调整,经变更劳动合同后,仍需裁减人员
的;(4)其他因劳动合同订立时所依据的客观经济情况发生重大变化,致
使劳动合同无法履行的。按照用人单位所主张的经济性裁员的裁员事由
进行分类,在 2014 年至 2017 年上半年期间全国范围内,依照企业破产法
规定进行重整而裁员的有 5 件,主张生产经营严重困难的有 276 件,以转
产、重大技术革新或经营方式调整为由的有 20 件,主张因劳动合同订立
时所依据的客观经济情况重大变化的有 50 件,无明确事由的有 23 件。
很明显,在 374 份经济性裁员案件中,用人单位主张生产经营发生严重困
难而进行经济性裁员的案件数量最多,高达 276 件,占经济性裁员案件总
额的 73.80%。

(三) 劳动者诉讼请求分析

在经济性裁员合法的情况下,劳动者可以按照《劳动合同法》第四十
六条和第四十七条的规定,要求用人单位支付经济补偿金,而在经济性裁
员违法的情况下,根据《劳动合同法》第四十八条和第八十七条,原则上劳
动者有选择权,劳动者既可以主张违法解除劳动合同的赔偿金,也可以选
择要求继续履行劳动合同,除非劳动合同已经不能继续履行。按照劳动

者提出的诉讼请求分类,在374份经济性裁员案件中,劳动者主张经济补偿金的48件,劳动者主张违法解除赔偿金的300件,劳动者主张继续履行劳动合同的26件。然而,根据判决结果,法院支持经济补偿金的有136件,支持违法解除赔偿金的194件,支持继续履行劳动合同的6件,驳回诉讼请求的38件。由此我们可以看出,在经济性裁员案件中,大多数劳动者认为裁员违法,索要违法解除赔偿金的比例高达80%,主张经济补偿金的只有13%,但判决书显示,法院最后支持违法解除赔偿金的比例只有52%,判定由用人单位支付劳动者经济补偿金的则有36%,之所以存在这种差异,是由于部分案件中劳动者认为用人单位缺乏裁员事由或者违反了程序性规定,主张赔偿金,而法院经过审判认定裁员合法,从而直接改判支付经济补偿金。[①]另外,劳动者选择要求继续履行劳动合同的并不多,只有不到7%,而法院最后支持继续履行劳动合同的更少,占比仅仅只有1.6%,之所以两者之间有较大差距,一方面是因为部分案件中裁员被认定合法,诉求被驳回,另一方面是因为部分案件中虽然法院认定裁员违法,但是同时认定已经无法继续履行劳动合同,直接改判由用人单位支付劳动者违法解除的赔偿金。[②]劳动者原本的诉求和法院支持的诉求的对比情况见图4。

---

① 比如,吉林省前郭尔罗斯蒙古族自治县人民法院(2014)前民初字第3771号,"罗某诉吉林石油天然气开发有限责任公司劳动争议案",案例源自北大法宝数据库。该案中,由于1998年后原油产量大幅下降,很多油井停止运行,井少人多,机构庞大,导致企业生产经营发生严重困难,法院认定,石油公司因生产经营发生严重困难,需要裁减人员,听取了工会的意见,并且已向当地劳动行政部门递交了裁减人员报告书及裁员方案,其事实清楚,程序并无不当,所以罗某只能要求经济补偿金,而不是非法解除劳动关系的赔偿金,从而法院判决要求石油公司支付罗某经济补偿金三万余元。

② 比如,苏州市吴中区人民法院(2015)吴民初字第439号,"赛曼特斯电子科技(苏州)有限公司与付某劳动争议案",案例源自北大法宝数据库。该案中,法院提出,关于劳动合同是否继续履行的问题,应当结合劳动者利益及其工作岗位特点、岗位是否已被人代替等因素综合认定,付某入职赛曼特斯公司的时间不长,其从事财务副经理工作属于公司管理人员,财务工作又具有较强的专业性,赛曼特斯公司明确拒绝付某回公司,付某的工作岗位也已经被其他员工代替,另外付某距离退休年龄时间较长,仍具有较强的劳动能力,有充分的时间寻找其他就业机会,故在此情况下,不宜判决继续履行合同,应由赛曼特斯公司向付某支付赔偿金。

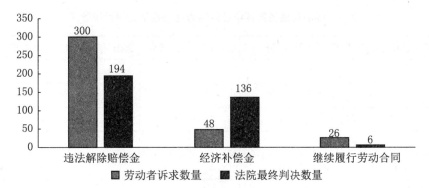

图 4　劳动者诉求及法院最终判决案件数量对比

**（四）违法裁员的相关数据分析**

按照法院认定裁员合法还是违法进行分类，在 374 份经济性裁员案件中，有 180 件被法院认定合法，占比 48.13％，被认定为违法裁员的则有 194 件，占比 51.87％。具体到每年的数据见表 1。

表 1　经济性裁员案件中法院认定结果统计

| 裁员合法与否/年份 | 2014 年 | 2015 年 | 2016 年 | 2017 年上半年 |
| --- | --- | --- | --- | --- |
| 合法经济性裁员 | 37 | 45 | 58 | 40 |
| 违法经济性裁员 | 39 | 50 | 59 | 46 |

对 194 件被认定违法裁员的案件进行细致梳理，我们可以发现，按照导致用人单位经济性裁员被认定违法的原因进行排序，因为裁员事由不成立的有 50 件，因为违反程序性要求的有 33 件，其中违反报告政府程序的有 17 件、违反劳资协商程序的有 16 件，因为违反解雇禁令的有 25 件，因为违反优先留用或优先录用要求的有 8 件，最后，较多案件中用人单位的经济性裁员同时存在各种"缺陷"交叉的现象，即同一案件中存在多种违法原因的有 78 件，比如用人单位在进行经济性裁员时既不能证明存在着裁员事由，又没有履行劳资协商和报告政府程序的，竟然高达 35 件。具体导致经济性裁员被认定违法的原因见表 2。

表 2　经济性裁员案件中被认定为违法裁员的原因统计

| 被认定违法裁员的原因/年份 | 2014 年 | 2015 年 | 2016 年 | 2017 年上半年 |
|---|---|---|---|---|
| 违反裁员事由 | 14 | 7 | 12 | 17 |
| 违反劳资协商 | 1 | 6 | 7 | 2 |
| 违反报告政府 | 5 | 6 | 4 | 2 |
| 违反解雇禁令 | 8 | 8 | 4 | 5 |
| 违反优先留用或优先录用 | 1 | 3 | 2 | 2 |
| 违反裁员事由及劳资协商、报告政府 | 3 | 7 | 15 | 10 |
| 违反劳资协商及政府备案 | 5 | 9 | 14 | 8 |
| 违反裁员事由及劳资协商 | 1 | 1 | 1 | 0 |
| 违反裁员事由及报告政府 | 1 | 3 | 0 | 0 |

由于《劳动合同法》第四十二条所规定的解雇禁令明确列举了五种不得裁减的人员,即"(一)从事接触职业病危害作业的劳动者未进行离岗前职业健康检查,或者疑似职业病病人在诊断或者医学观察期间的;(二)在本单位患职业病或者因工负伤并被确认丧失或者部分丧失劳动能力的;(三)患病或者非因工负伤,在规定的医疗期内的;(四)女职工在孕期、产期、哺乳期的;(五)在本单位连续工作满十五年,且距法定退休年龄不足五年的"。笔者对违反解雇禁令的 25 个案件进一步细分,劳动者属于第(五)种情形的有 8 件,劳动者属于第(一)种情形的有 7 件,劳动者属于第(四)种情形的有 6 件,劳动者属于第(二)种情形的有 3 件,劳动者属于第(三)种情形的有 1 件。由此可知,在经济性裁员中用人单位在面对医疗期职工、工伤职工的时候比较谨慎,而对接触职业病危害的职工、"十五加五"的老员工、三期女员工反而容易掉以轻心。

根据《劳动合同法》第四十一条第二款和第三款的规定,用人单位在裁减人员时应当优先留用三类人员。用人单位在经济性裁员后六个月内重新招聘的,应当通知被裁减的人员,被裁减的人员在同等条件下应当被优先招用。在因为上述违反优先留用或优先录用要求而被认定裁员违法的 8 个案件中,仅1个案件是因为用人单位违反了优先录用的要求,其他7个案件都是涉及优先录用的,而且其中有6个案件是因为用人单位没有优先留用签订了无固定期限劳动合同的劳动者而认定裁员违法,只有一个案件中劳动者是与本单位签订了较长期限的固定期限劳动合同,没有一个案件中裁员被认定违法是因为用人单位未优先留用家庭无其他就业人员且有需要抚养的老人或者未成年人的劳动者。可见,优先录用制度在实践中发挥的作用非常有限,而相对于解雇禁令,优先留用制度对劳动者的保护也是偏弱的。

# 第二章　经济性裁员的裁员事由

## 第一节　法定裁员事由的理解与适用

《劳动合同法》第四十一条第一款列举了四种裁员事由，前两项与《劳动法》第二十七条的规定大致相同，后两项却是新增的，具体每一项裁员事由怎么理解和适用，下文将结合相关司法案例予以讨论分析。

### 一、破产重整

#### （一）破产重整的相关规定

《劳动合同法》第四十一条第一款所规定的第一种裁员情形是"依照企业破产法规定进行重整的"，我国现行的《企业破产法》于 2007 年 6 月 1 日起施行，共有十二章规定，其中第八章专章规定了破产重整制度。①所谓重整是指对可能或已经发生破产原因但又有挽救希望的法人型企业，通过对各方利害关系人的利益协调，强制进行营业重组和债务清理，以使企业避免破产、自力更生的法律制度。②按照《企业破产法》第二条、第七条和第七十

---

① 1986 年国务院出台的《国营企业实行劳动合同制暂行规定》第十二条规定，企业宣告破产，或者濒临破产处于法定整顿期间的。《劳动法》第二十七条表述为"用人单位濒临破产进行法定整顿期间"。破产法的相关规定修改后，劳动法的规定自然也进行了相应修改。

② 王欣新：《破产法》，中国人民大学出版社 2011 年版，第 243 页。

条,重整原因涵盖三种情形,即不能清偿到期债务且资不抵债的、不能清偿到期债务且明显缺乏清偿能力的、有明显丧失清偿能力可能的,有申请重整资格的主体也有三类,即债务人、债权人、占债务人注册资本十分之一以上的出资人。破产重整必须在人民法院的主持下进行,根据该法第七十一条、第七十二条和第八十七条,人民法院经审查认为重整申请符合规定的,应当裁定债务人重整,并予以公告,自人民法院裁定债务人重整之日起至重整程序终止,为重整期间。需要注意的是,我国的重整期间,仅指重整申请受理至重整计划草案得到债权人会议分组表决通过并经人民法院审查批准,或者重整计划草案未能得到债权人会议分组表决通过或人民法院不予批准的期间,不包括重整计划得到批准之后的执行期间。[①]

（二）重整期间和重整计划执行期间的裁员

那么,《劳动合同法》第四十一条所指的破产重整,是只涵盖重整期间,还是包括重整期间和重整计划的执行期间呢? 也就是说,用人单位以破产重整为由进行裁员,时间节点如何把握? 按笔者的意见,应该理解为,企业在重整计划的制定、表决、批准和执行过程中都可以裁员。重整的主要目的在于挽救那些仍然具有市场竞争力但陷入财务困境的企业,使之获得复苏、振兴的机会,而企业运营成本过高是很重要的破产根源,所以,破产重整中往往会采取缩减企业的行政管理层次、削减企业用工规模、提高运营效率等措施,而裁员是立法者赋予企业减负前行的重要手段之一。[②]具体来说,为了吸引潜在的投资者或者提高重整计划草案的通过率,管理人或者债务人可能采取裁减人员的措施,而重整计划本身的核心内容之一为企业经营方案,比如以削减债务为中心的财务结构调整、劳动关系处理、生产流程和技术革新等,所以重整计划的执行过程中也有裁员的需求。在重整期间,可能是债务人在管理人的监督下自行管理财产和营业事务,也可能是管理人负

---

① 王欣新:《破产法》,中国人民大学出版社 2011 年版,第 261 页。

② 许德风:《破产法论:解释与功能比较的视角》,北京大学出版社 2015 年版,第 472 页;杨景宇、信春鹰主编:《中华人民共和国劳动合同法解读》,中国法制出版社 2007 年版,第 134 页。

责继续经营,所以此时作出裁员决定的可能是管理人或者债务人,而重整计划的执行是由债务人自行负责,所以此时作出裁员决定的只能是债务人。

(三)"几乎为零"的实践

然而,实践中很少有用人单位选择以破产重整为由裁员。根据笔者对经济性裁员司法判决的数据统计,仅有5个案件中用人单位是以"依照企业破产法规定进行重整"为由进行经济性裁员的。

为什么实践中几乎没有用人单位以"依照企业破产法规定进行重整"为由进行经济性裁员?笔者认为原因有三。

第一,虽然每年都有很多企业退出市场,但是走破产程序的却很少,启动破产重整的就更少了。有数据表明,全国范围内,2009年共有774 700家企业退出市场,但是当年法院受理的破产案件却只有3 128件,2013年共有859 400家企业退出市场,但是当年法院受理的破产案件却只有1 998件,当年上市公司重整案件共计11件,非上市公司重整案件共计171件。[1]我国企业市场化退出机制还很不完善,还有大量的"僵尸企业"难以破产,"企业控制人担心被追究出资不实、侵占资产、挪用资金、违规担保、关联交易、经营失范等前期行为,宁可跑路也不愿破产;银行等债权人担心债权因集中清偿而受损,宁可维持现状或在个别清偿中先下手为强;政府担心经济指标和就业数据下行以及职工安置困难,宁可维持僵尸状态;法院担心债务人、债权人、职工等多方矛盾集中至法院以及资产变现、债务清理、职工安置历史遗留等问题难解,宁可增设破产门槛"。[2]

第二,《企业破产法》仅规定了一种重整程序,即存续型重整,延续原来企业的法人资格,通过债务清理和经营调整,实现"原壳再建",然而实践中

---

[1] 李曙光、王佐发:《中国破产法实施三年的实证分析:立法预期与司法实践的差距及其解决路径》,载李曙光、郑志斌主编:《公司重整法律评论》第1卷,法律出版社2011年版,第6页;苏汶琪:《中国破产重整数据研究报告(2013年)》,载李曙光、郑志斌主编:《公司重整法律评论》第3卷,法律出版社2013年版,第438—443页。

[2] 陆晓燕:《运用法治手段化解产能过剩:论破产重整实践之市场化完善》,《法律适用》2016年第11期。

有不少企业选择了"换壳新建",这种被称为"转让型重整"或者"出售性重整"的方式在国外很普遍,在我国却没有直接的法律依据,所以走这种路径名义上实施的是破产清算,将债务人具有活力的营业事业的全部或者主要部分出售让与他人,使之在新的企业中得以继续经营存续,而以转让所得对价以及企业为转让遗留财产的清算所得来清偿债权人。①除此以外,由于我国并无破产申请义务的规定,实践中还有不少陷入困境的企业选择"庭外重整",不启动法院主持下的破产重整程序,而是由当事人协商一致进行,其优点在于保密、灵活、程序费用低,但是无法适用多数决和强制批准制度。

第三,即使企业选择了破产重整的路径,为了规避《劳动合同法》第四十一条"经济性裁员"的劳资协商、报告政府和优先留用等环节,企业也往往倾向于适用《劳动合同法》第三十六条"协商一致解除劳动合同"或者根据《劳动合同法》第四十条以"客观情况发生重大变化"为由单方解除劳动合同,或者在重整不成功的情况下干脆等到被宣告破产,直接适用《劳动合同法》第四十四条的规定终止劳动合同。

除此以外,也有人提出,实践中事实破产重整裁员的企业不多,原因有二:一是企业在申请破产前,一般都对劳动关系进行了事前处置,否则人民法院不给立案;二是破产重整裁员缺乏落地规定,即如何与企业重整计划的审议、批准和执行进行衔接没有规定。②

以"丁某与杭州萧山索美国际家居建材广场有限公司劳动争议案"③为例,虽然此案中索美公司在解除劳动合同的通知书中提到的理由是"公司今年以来处于停业重整阶段,2014 年 3 月 25 日公司与你签订的为期 1 年的劳动合同无法继续履行",但是实际上索美公司在资金链断裂发生债务危机的背景下并没有申请破产重整,而是经过区政府协调会议协调,由担保金额最

---

①　王欣新:《重整制度理论与实务新论》,《法律适用》2012 年第 11 期。

②　胡燕来:《解雇:人力资源法律实务指引》,法律出版社 2016 年版,第 214 页。

③　浙江省杭州市萧山区人民法院(2015)杭萧民初字第 4049 号,"丁某与杭州萧山索美国际家居建材广场有限公司劳动争议案",案件源自威科先行数据库。

大的担保方金马集团作为索美集团的托管方,对索美集团进行重组和资产处置,对资产进行处置并用瘦身回笼的资金归还银行贷款,金马集团对索美公司名下的家居建材广场进行转型处置,同时着手对原已招商的经营户进行清退,并陆续对原有职工进行分流,索美公司在此过程中辞退了丁某。一审、二审法院也都认定,"索美公司及其关联企业因资金链断裂问题导致经营困难,并依政府协调会议要求被金马控股集团托管以化解资金链风险,应属于法律规定的客观情况发生重大变化,双方曾就劳动合同及岗位的变更进行过协商,但未达成一致,在前述情形下,索美公司根据《劳动合同法》第四十条第三项、第四十六条的规定解除双方之间的劳动合同并额外支付一个月工资的代通知金及相应经济补偿金,符合法律规定"。

## 二、生产经营发生严重困难

实践中用得最多的裁员事由是《劳动合同法》第四十一条第一款第二项规定的"生产经营发生严重困难的",根据笔者对经济性裁员司法判决的数据统计,用人单位主张生产经营发生严重困难而进行经济性裁员的案件数量最多,高达 276 件,占经济性裁员案件总额的 73.80%。那么,如何认定用人单位的生产经营是否发生了严重困难呢?这是适用这一裁员事由的关键之处,也是难点所在。

### (一)困难企业的认定标准

1994 年 9 月 5 日颁布的《劳动部关于〈中华人民共和国劳动法〉若干条文的说明》第二十七条规定,生产经营状况发生严重困难可以根据地方政府规定的困难企业标准来界定。1994 年 11 月 14 日颁布的《企业经济性裁减人员规定》第二条也规定,用人单位生产经营发生严重困难,达到当地政府规定的严重困难企业标准,确需裁减人员的,可以裁员。与之相配套,各地纷纷明确了各自的困难企业标准。比如按照 1996 年 11 月 15 日颁布的《深圳特区企业经济性裁减员工办法》,有"连续亏损二年且资不抵债并难以继续经营的"或者"连续停工及无力支付员工工资在二个月以上且难以继续经营"情形之一的,属于生产经营发生严重困难。2001年2月16日的《无锡市劳动局关于印发企业经济性裁减人员实施办法的通知》也有类似规定。在《劳动合同法》生效之后,上述《劳动部关于〈中华人民共和国劳动法〉若干条文的说明》和《企业经济性裁减人员规定》并未废止,各地方的相关规定部分废止、部分继续有效。虽然2014年12月31日人力资源和社会保障部公布的《企业裁减人员规定(征求意见稿)》第四条关于"裁员条件"的规定已经删除了"达到当地政府规定的严重困难企业标准"的表述,但是仍然有部分地方明确坚持这一要求,比如宁波市人力资源和社会保障局2016年5月4日公布的《企业裁员操作指引》规定生产经营发生严重困难"是指生产经营处于停产、半停产状态已持续两个月以上,三分之一以上职工处于离岗休息状态达两个月以上"。

(二) 司法实践中的认定

司法实践中涉及"生产经营状况发生严重困难"的认定,各种观点和做法都有,可谓相当混乱。少数法院坚持要求达到当地政府规定的严重困难企业标准:比如,"圣戈班石英(锦州)有限公司与王某劳动争议案"①中,虽然用人单位提供了由会计师事务所提供的审计报告,显示公司2012年净亏损高达998万元,但是一审、二审法院均认为"在辽宁省,生产经营发生严重困难企业由市以上人民政府认定,该公司只是暂时发生了经营亏损,在未经市以上人民政府认定的情况下,即以生产经营严重困难为由进行裁员,违反法律规定";又比如"新时代工程有限公司与张某劳动争议案"②中,北京市海淀区人民法院认定裁员违法,理由之一为:"本案中,新时代公司仅提交2015年审计报告,并无证据证明公司连续三年经营性亏损且亏损额逐年增

---

① 辽宁省锦州市中级人民法院(2014)锦民一终字第00331号,"圣戈班石英(锦州)有限公司与王某劳动争议案",案件源自中国裁判文书网数据库。

② 北京市第一中级人民法院(2017)京01民终3454号,"新时代工程有限公司与张某劳动争议",案件源自威科先行数据库。

加,资不抵债、80％的职工停工待工、连续 6 个月无力按最低生活费标准支付劳动者生活费用,即新时代公司并无充分证据证明公司已达经济性裁减人员的标准。"相反,多数法院并不要求达到当地政府规定的严重困难企业的标准:比如,同样是在北京,"曹某与中国惠普有限公司劳动争议案"①中,用人单位仅证明"经过公证的网页查询信息,其中显示 2012 年至 2013 年第三季度,惠普的净利润持续下滑",北京市朝阳区人民法院和北京市第三中级人民法院均认为用人单位系基于生产经营严重困难作出的裁员决定;又比如,"宋某某与宁波某某有限公司劳动合同纠纷上诉案"②中,一审法院认为,"公司提供的近三年的资产负债表、损益表等显示该公司连年亏损,现又需出售用于生产经营的不动产来弥补债务,故对该公司生产经营发生严重困难的主张,予以采信",即使劳动者在上诉时提出异议,指出"公司经营上虽遇到一定困难,但是并未达到宁波市劳动保障部门规定的严重困难企业的标准",二审法院也没有对此予以回应,仍然支持了一审法院的观点。

抛开地方政府界定标准,绝大多数法院认定生产经营发生严重困难时要求企业至少出现了亏损,但是对于亏损的时间长短、数额高低要求不同,对证明材料的要求也不同:以"张某与怀来盛唐葡萄庄园有限公司劳动争议案"③为例,会计师事务所出具的审计报告显示,用人单位 2012 年、2013 年、2014 年连续三年的亏损均有大约 1 000 万元,截至 2015 年进行经济性裁员时已经累计亏损 5 000 多万元,因此法院认定构成企业生产经营发生严重困难;"珠海斗门超毅电子有限公司与周某劳动争议案"④中,法院认为,根

---

① 北京市第三中级人民法院(2015)三中民终字第 03674 号,"曹某与中国惠普有限公司劳动争议案",案件源自北大法宝数据库。

② 浙江省宁波市中级人民法院(2012)浙甬民一终字第 85 号,"宋某某与宁波某某有限公司劳动合同纠纷上诉案",案件源自北大法宝数据库。

③ 河北省怀来县人民法院(2016)冀 0730 民初 623 号,"张某与怀来盛唐葡萄庄园有限公司劳动争议案",案件源自中国裁判文书网数据库。

④ 广东省珠海市中级人民法院(2013)珠中法民一终字第 1177 号,"珠海斗门超毅电子有限公司与周某劳动争议案",案件源自威科先行数据库。

据公司提交的证据,2011年超毅公司利润总共有300多万元,虽然2012年的利润为负,但是只有4万多元的亏损金额,另外超毅电子公司也没有提交审计报告等其他证据来证明公司存在生产经营严重困难,所以超毅公司不具备法律所规定的裁员事由,裁员违法;然而在"孙某与威光自动化设备(南京)有限公司劳动争议案"①中,威光公司主张其因生产经营发生严重困难进行经济性裁员,仅提交损益表证明该公司2015年9月至12月期间连续亏损,一审、二审法院就都认为威光公司在面临亏损的情形下有权自主决定实施经济性裁员。还有少部分法院的尺度非常宽松,并不要求存在亏损,前述"曹某与中国惠普有限公司劳动争议案"中用人单位只是一年多时间净利润下滑,并未出现亏损,又比如在"夏某与南京德朔实业有限公司劳动争议案"②中,法院明确提出德朔公司在利润大幅下滑的情形下有权自主决定实施经济性裁员。司法实践中个别法院甚至不就经济性裁员的实体性条件把关,只关注程序性要件,不予审查用人单位的财务状况,以"俞某诉鲍姆氟塑料(上海)有限公司劳动合同纠纷案"③为例,劳动者就用人单位主张的生产经营困难提出质疑:"2013年12月利润表、资产负债表各一份,以此证明被告经营状况良好;2013年5月至7月底生产指令单总汇一份、8月7日车间生产现场照片五张,以此证明被告处生产饱和,不存在不足的情况;10寸液压立式翻边生产线的总结报告、10寸产品原料申购单、10寸大尺寸产品生产指令单各一份,以此证明被告为扩大生产而进行的基数研究和资产投入",在用人单位认可材料真实性的情况下,法院还是认定公司因生产经营严重困难而裁员,而且已经履行了召开职工大会、审议裁减人员方案并报告

---

① 江苏省南京市中级人民法院(2017)苏01民终2564号,"孙某与威光自动化设备(南京)有限公司追索劳动争议案",案件源自威科先行数据库。

② 江苏省南京市中级人民法院(2013)宁民终字第3578号,"夏某与南京德朔实业有限公司劳动纠纷上诉案",案件源自北大法宝数据库。

③ 上海市金山区人民法院(2015)金民四(民)初字第27号,"俞某诉鲍姆氟塑料(上海)有限公司劳动合同纠纷案",案件源自北大法宝数据库。

劳动行政等程序,解雇合法。

(三) 学界讨论和笔者意见

授权各地政府制定具体的认定标准、要求达到当地的严重困难企业标准,对于原劳动部的规定和各地的做法,既有学者认为此规定还是模糊不清,过于弹性,①也有学者提议,国家可以根据全国的经济发展水平明确"严重困难"的最低标准,各地可根据本地区不同的经济发展水平制定高于国家"最低标准"的标准。②

笔者认为,无论是《劳动部关于〈中华人民共和国劳动法〉若干条文的说明》,还是《企业经济性裁减人员规定》,都制定于 1994 年,而 1993 年"国家实行社会主义市场经济"才被写进《宪法》,虽然《劳动法》的历史任务之一就是让用工制度与市场经济相匹配,但是毕竟当时刚开始实行市场经济制度,国企改革也还没有完成,当时的配套规定仍然不可避免地带有计划经济的遗留色彩,由地方政府来设置"严重困难企业"的标准,甚至负责具体的认定,正是"政企不分"的某种体现,所以今天再坚持这一做法未免不合时宜。不能忽视的问题还有,地方政府也有自己的利益诉求,出于避免大规模失业、维持社会稳定等考虑,地方政府制定的标准往往会偏严格,以前述北京、天津的标准为例,如果企业真的陷入连年亏损、长期停产、无力支付最低生活费的境地,基本上企业已经"回天无力",即使裁员也难以自救了。另外,由地方政府设定判断标准,虽然能够顾及各地经济发展状况等差异,但是并没有考虑到同一个地方的不同企业,其所处行业、规模大小、经营范围、组织结构、融资能力等各不相同,对于其生产经营是否陷入困境难以归纳标准,实践也已经证明套用统一的亏损时间、停产范围和支付工资能力等标准不

① 姜颖:《劳动合同法论》,法律出版社 2006 年版,第 253 页;郑尚元:《劳动合同法的制度与理念》,中国政法大学出版社 2008 年版,第 283 页;闫海、魏萍:《中国与欧盟经济性裁员立法的比较及借鉴》,《广州大学学报社会科学版》2010 年第 11 期。
② 杨德敏:《论用人单位单方解雇制度》,《甘肃政法学院学报》2008 年第 6 期。

符合实际需求,而且实际上用人单位陷入困境时未必能够同时满足这些标准,生产经营严重困难的表现也不限于这几方面。

相反,前述上海的规定虽然已经被废除,其思路倒是值得借鉴,如果企业生产经营出现了亏损、停产等问题以后,已经采取了停止招聘、清退劳务派遣工、减少加班、协商降薪等措施,一段时间之后仍然没有渡过难关的,可以认定生产经营发生严重困难,此方法不仅体现了裁员作为最后手段的原则,而且也更为灵活,不同地区、不同类型的企业都能适用。更重要的是,这种综合考虑的衡量标准也较为全面,不仅审查用人单位的经营是否已经出现问题,也追问用人单位有没有采取过相关挽救措施,考虑到我国企业财务账册造假现象较为普遍,适用这种标准更为科学合理。以"唐某与湖南长重机器股份有限公司劳动争议案"为例,该案中长重公司以"生产经营发生严重困难"为由,适用《劳动合同法》第四十一条进行经济性裁员,判决书中并未提及公司有没有举证证明其生产经营发生严重困难,唐某上诉时则提及,长重公司未举证证明其生产经营存在严重困难,根据长重公司提交的财务报表及唐某的了解,长重机器公司每年均有盈利,未存在经营严重困难的情形,长重公司在解雇唐某之后还有招聘新员工的行为,然而法院对此并无任何回应,除此以外判决中还认定长重公司在解雇前仍然在安排员工加班。[①]笔者认为,假设该案中用人单位确实没有举出生产经营发生严重困难的证据,还有招聘新员工、安排加班的行为,那么按照前述上海意见,足以认定不存在生产经营严重困难的情形,裁员违法。

除此以外,司法实践中还有一些经验和教训值得总结。

第一,短期的问题或者暂时的困境不足以构成生产经营严重困难,暂时的订单减少或者淡季营业额的下降都不会导致精简人员的必要,而且法官也必须考察相当长一段时间内的情况变化才能加以判断,考察时间过短可能导致企业为了达到解雇目的作假形成短期业务减少的局面。当然,就考

---

① 湖南省长沙市中级人民法院(2015)长中民四终字第 07330 号,"唐某与湖南长重机器股份有限公司劳动争议案",案例源自威科先行数据库。

察时间的长短难以适用统一标准,因为不同的行业、不同的企业,甚至不同的经营阶段都各有不同,比如有不少互联网企业为了迅速扩张、占领市场,在最初的几年可能出现"越亏损越砸钱"的现象。

第二,应该对用人单位的生产经营状况进行全面考察,不能限于局部,用人单位内部各部门、各分支可能有不同分工和定位,某些部门、分支可能本身就不负有经营获利的任务,而是定位为其他部门、分支提供支持与服务,所以不应该以某个部门、分支的盈亏情况作为判断标准。比如"波尔亚太(佛山)金属容器有限公司与蔡某甲、蔡某乙劳动争议案"①中,法院认为,公司提供了会计师事务所就印刷生产线盈亏情况作出的《专项审计报告》,其审计范围只是针对该公司印刷生产线盈亏状况所作的审计,并非对于整个公司的经营状况进行的审计,此证据不能证明公司存在生产经营严重困难的情形。

第三,实践中,用人单位在生产经营发生严重困难的时候,往往伴随着重大业务和主要客源流失、停产或部分停产等现象,还有可能采取转产、经营方式调整、搬迁等措施自救,此时《劳动合同法》第四十一条第二项的情形就可能与第三项或者第四项的情形同时出现,以"百威英博(长春)啤酒有限公司与邱某劳动争议案"②为例,百威公司连续几年亏损上千万元,为了降低企业的运营成本,避免继续负债经营、甚至面临倒闭,公司将劳动者所在的物流部的卸验岗的业务全部外包给第三方公司,从而引发裁员,此时可能同时符合"生产经营发生严重困难"和"经营方式调整,经变更劳动合同后仍需裁员"的情形,但是用人单位未必清楚其中区别,在裁员时未必表示得精准,所以法院审查时应当宽容,只要其中任一项情形成立即可。

---

① 广东省佛山市中级人民法院(2015)佛中法民四终字第 1408 号,"波尔亚太(佛山)金属容器有限公司与蔡某甲、蔡某乙劳动争议案",案件源自北大法宝数据库。

② 吉林省长春市中级人民法院(2014)长民五终字第 556 号,"百威英博(长春)啤酒有限公司与邱某劳动争议案",案件源自北大法宝数据库。

### 三、转产、重大技术革新或者经营方式调整

#### （一）新增裁员事由：从被动到主动

与前两项不同，"转产、重大技术革新或者经营方式调整，经变更劳动合同后，仍需裁减人员的"，是《劳动合同法》相对于《劳动法》新增的裁员情形，确切地说，《劳动合同法》的第三稿草案才增加这一项。①在《中华人民共和国劳动合同法（草案二次审议稿）》的审议过程中，有不少委员提出，企业由于转产、技术进步、产业升级等原因也会使企业对劳动者的需求发生变化，也应该允许企业进行经济性裁员，而工会方面则认为，可以考虑这些因素，但是需要附加必要的限制，企业应和劳动者变更劳动合同，为其安排其他岗位，如仍不能容纳，对剩下的人可以裁员，从而形成了此条文。②笔者认为，这是一个值得肯定的突破，《劳动法》将裁员情形限定于"破产整顿"和"生产经营发生严重困难"，表明立法者是把裁员定位为用人单位陷入困境之后被动自救的途径，而《劳动合同法》允许用人单位在"转产、重大技术革新或者经营方式调整"的情形之下，经变更劳动合同后裁员，则体现立法者承认了用人单位作为市场经济下的用工主体，可以为了寻求生存空间和更大发展，主动调整自己的产品服务、技术水平和经营方式，并且根据相应的用工需求变化而裁减人员，此时用人单位完全可能发展势头良好，并不以其经营不善为前提。

#### （二）三种情形的具体理解

对于何为"转产、重大技术革新或者经营方式调整"，法律规定并没有阐

---

① 类似的规定曾经出现在 1980 年出台的《中外合资经营企业劳动管理规定》中，其第四条第一款规定，"合营企业对于因生产、技术条件发生变化而多余的职工，经过培训不能适应要求、也不宜改调其他工种的职工，可以解雇；但是必须按照劳动合同规定，由企业给予补偿。被解雇的职工，由企业主管部门或劳动管理部门另行安排工作"。也就是说，当时一方面为了吸引外资，赋予了中外合资企业这种特殊的用人单位以较为宽松的解雇理由，另一方面又为了避免职工失业，由政府负责另行安排工作。但是这一规定的适用范围很有限，必须注意的是，当时的用工制度以固定工为主，城镇就业也主要在国营企业中，1986 年出台的《国营企业实行劳动合同制暂行规定》第十条规定，企业经上级主管部门批准转产、调整生产任务，或者由于情况变化，经合同双方协商同意，可以变更合同的相关内容。也就是说，国营企业在转产等情况下也只能变更而非解除劳动合同。

② 林嘉主编：《劳动合同法条文评注与适用》，中国人民大学出版社 2007 年版，第 234 页。

明,学界也几乎没有相关的讨论,只有司法实践中的个案认定。比如,"黄某与上海闵行英特奈国际纸业包装有限公司劳动合同纠纷案"中,公司一方面将原有的聚苯乙烯泡沫塑料业务出售给了第三方,另一方面对纸箱生产线进行升级,采用自动化的作业方式取代了人工作业,因此导致泡沫塑料生产部和纸箱生产部的岗位出现大量冗余,从而裁员两百余人,法院认定上述情形属于法律规定的企业转产、重大技术革新或者经营方式调整。①该案中存在转产和重大技术革新两种情形。又比如,"广东保点明辉商标标识有限公司与郭某劳动争议案"中的裁员理由是重大技术革新,保点公司主张进行产品结构升级换代,计划引进射频识别新技术,并将现有的部分旧设备出售,从而导致部分员工的工作岗位消失,原产品线的直接岗位及其管理岗位也面临大量缩减,就此保点公司提交了多项证据,包括向案外某公司销售印刷机等旧设备的产品购销合同、部分设备的销售收入款项,还包括将无线射频识别技术引入东莞的"筹备计划书"等,法院认可存在《劳动合同法》第四十一条第一款第三项的情形。②还有"a 与 b 照明电子(上海)有限公司劳动合同纠纷案"中,b 公司向上海市人力资源和社会保障局递交裁减人员情况报告,裁减理由栏中写着,"根据 b 照明电子战略发展需要,b 照明电子(上海)有限公司的生产经营方式将由自营生产为主转变为外协/外包加工为主的方式,从 2010 年 3 月起将关闭现有的生产制造中心,相关的职能部门将重组以适应新的经营方式需要,根据《劳动合同法》第四十一条第一款第三项裁减上述 152 人",此案属于经营方式调整导致的裁员。③然而,实践中相关案件不多,不足以进行类型化的总结。

---

① 上海市闵行区人民法院(2015)闵民一(民)初字第 1808 号,"原告黄某与被告上海闵行英特奈国际纸业包装有限公司劳动合同纠纷案",案件源自北大法宝数据库。

② 广东省东莞市中级人民法院(2014)东中法民五终字第 858 号,"广东保点明辉商标标识有限公司与郭某劳动争议纠纷案",案件源自北大法宝数据库。

③ 上海市第一中级人民法院(2011)沪一中民三(民)终字第 1811 号,"a 与 b 照明电子(上海)有限公司劳动合同纠纷案",案件源自北大法宝数据库。

因此,笔者只能尝试结合域外经验①自行阐释对"转产、重大技术革新或者经营方式调整"的理解。所谓"转产",即用人单位业务内容的变化,也就是用人单位提供的产品种类或者服务类型的变化,比如由生产军用产品转为生产民用产品,从提供旅游中介服务变成直接组织跟团游,又或者由经营百货公司转型为发展商业房地产。"重大技术革新"指的是对生产设备、技术手段、工艺流程等大幅度的进步和提升,而不是常规的改善和升级,每次科技革命都会导致旧行业、旧岗位的消失和新行业、新岗位的诞生,比如电脑的出现导致了打字员的失业、软件工程师抢手,航空公司用喷气式飞机替换螺旋桨飞机,对飞行员的驾驶资质提出了新要求,现在我们正经历着由人工转为自动化,②生产车间引入数控机床或者工业机器人代替操作工人,ATM机的普及导致了很多服务窗口的关闭,将来人工智能的发展还将冲击更多的工作岗位,无人驾驶汽车、机器人写新闻稿等现象都在预示着这一趋势。对于"经营方式调整"应作宽泛理解,相关措施可能涉及用人单位组织调配人和物的各种资源进行采购、生产、销售、投资、管理等方方面面,比如销售方式从实体店销售转为线上、线下并举或者转为纯粹的电商,比如组织

---

① 探求"转产"的内涵时,参见黄程贯:《台湾地区劳动法中雇主预告终止时之劳工保护》,载《中德法学论坛》第8辑,第203页。另外,德国《企业组织法》第一百一十一条第三句第四项、第五项所提及的"经营组织、经营目的、经营设施的重大变化"和"引进重要的新工作方法、工艺流程",也和"转产、重大技术革新或经营方式调整"有相似之处,参见 DKKW/Däubler, 14. Auflage, §111 BetrVfG Rn. 43ff。

② 比如"北京世界城物业管理有限公司上诉刘某劳动争议案"中,停车场收费从人工收费转变为智能系统自动收费,从而导致停车场不再设置收费员岗位。法院认为这体现了生产力的进步,是科学技术发展的趋势所在,虽然会客观上造成部分劳动者失去岗位的不利后果,但从社会整体效果而言,仍然属于对人力资源的有效节约,从促进社会发展、鼓励企业创新的角度,可以认定此情形属于劳动合同订立时所依据的客观情况发生重大变化致使劳动合同无法履行的情形,但是此时用人单位无权径直解除合同,而是应当严格执行《劳动合同法》的规定,与劳动者就劳动合同内容的变更进行协商,且这种协商应当是在保障原工资待遇和工作条件基础上的诚意洽商。法院还特地强调,科技进步会导致人力成本的节省,劳动者可能因此失去工作,但承担着一定企业社会责任的用人单位,不能在基于科技进步而享受到经济利益最大化的同时,丧失对劳动者的最基本责任感,应当以人为本,妥善平衡企业发展和职工利益之间的关系。详见北京市第三中级人民法院(2016)京03民终7742号,"北京世界城物业管理有限公司上诉刘某劳动争议案",案例源自威科先行数据库。

架构扁平化、减少金字塔组织中间的层级,比如各职能部门的设立、撤销、权责的重新分配。另外,需要强调的是,虽然法条中只有技术革新强调了"重大",然而根据历史解释和体系解释可知,转产和经营方式的调整也必须达到重大变化的程度,产品、服务或者经营方式的常规改进和轻微调整不能构成裁员事由。判断变化重大与否,一方面可以看"质"的方面是否有大幅转变、显著创新,另一方面可以看"量"的方面,多大范围内对生产经营造成了影响。

### (三)变更劳动合同的要求

立法者指出,"企业转产、重大技术革新和经营方式调整并不必然导致用人单位进行经济性裁员,如企业转产的,从事原工作岗位的劳动者可以转到转产后的工作岗位。为了更好地保护劳动者合法权益,同时引导用人单位尽量不使用经济性裁员手段,劳动合同法要求企业转产、重大技术革新或者经营方式调整,只有在变更劳动合同后,仍需要裁减人员,才可进行经济性裁员"。[1]涉及变更劳动合同的具体方式,无论是学界提出的建议,还是实践中普遍的做法,基本上都是变更工作岗位、工作地点,有的情况下变更工作岗位还会伴随着劳动报酬的调整。[2]

那么,在企业转产、重大技术革新和经营方式调整的情况下,用人单位是具有单方变更权,还是需要和劳动者就变更劳动合同协商一致?如果仅看条文表述,第四十一条第一款第三项表述为"企业转产、重大技术革新或者经营方式调整,经变更劳动合同后,仍需裁减人员的",似乎赋予了用人单位单方变更权,第四十条第三项表述为"劳动合同订立时所依据的客观情况发生重大变化,致使劳动合同无法履行,经用人单位与劳动者协商,未能就变更劳动合同内容达成协议的",似乎要求协商一致。然而,对于用人单位

---

① 杨景宇、信春鹰主编:《中华人民共和国劳动合同法解读》,中国法制出版社 2007 年版,第 135 页。

② 王全兴:《劳动合同法条文精解》,中国法制出版社 2007 年版,第 153 页;陆敬波主编:《人力资源法律管理:解雇管理》,中信出版社 2015 年版,第 219 页。

是否能够单方调岗,实践中主要有以下几种由"松"到"紧"的意见。[①]

　　按照第一种意见,工作岗位的调整完全属于用人单位经营自主权的范畴,比如江苏省昆山市人民法院、昆山市劳动争议仲裁院、苏州市中级人民法院、苏州市劳动争议仲裁处 2010 年 5 月 11 日联合发布的《劳动争议座谈会纪要》中提到"调岗纠纷如何处理? 调岗降薪是企业内部行为,不予支持"。

　　第二种意见承认用人单位在生产经营中调配人力资源的客观需要,但是加以合法性与合理性的限制,比如广东省高级人民法院、广东省劳动人事争议仲裁委员会 2012 年 6 月 21 日的《关于审理劳动人事争议案件若干问题的座谈会纪要》中规定:"用人单位调整劳动者工作岗位,同时符合以下情形的,视为用人单位合法使用用工自主权,劳动者以用人单位擅自调整其工作岗位为由要求解除劳动合同并请求用人单位支付经济补偿的,不予支持:(一)调整劳动者工作岗位是用人单位生产经营的需要;(二)调整工作岗位后劳动者的工资水平与原岗位基本相当;(三)不具有侮辱性和惩罚性;(四)无其他违反法律法规的情形。"

　　第三种意见认为,除了法律明确规定的情形以外,用人单位调整劳动者的工作岗位必须有规章制度规定或者劳动合同约定作为依据,同时法院还要进行合法性、合理性的审查,比如天津市高级人民法院 2017 年 11 月 30 日的《天津法院劳动争议案件审理指南》规定:"用人单位对劳动者的工作岗位进行调整,应当同时具备以下条件:(一)符合劳动合同的约定或者用人单位规章制度的规定;(二)符合用人单位生产经营的客观需要;(三)调整后的工作岗位的劳动待遇水平与原岗位基本相当,但根据《中华人民共和国劳动合同法》第四十条第一项、第二项,因劳动者患病或者非因公负伤,在规

---

　　[①]　学者对这些意见,部分认同,部分提出了不同看法,详见郑尚元:《劳动合同法的制度与理念》,中国政法大学出版社 2008 年版,第 223—235 页;钱叶芳:《劳动合同变更制度的法律问题研究:兼析苏、浙、沪高院的指导意见》,《法治研究》2010 年第 9 期;侯玲玲:《论用人单位内工作调动》,《法学》2013 年第 5 期;丁建安:《论企业单方调岗行为法律效力的判断》,《当代法学》2015 年第 3 期。

定的医疗期满后不能从事原工作而被调整岗位，或者因劳动者不能胜任工作而调整岗位的除外；（四）调整工作岗位不具有歧视性、侮辱性；（五）不违反法律法规的规定。"①

第四种意见根据劳动合同对于工作岗位和调岗的约定，不同情况作不同处理，比如北京市高级人民法院、北京市劳动人事争议仲裁委员会2017年4月25日《关于审理劳动争议案件法律适用问题的解答》中提出："（一）用人单位与劳动者约定可根据生产经营情况调整劳动者工作岗位的，经审查用人单位证明生产经营情况已经发生变化，调岗属于合理范畴，应支持用人单位调整劳动者工作岗位。（二）用人单位与劳动者在劳动合同中未约定工作岗位或约定不明的，用人单位有正当理由，根据生产经营需要，合理地调整劳动者工作岗位属于用人单位自主用工行为。判断合理性应参考以下因素：用人单位经营必要性、目的正当性，调整后的岗位为劳动者所能胜任、工资待遇等劳动条件无不利变更。（三）用人单位与劳动者签订的劳动合同中明确约定工作岗位但未约定如何调岗的，在不符合《劳动合同法》第四十条所列情形时，用人单位自行调整劳动者工作岗位的属于违约行为，给劳动者造成损失的，用人单位应予以赔偿，参照原岗位工资标准补发差额。"

按照第五种意见，用人单位只有在法律明确规定的情形下可以单方面决定调整其工作岗位，即《劳动合同法》第四十条第一项和第二项规定的"劳动者患病或非因工负伤"以及"劳动者不能胜任工作"这两种情况，以及《女职工劳动保护特别规定》第六条规定的"孕期女员工不能适应原劳动"和《职业病防治法》第三十五条规定的"在职业健康检查中发现劳动者有与所从事的职业相关的健康损害的"时，其他情况下调职都需要得到劳动者同意，在"劳动合同订立时所依据的客观情况发生重大变化，致使劳动合同无法履

---

① 类似的意见还有江苏省高级人民法院2009年2月27日的《关于在当前宏观经济形势下妥善审理劳动争议案件的指导意见》。

行"的时候,用人单位也必须和劳动者协商,经协商无法达成一致只能解除合同。①

由于大多数情况下规章制度或者劳动合同中都有类似"用人单位有权根据生产经营变化以及劳动者工作情况调整其工作岗位"的条款,而实践中此类条款的效力基本也得到认可,②所以区分第二种和第三种意见的实际意义不大。总而言之,司法实践的大多数意见认为,在劳动合同订立时所依据的客观情况发生重大变化致使劳动合同无法履行的情况下,用人单位有权单方调整劳动者工作岗位,但是必须满足合法、合理的要求,而"企业转产、重大技术革新和经营方式调整"又属于"客观情况发生重大变化",所以实践中基本认为此时用人单位有单方调岗权。③

就调岗的合理性判断问题,有学者提出的判断标准为:(1)业务经营上之必要性;(2)人事调动与人选之合理性;(3)调职动机与目的之合理性;(4)调动后劳动者生活、工薪待遇是否存在较大落差。④另有学者提出矫正意见,比如不能绝对要求劳动报酬等条件无不利变更,这和"薪随岗变"的基本原则不符,技能所能胜任的也有问题,企业技术创新、转产、开拓新领域,除少数研发人员外,其他劳动者都可能面临技能不胜任的问题,问题的关键

---

① 详见江山:《变更劳动合同及调岗、调薪操作规则》,《中国劳动》2008 年第 12 期;王林清:《劳动争议裁诉标准与规范》,人民法院出版社 2014 年版,第 322 页;陆敬波、黄敏:《企业单方调岗合理性的判别因素探析》,《中国劳动》2016 年第 12 期。

② 丁建安教授认为此类概括授权条款不得作为企业调岗权存在的规范依据,详见丁建安:《论企业单方调岗行为法律效力的判断》,《当代法学》2015 年第 3 期。

③ 钱叶芳:《劳动合同变更制度的法律问题研究:兼析苏、浙、沪高院的指导意见》,《法治研究》2010 年第 9 期;刘锋、戚垠川:《用人单位单方变更劳动合同法律适用分析:以客观情况变化为视角》,《上海政法学院学报》2018 年第 3 期。上述两篇文章中都对司法实践中的代表性意见进行了整理分析。

④ 此为郑尚元教授意见,郑尚元:《劳动合同法的制度与理念》,中国政法大学出版社 2008 年版,第 232 页;侯玲玲教授的意见也较为类似,即(1)是否基于生产经营之必要性;(2)是否有其他不当之动机和目的;(3)调动后工作与原有工作是否能为劳动者体能和技能所胜任;(4)劳动报酬及其他劳动条件是否有不利变更;(5)调动后劳动者所承受不利益是否超过社会一般通认的能忍受之程度,侯玲玲:《论用人单位内工作调动》,《法学》2013 年第 5 期。

在于劳动者能否得到足够的培训机会。[1]上述标准在司法实践中也得到了认可，前述广东省、北京市的意见即为实例，又比如在"广东保点明辉商标标识有限公司与郭某劳动争议案"中，公司以重大技术革新为由裁员，法院提出，企业转产、重大技术革新或者经营方式调整并不必然导致裁员，如果劳动者原来所从事的岗位消失了，又或者劳动者不能适应新的技能要求，那么应该尝试调整劳动者的工作岗位，而且新岗位的工资水平应该和原岗位的工资水平差不多，然而该案中保点公司提供的与郭某签的劳动合同变更协议表明，新岗位的工资明显降低，而且保点公司所提供的可供劳动者选择的 65 个岗位中，包括 20 个清洁工、35 个外包工、8 个学徒和杂工，还有 2 个是操作工，郭某工龄较长、工资较高，职务或技术水平也比较高，这种调岗明显具有侮辱性质，因此郭某有理由拒绝保点公司提供的这 65 个岗位。[2]

## 四、其他客观经济情况发生重大变化的情形

### （一）"客观情况发生重大变化"与"客观经济情况发生重大变化"

《劳动合同法》第四十一条第一款第四项也是新增的条款，其表述为"其他因劳动合同订立时所依据的客观经济情况发生重大变化，致使劳动合同无法履行的"，与《劳动合同法》第四十条第三项非常相似。部分观点认为，对"客观情况发生重大变化"与"客观经济情况发生重大变化"应该作不同理解，比如，"北京《瑞丽》杂志社等上诉劳动争议案"中，法院提出，客观情况一般是指除劳动者和用人单位主动采取行为之外的、不以双方主观意志为转移的情况，因用人单位自身经济情况发生重大变化、主动或者被动适应市场变化采取的调整产业结构、战略等经济行为均应属于客观经济情况的范畴，

---

[1] 丁建安：《论企业单方调岗行为法律效力的判断》，《当代法学》2015 年第 3 期。
[2] 广东省东莞市中级人民法院（2014）东中法民五终字第 858 号，"广东保点明辉商标标识有限公司与郭某劳动争议纠纷案"，案件源自北大法宝数据库。

所以本案中《瑞丽》杂志社根据市场经济形势、成本利润,调整组织机构、裁撤合并相关部门及职位的行为应该认定为客观经济情况发生重大变化,也属于企业内部自行调整的范畴。①

之所以有这样的认识,归根到底是此观点对基于"客观情况发生重大变化"的解雇与经济性裁员的关系理解有问题,此观点认为两者有本质上的差异,客观情况发生重大变化的覆盖面更广,有可能是自然条件、社会环境、法律政策方面的变化,而经济性裁员则必须是基于经营需要,客观情况发生重大变化强调外部客观因素,往往是用人单位被动适应外部变化,而经济性裁员则是企业根据内部生产经营状况自主对员工质量和数量进行调整。所以,如果用人单位基于自主决策进行经营性调整,适用《劳动合同法》第四十条第三项解雇的,部分法院可能认为并非"客观"情况发生重大变化,从而认定为违法解除。比如,"王某与东江米巷花园(北京)餐饮有限公司劳动争议案"中,法院提出,所谓客观情况是指除劳动者和用人单位主动采取行为之外的不以双方主观意志为转移的情况,东江米巷公司解除劳动合同的直接原因是东江米巷公司亏损严重、长期资不抵债,东江米巷公司由于经营困难不得已决定关闭布鲁宫法餐厅,从而解除与王某的劳动合同关系,这是东江米巷公司主观自主决定的行为,显然不属于法律规定的"客观情况"的范畴,北京鸿嘉会计师事务所有限责任公司针对东江米巷公司所出具的财务报表审计报告可以证明该公司在 2012 年、2013 年存在严重亏损情形,东江米巷公司据此通过裁员来调整经营范围,属于用人单位自主经营管理权和用工自主权的适当行使。②笔者不赞同这种观点,本章第三节将对此进行深入分析。

(二)典型情形:以搬迁为例

正如"顾某与常州武进大众钢铁有限公司劳动合同纠纷案"中法院指出

---

① 北京市第二中级人民法院(2017)京 02 民终 1681 号,"北京《瑞丽》杂志社等上诉劳动争议案",案例源自北大法宝数据库。

② 北京市第二中级人民法院(2014)二中民终字第 08363 号,"王某与东江米巷花园(北京)餐饮有限公司劳动争议案",案例源自北大法宝数据库。

的那样,由于《劳动合同法》并未对何种情形属于"其他因劳动合同订立时所依据的客观情况发生重大变化,致使劳动合同无法履行的"情形进行明确的详细规定,因此当劳动者认为企业的经济性裁员不合法依法提起劳动仲裁和诉讼时,应当由仲裁机关或人民法院根据相关事实予以认定,该案中法院就是根据大众公司的实际经营情况、建厂情况、亏损情况及国际经济形势等综合分析认定存在《劳动合同法》第四十一条第一款第四项的情形。①实践中可能构成《劳动合同法》第四十一条第一款第四项的情形不少,最为典型的就是用人单位的搬迁,《劳动合同法》的二审稿和三审稿就曾经把"因防治污染搬迁"列为裁员事由,所以此处将以搬迁为例进行深入分析。需要指出的是,虽然用人单位搬迁往往涉及大多数,其至全体的员工,很容易达到经济性裁员的人数门槛,但是实践中用人单位往往会将裁员"化整为零",对原本裁员所涉的单个劳动者分别发出基于"客观情况发生重大变化"的解雇,法院对这种做法基本上也是持听之任之的态度,所以下面引用的案例中大部分用人单位是依据《劳动合同法》第四十条第三项解除劳动合同的。

在考察用人单位搬迁是否构成"客观情况发生重大变化"时,部分地区会区分搬迁的原因。比如,北京市高级人民法院、北京市劳动人事争议仲裁委员会 2017 年 4 月 25 日《关于审理劳动争议案件法律适用问题的解答》中提出:"下列情形一般属于劳动合同订立时所依据的客观情况发生重大变化:……(2)受法律、法规、政策变化导致用人单位迁移、资产转移或者停产、转产、转(改)制等重大变化的"其中用人单位迁移限于"受法律、法规、政策变化导致的用人单位迁移",覆盖的只是用人单位因为政府拆迁、环境治理、产业调整等原因而被动搬迁的情形。相反,广东省高级人民法院 2017 年 8 月 1 日的《广东省高级人民法院关于审理劳动争议案件疑难问题的解答》则提出:"企业因自身发展规划进行的搬迁,属于劳动合同订立时所依据的客观情况发生重大变化。"即用人单位为了实现协同效应、节省费用或者缩

---

① 江苏省常州市中级人民法院(2014)常民终字第 726 号,"顾某与常州武进大众钢铁有限公司劳动合同纠纷案",案例源自北大法宝数据库。

短运输时间等目的而主动搬迁的,也属于"客观情况发生重大变化"。显然,北京市的意见之所以有过于狭隘之嫌,也是因为对客观情况发生重大变化的理解有误,过于强调外部性、客观性。

更多的情况下,司法部门在认定用人单位搬迁是否构成"客观情况发生重大变化"时,考虑的是搬迁是否跨行政区域、是否距离较远、交通是否方便、用人单位是否采取弥补措施等因素。比如,江苏省高院 2016 年 8 月 24 日的内部意见综合考虑了多方面的因素,根据该意见,对于企业整体搬迁能否认定为"客观情况发生重大变化",需要根据企业搬迁距离的远近、用人单位是否提供交通工具、是否在上下班时间上进行调整、是否给予交通补贴等因素,以及该工作地点的变更是否给劳动者的工作与生活各方面带来实质性的不利等,进行综合的比较和判断。①与之类似的有上海市劳动仲裁系统的口径:用人单位在市中心区内搬迁,不作为客观情况发生重大变化;用人单位在市区与郊区之间或者在郊区与郊区之间搬迁,能否算作客观情况发生重大变化,主要考察以下三点,即原址与新址距离的远近,往返的公共交通是否便利,用人单位是否与员工充分协商并采取相关措施,如安排班车、调整考勤时间、发放交通补贴、安排宿舍或发放租房补贴等;用人单位从本市搬到外省市的,认定客观情况发生重大变化。②相较之下,深圳市中级人民法院 2015 年 9 月 2 日《关于审理劳动争议案件的裁判指引》中的规定比较简单,为"用人单位在深圳市行政区域内搬迁,劳动者要求用人单位支付经济补偿的,不予支持;用人单位由深圳市行政区域内向深圳市行政区域外搬迁,劳动者要求支付经济补偿的,应予支持",即只有搬迁到深圳行政区域之外的才算"客观情况发生重大变化",颇有些"一刀切"的嫌疑。

---

① 2016 年 8 月 24 日至 26 日,江苏省高级人民法院民一庭在常州组织召开全省民事审判工作例会,对民事审判中存在的 25 个疑难问题统一了执法尺度。其中关于劳动争议方面的问题,有 5 条意见,其中第 23 点意见涉及企业整体搬迁中"客观情况发生重大变更"的认定,载新沂市政府网站 http://www.xy.gov.cn/xy/019/20170504/019002009_444cad4e-57b9-49ee-bb5a-2feb9ab37c04.htm。

② 刘小根:《经营战略调整属于客观情况发生重大变化吗》,《中国劳动》2014 年第 5 期。另外笔者也就此与上海人力资源和社会保障局的工作人员核实。

跨行政区域的搬迁基本上都会被认为构成"客观情况发生重大变化"，因为各地社会保险、最低工资水平、公共福利等各种政策有诸多不同，搬迁将对劳动者的权益造成明显的影响，比如，某工厂从上海嘉定搬迁到江苏太仓，即使两地绝对距离并不远，但是会导致系列变动，单单是社保、公积金缴纳地点变化这一点，就可能影响到劳动者的退休待遇、子女入学、购房资格等系列问题。

搬迁距离的远近直接关系到劳动者通勤时间的长短，是司法实践中的核心判断依据，但是搬迁距离究竟远到什么程度才能构成"客观情况发生重大变化"，只能根据日常经验法则判断，比如"卢某与禧玛诺（昆山）自行车零件有限公司劳动合同纠纷案"中，法院认为，虽然双方之间签订的劳动合同中约定的工作地点是昆山市合兴路439号，而之后根据政府规划禧玛诺公司需要将厂区搬迁至昆山市吴淞江南路1号，但是两地之间的距离仅有6.1千米，根据日常经验法则判断可知，此搬迁对劳动合同继续履行不会产生实质性障碍和影响，所以该情形不属于《劳动合同法》第四十条第三项意义上的"客观情况发生重大变化"。[1]

由于缺乏统一标准，法官有较大自由裁量空间，所以实践中个案差异较大："仝某与南京川田乳品有限公司劳动争议案"中，双方劳动合同约定的工作地点为南京，但实际履行地一直在南京市鼓楼区，仝某也实际居住在南京市鼓楼区，之后川田公司搬迁至距离约实际居住地30千米以外的江宁区淳化马场山三国村，法院提出，两地距离较远，已经超出了缔约时及实际履行劳动合同过程中劳动者的预期，直接导致劳动者上班路程明显增加、休息时间减少、交通成本提高等问题，虽然川田公司搬迁后在南京交院地铁站至新工作地点之间为员工提供了车辆接送，也不能完全抵销上述负面影响，所以仝某属于被迫解除劳动合同，川田公司应当支付经济补偿；[2]"上海阳光干

---

[1] 江苏省苏州市中级人民法院（2015）苏中民终字第01939号，"卢某与禧玛诺（昆山）自行车零件有限公司劳动合同纠纷案"，案例源自北大法宝数据库。

[2] 江苏省南京市中级人民法院（2016）苏01民终4158号，"仝某与南京川田乳品有限公司劳动争议案"，案例源自北大法宝数据库。

洗有限公司与冉某劳动争议案"中,阳光公司原址为上海市嘉定区马陆镇,冉某的家庭也同样居住在嘉定区马陆镇,之后阳光公司由嘉定区马陆镇搬迁至金山区漕廊公路,新旧地址之间相隔约 70 千米,法院认为,工作地址发生重大改变,阳光公司未举证证明已与冉某协商达成至新厂区继续履行劳动合同的协议,也未举证证明已对冉某等员工上下班作妥善安排,导致劳动合同难以履行,阳光公司因搬迁引起劳动合同解除,应支付解除劳动合同经济补偿金;[①]"钟某与广东海伦堡地产集团有限公司、广州欧赛思房地产开发有限公司劳动争议案"中,海伦堡公司从广州增城区搬迁至广州番禺区,两地直线距离为 70 余千米,虽然钟某已经在增城区安家,需要照顾父母子女,而且海伦堡公司也没有提供类似交通补贴、免费的住宿或者班车等便利或补偿,但是法院仍然认为,海伦堡公司是因为公司总部搬迁调整钟某的工作地点,并无不当,尽管两地相距 70 余千米,工作地点调整后的确会给劳动者工作、生活带来某些不便,但是也没有明显不合理之处,所以上诉人不得以此为由拒绝赴新岗位工作。[②]这三个案件明显尺度不同,难免给人无所适从的印象,所以在强调个案正义的同时,由各省高院或者最高院总结经验形成相对统一的判断标准还是有必要的。

另外,交通便利程度和用人单位采取的弥补措施也是法院重点考虑的因素,因为这关系到客观情况的重大变化是否导致了原合同无法继续履行。比如,"胡某与上海帝邦智能化交通设施有限公司劳动争议案"中,帝邦公司因为生产经营规模扩大从上海市松江区九亭镇搬迁至金山区张堰镇,承诺提供以下保障措施:第一,去新厂工作的员工,自行租房也不乘坐公司班车的,公司将按原计划给予工资奖励及住房补贴奖励;第二,免费提供每天上下班通勤班车,往返九亭镇与张堰镇;第三,新厂新增勤杂工种,将优先照顾

---

① 上海市第二中级人民法院(2012)沪二中民三(民)终字第 45 号,"上海阳光干洗有限公司与冉某劳动争议案",案例源自北大法宝数据库。
② 广东省广州市中级人民法院(2016)粤 01 民终 9788 号,"钟某与广东海伦堡地产集团有限公司、广州欧赛思房地产开发有限公司劳动争议案",案例源自北大法宝数据库。

录用本厂员工家属;第四,到新厂工作的,员工福利将会有逐步地提高。法院认为,虽然百度地图显示新、旧厂距离约 55 千米,驾车需 45 分钟,但是其中有高速路段,就该距离而言尚属于合理的范围,而且帝邦公司在通告中承诺,对于不能去张堰镇租房上班的员工提供每天上下班的免费通勤班车,为合同的继续履行已经提供了良好的条件,结合上述两点,帝邦公司虽然从九亭镇搬迁至张堰镇,但该变化并没有致使双方的劳动合同无法履行。①

## 第二节　德国法中基于经营原因的解雇

在德国判断"规模性裁员"(Massenentlassung)是否合法时,既需要审查其中的个别解雇(Einzelkündigung)是否符合德国《解雇保护法》第一条②的社会正当性要求,是否遵守德国《民法典》对于解除通知期的规定,是否按照德国《企业组织法》第一百零二条的要求听取了企业职工委员会的意见,也需要审查雇主是否履行了《解雇保护法》第十七条与企业职工委员会协商、向劳动事务所报告的义务,相关情形构成所谓的"企业重大变动"(Betriebsänderung)的,雇主还需要同时满足《企业组织法》第一百一十一条及以下条款所规定的与企业职工委员会协商签订"利益平衡约定""社会计划"的要求。《解雇保护法》第十七条的规定主要旨在减少规模性裁员对于

---

① 上海市松江区人民法院(2013)松民一(民)初字第 7224 号,"胡某与上海帝邦智能化交通设施有限公司劳动争议案",案例源自北大法宝数据库。

② 理论上雇主也可以根据德国《民法典》第六百二十六条发出基于经营原因的非常解雇,但是学界和实务界认为雇主原则上只能够根据《解雇保护法》第一条发出基于经营原因的正常解雇,因为即使存在紧迫的经营需要,一般也能够期待雇主将劳动关系延续到解除通知期届满之时,否则就是允许雇主把本应由他承担的经营风险转移到雇员身上。只有在非常例外的情况下,雇主可以基于经营原因发出非常解雇,比如适用的集体合同已经基于某雇员的年龄和企业工龄排除了正常解雇的可能性,雇主却因为停产实在无法雇用该雇员,强制继续履行会导致雇员长期"不干活、只拿钱",此时联邦劳动法院不要求雇主继续维持这种对他而言毫无意义的劳动关系,但是雇主宣告非常解雇时必须遵守在正常解雇没有被排除的情况下他原本需要遵守的解除通知期。详见 BAG 28.9. 1972, EzA Nr. 17 zu § 626 BGB n.F.; BAG 5.2.1998, EzA Nr. 2 zu § 626 BGB Unkündbarkeit; SPV/ Preis, 11 Auflage, Rn. 715。

劳动力市场的冲击,因而计入裁员总数的,除了雇主基于经营原因发出的解雇以外,既有雇主基于雇员个人原因、基于雇员行为原因发出的解雇,也有在雇主促使之下雇员自行辞职或者与雇主协商一致解除劳动合同的情形,不过大多数情况下规模性裁员中的个别解雇还是属于雇主基于经营原因发出的解雇。所以,虽然在判断组成规模性裁员的个别解雇的实体性条件是否具备时,需要区分个别解雇的类别,但是我们这里只讨论基于经营原因的解雇。①

　　根据《解雇保护法》第一条第二款第一句,如果紧迫的经营需要(dringendes betriebliches Erfordernis)导致雇主难以继续雇用某雇员,那么这种解雇也可能具有社会正当性。与基于雇员个人原因或者行为原因的解雇不同,基于经营原因的解雇中,导致合同解除的原因来源于雇主这一方。由于"紧迫的经营需要导致难以继续雇用"这一表述非常抽象,所以经过多年学理研究和司法实践总结,基于经营原因的解雇必须满足三个实体性条件才合法:其一,雇主必须证明,他基于企业外或者企业内的原因作出了一个经营决策,而这一经营决策又导致了用工需求的变化;其二,存在紧迫的经营需要,通过其他更为温和的手段无法避免工作岗位的丧失;其三,即使已经认定存在裁减人员的需求而且无法通过其他更温和的手段来避免解雇,雇主仍然需要进行所谓的社会性挑选,在相互可替换的员工中找出最不值得保护的员工予以解雇。也有学者将其进一步细化为更多的审查步骤:雇主是否作出了一个经营决策?是否存在真实的企业外或者企业内的原因导致雇主作出此经营决策?雇主作出的经营决策是否导致了用工需求的变化,即经营决策与劳动岗位丧失之间是否存在因果关系?用工需求的变化是长期的吗?是否在解除通知期到期之时还有裁减人员的需求?是否可以采取更为温和的手段来避免解雇?在确定具体的解雇对象时雇主是否进行了社

---

① 有关德国法中基于经营原因的解雇,可以阅读[德]沃尔夫冈-多伊普勒:《德国劳动法》,王倩译,上海人民出版社 2016 年版,第 260 页及以下。

会性挑选？该挑选是否符合法律要求？① 本书将有专门的章节讨论雇主应该采取哪些更温和的手段来避免裁员，探讨优先留用制度时也会介绍社会性挑选制度，所以本章只聚焦于经营决策导致用工需求变化的问题。

**一、企业外的原因和企业内的原因**

立法者没有对紧迫的经营需要作出定义，导致工作岗位丧失的根源被区分为"企业外的原因"（Außerbetriebliche Ursache）和"企业内的原因"（Innerbetriebliche Ursache），②学界和实务界之所以使用这种描述性的表达，主要是为了在诉讼过程中清晰展现、分析解雇的事由，有利于司法实践有针对性地、系统化地总结审查步骤，也有利于明确各方的举证责任。所谓企业外的原因，是指与企业生产经营本身无关的外部因素，这些外部因素导致生产经营的变化，从而影响到用工需求；所谓企业内的原因，是指雇主为了实现经营目标在技术、组织或者经济领域采取的经营措施，从而影响到劳动关系的存续。③典型的企业外的原因有市场需求的变化、原材料的缺乏、第三方资助资金的削减等情形；典型的企业内的原因则有引进新的工艺技术、调整组织结构、部分或者完全停产或者将部分业务外包出去等情形。④企业内的原因往往会和经营决策本身相重合，比如雇主决定对生产方法进行重大调整，这既是企业内的原因，又是经营决策本身，直接影响用工

---

① APS/Kiel, 4. Auflage, §1 KSchG Rn. 442ff; KDZ/Deinert, 9. Auflage, §1 KSchG Rn. 352ff; SPV/Preis, 11. Auflage, §1 KSchG Rn. 83; BAG 30.5.1985, EzA §1 KSchG Betriebsbedingte Kündigung, Nr. 36; BAG 30.4.1987, EzA §1 KSchG Betriebsbedingte Kündigung, Nr. 42; BAG 9.5.1996 NZA 1996, 1145.

② BAG 7.12.1978, AP Nr. 6 zu §1 KSchG 1969 Betriebsbedingte Kündigung.

③ BAG 13.2.2008, AP Nr. 175 zu §1 KSchG 1969 Betriebsbedingte Kündigung; BAG 24.6.2004, AP Nr. 76 zu §1 KSchG 1969; BAG 7.12.1978, AP Nr. 6 zu §1 KSchG 1969 Betriebsbedingte Kündigung; KR/Griebeling, 8. Auflage, §1 KSchG Rn. 517; Hillebrecht, ZfA 1991, 97f.

④ KR/Griebeling, 8.Auflage, §1 KSchG Rn. 560ff.对于典型的企业外原因和企业内原因有比较完整的列举。

需求;企业外的原因则需要转化,需要雇主基于企业外的原因而作出一个经营决策,从而只能间接导致用工需求的变化,比如"外贸寒冬"中某企业接到的订单数量大幅减少,雇主可以因此关停某条流水线,从而裁减相关人手,雇主也可以选择继续生产、充盈库存,等待市场"回暖"。[1]以下将对一些典型的企业外、企业内原因进行具体分析。

(一) 订单减少和销售额降低

上面已经提到,订单减少或者销售额降低本身并不能直接导致用工需求的变化,需要雇主因此而作出一个经营决策,所以雇主在诉讼中仅仅展示订单或者销售的数据是不够的,他还需要说明自己具体采取了什么措施来应对,比如工厂订单充足时,三班倒开足马力生产,现在因为订单不足而减少一个班次,或者百货公司由于生意冷清而缩短开店时间。[2]这种订单减少或者销售额降低应该是显著的,而非轻微的,应该是长期的,而非短期的、暂时性的,就此区别并无绝对的、统一的标准,需要根据个案具体情况判断。对从事劳务派遣的企业而言,特别需要注意这个问题,因为劳务派遣的业务的重要组成部分就是填补顾客临时性的用工需求,所以相关的委托往往也是临时出现的,难以提前预期,短期的订单缺口对于劳务派遣这个行业属于常态,因此,如果从事劳务派遣的雇主要以"无工可派"为由解雇劳务派遣工,那么他必须说服法官,确实存在长期的订单缺口,即长时间无法将雇员派遣到用工单位去。[3]

(二) 第三方资助资金的削减

如果某工作岗位是由第三方资金资助的,比如学校、科研机构或者公司的研发部门获得了国家科研基金若干年的项目资助,相关科研人员的劳动报酬正是用项目资金支付的,那么资助资金被削减或者撤销的情况下,雇主可能选择寻找其他的资助者或者自行资助,也可能选择因此而减少雇用科

---

1 BAG 20.2.1986,AP Nr. 11 zu § 2 KSchG 1969 Betriebsbedingte Kündigung;Berkowsky, § 6,Rn. 88.

② APS/Kiel,4. Auflage,§ 1 KSchG Rn. 484.

③ BAG 18.5.2006,DB 2006,1962.

研人员,在后者的情况下,司法实践基本认可存在紧迫的经营需要导致雇主难以继续雇用。①

（三）完全或者部分停止经营

所谓停止经营（Betriebsstilllegung）,是指彻底地解散雇主和雇员之间形成的生产经营的共同体,雇主必须严肃地、终局地作出放弃原来的生产经营活动的决定,长期或者不确定期限地放弃追求原本的经营目标。②如果雇主关停某个工厂,就是为了摆脱一批老员工,之后又另行招人开设新厂继续经营,或者雇主还在就企业转让和感兴趣的潜在买家谈判,那么停止经营只是幌子,这种决定不是严肃的、终局性的,不能作为支撑解雇的理由。③原则上短期的停业不能够作为解雇事由,例外情况下,如果还存在重新开业的可能性,那么只有在停业时间过长以至于雇主无法负担过渡期间继续支付雇员原来的薪酬待遇的情况下,雇主才能够解雇。至于什么情况属于这种无法过渡的情况,需要根据个案情况来判断,某案中柏林州法院就认定了,不能指望雇主在十个月的间断期内无法用工却继续支付原工资。④雇主无需等到完全停止经营之后再行解雇员工,发出解除通知之时已经作出了相关决策即可,该决策也无需给出精确的完全停止经营的时间点,但是雇主明确给出了时间点的,比如告知供货商、银行客户等将在何年何月完全停止经营的,在解雇员工时基本也要保持一致,不能自相矛盾。雇主在举证时还需要指出自己已经开始实施哪些具体的措施,比如清空库存、解除租约、出售财产等,企业中存在企业职工委员会的,雇主和企业职工委员会针对利益平衡协议或者社会计划开展协商,也是将完全停止经营的佐证。⑤雇主计划逐步

---

① BAG 7.11.1996, AP Nr. 82 zu § 1 KSchG 1969 Betriebsbedingte Kündigung.

② BAG 28.10.2004, NZA 2005, 285, 287.

③ ArbG Berlin 17.2.2000, AuR 2001, 72; BAG 13.2.2008, AP Nr. 175 zu § 1 KSchG 1969 Betriebsbedingte Kündigung.

④ LAG Berlin 17.11.1986, LAGE § 1 KSchG Betriebsbedingte Kündigung Nr 9.

⑤ BAG 21.6.2001, AP Nr. 50 zu § 15 KSchG 1969 Betriebsbedingte Kündigung；BAG 13.6.2002, $E_2A$ § 1 KSchG 1969 Betriebsbedingte Kündigung Nr. 120 ; APS/Kiel, 4. Auflage, § 1 KSchG Rn. 488f.

停止经营的，应该进行社会性挑选，根据值得保护程度的不同分批次解雇员工，最值得保护的雇员应该最后一批被解雇，相反，雇主打算在同一时间停止经营的，由于将要解雇所有的员工，则无需进行社会性挑选。[①]部分停止经营(Betriebseinschränkung)也可以用以支撑基于经营原因的解雇，比如某机械制造公司关停某条生产线、为减少产量而削减生产班次、某私立高校停止设置科研机构，部分停止经营也必须是终局的、严肃的、长期或者不定期的。另外，考察解雇理由时还需要把停止经营和企业转让区分开来，企业转让(Betriebsübergang)本身不能作为解雇理由，企业转让造成的短暂停业也不能用以支撑解雇，如果雇主因为决定完全停止经营发出解除通知之后又出乎意料地找到买主，也不影响解雇本身的合法性，但是雇员有权要求雇主继续雇用他。[②]

(四) 转外包或劳务派遣

外包是指雇主将本来在企业中完成的部分工作或者业务交由外部第三方并由其自行安排人手完成，动机可能是节省成本、专注于核心业务、获得专业服务等，比如某公司关掉自己的食堂、让专门的餐饮服务公司提供送餐服务，又比如某汽车制造厂不再自行生产某些组件、转而向供应商订购。转外包的法律途径可能是签订买卖合同、承揽合同、特许经营等方式，外包第三方可以是机构，也可以是个人。一般而言，雇主可以基于外包而解雇原来完成这部分工作或者业务的雇员，但是如果雇主仅仅表面上放弃雇主的身份，实际上还是对工作或业务的完成保留了大部分的指示权，那么外包只是幌子，雇主的这一经营决策无法通过司法的"滥用控制"，解雇将被认定违法。[③]那么，雇主是否可以解雇自己的雇员，改为使用劳务派遣工呢？就此还存有争议：按照少数派的观点，如果用劳务派遣替代直接用工能够节省成

---

① BAG 8.11.2007，AP Nr.28 zu § 17 KSchG 1969 Betriebsbedingte Kündigung.

② BAG 3.9.1998，NZA 1999，147.

③ APS/Kiel，4. Auflage，§ 1 KSchG Rn. 522ff.

本,那么雇主因此解雇自己的雇员就具有社会正当性;①多数意见则认为,雇主这种解雇自己的员工、用劳务派遣工替代之的经营决策明显不必要、不合理、过分随意,因为劳务派遣工仍然是在雇主的指挥命令之下劳动,相关的工作岗位依旧存续,而且立法者对劳务派遣的定位是用以满足临时用工需求的灵活用工方式,虽然近年来法律逐渐放松了对于劳务派遣的限制,其目的却也是为了促进就业,帮助失业者或者就业困难人士通过劳务派遣这一"跳板"被用工单位接纳,甚至之后被其吸纳成为正式员工,如果允许雇主用劳务派遣替代直接用工,那么不仅会危及正式员工的就业安全,而且将导致就业质量的下降,因为劳务派遣工的待遇等各种劳动条件往往不如正式员工,显然和立法目的背道而驰。②

（五）合理化措施

所谓"合理化措施"(Rationalisierungsmaßnahmen)是一个统称,涵盖所有为了降成本、增利润、提高竞争力而采取的技术上的、组织上的优化措施。典型的技术上的优化措施包括引进新的机器、技术和工艺,典型的组织上的优化措施则有简化组织流程、减少金字塔结构层级等,当然,技术上的措施和组织上的措施也可能交融在一起。③雇主不能笼统地以采取合理化措施作为解雇事由,必须举证说明具体采取了哪些措施,如何实施的,对用工需求又造成了什么样的影响。比如,某企业推行扁平化管理,减少了若干管理层级并重新分配工作任务,雇主因此予以解雇的,必须向法庭清楚明晰地演示,他是如何执行此决策的,减少层级、重新安排任务之后新的工作流程和安排是什么情况,是否以及多大范围内导致了用工需求的变化,因此解雇员工之后会不会导致留下来的人手无法在正常工作时间内完成工作任务等。④

---

① Bieder, Anmerkung zu LAGE Nr. 78 zu §1 KSchG 1969 Betriebsbedingte Kündigung.

② APS/Kiel, 4. Auflage, §1 KSchG Rn. 524a; HWK /Quecke, §1 KSchG Rn. 269; KDZ/ Deinert, 9.Auflage, §1 KSchG Rn. 474; Moll/Ittmann, RdA 2008, 321ff.

③ BAG 18.7.1996, NZA 1997, 148; BAG 13.2.2008, NZA 2008, 819.

④ BAG 9.5.1996, AP Nr.79 zu §1 KSchG 1969 Betriebsbedingte Kündigung; BAG 10. 10.2002, AP Nr.123 zu §1 KSchG 1969 Betriebsbedingte Kündigung.

## 二、司法实践对于经营决策的有限审查

### (一) 自由的经营决策

宪法上基本权利的冲突和价值取向的要求,也影响了解雇保护的制度设计和司法适用。基于德国《基本法》第十二条,雇主享有"职业自由"的基本权利,他拥有经营自主权,可以自主决定业务领域、经营规模、技术设备、组织架构等事项,基于《基本法》第二条,雇主也享有个性发展的自由,从中可以引出合同自由,合同自由包含了终止合同的自由,[①]《基本法》第十四条对财产的保护,也决定了雇主可以使用他的财产开展生产经营,保持生产经营的顺利进行,所以国家不能排除或者过分限制雇主解除劳动合同的权利。同样,雇员也享有《基本法》第十二条保障的"职业自由",即雇员有选择、从事、保有、放弃某职业的自由,《基本法》第一条所保障的人的尊严也决定了雇主不能像对待生产资料那样随意处置雇员,雇员不仅是劳动力的载体,还是活生生、有尊严的人,《基本法》第二十条所确立的社会国家的原则,也要求国家保护在劳动关系中处于弱势的雇员,所以国家有义务设置解雇保护制度,避免雇员被任意剥夺安身立命的工作。[②]正是基于《基本法》对雇主、雇员基本权利保护的要求,国家要在雇主、雇员之间不同的,甚至是相对立的利益之间平衡,要兼顾经济发展和社会公平,所以法官在适用德国《解雇保护法》时既不能过分限制雇主的经营自主权,也不能忽略对雇员的存续保护。

具体到基于经营原因的解雇,司法实践中的主流意见认为,对于雇主因为企业外或者企业内的原因作出的经营决策应该采取尊重的态度,只进行有限的审查,即法官一般情况下不审查雇主作出某经营决策的必要性和合理性(要什么),只问雇主具体采取了哪些实施措施(怎么做),是否以及多大

---

① 但是联邦劳动法院认为,第十二条规定相对于第二条的规定属于特别规定,应该优先适用,BVerfG 15.12.1987,AP Nr. 62 zu GG Art. 12。

② 详见 APS/Kiel,4. Auflage,§ 1 KSchG Rn. 444ff。

程度上导致岗位丧失(有何后果)。①为什么主流意见认为,应该尊重雇主所作出的经营决策、只进行有限的审查? 首先,基于德国《基本法》第十二条的"职业自由"的基本权利和第十四条对私有财产的保障,雇主可以自主决定业务领域、经营规模、技术设备、组织架构等事项,也可以自由支配他的财产开展生产经营,由法院来审查雇主的经营决策正确与否,可能架空其经营自主权。其次,雇主作出的经营决策必然带有某种风险,因为市场环境是变幻莫测的,雇主必须不断地、及时地适应外部环境,对包括用工在内的生产经营的各方面进行调整,他是基于当时所掌握的、可能不完整或不正确的信息作出判断,没有人能够保证自己作出的预测是百分之百正确的,也许事后他人看来错误的决定在当时的环境下是正确的选择,所以,即使是法院也不能够"事后诸葛亮",之后再来评判对错、追究责任。再次,企业的存续、发展和壮大依靠的是雇主的一系列经营决策,雇主既然可以决定开业、扩大经营从而增加招用人手,当然也可以决定停业、缩小经营或者重组从而减少用工数量,如果雇主作出错误的决策,自己也要承担不利后果,甚至可能走向破产,所以大多数情况下雇主不会作出不理性、太随意的经营决策,既然风险是由雇主自行承担,法院就不应过多干涉。最后,由于专业背景限制,法官往往未必具备生产经营方面的理论知识和实际经验,所以并没有能力告诉雇主什么样的决策才是正确的,而且另行聘请专家将导致相关诉讼费用过高。②

那么,法官应该尊重的这种"自由的经营决策"(freie Unternehmerentscheidung)究竟指的是雇主的哪些决策? 就此并不存在统一的定义,但是确定的是,这种经营决策指的是塑造型的(gestaltende)、经营策略层面上的、为了实现在市场竞争中的目标而作出的决策,不包括那些实施型的(um-

---

① 这是德国实务界和学界的主流意见,详见 BAG 4.2.1960, AP Nr. 5 zu §1 KSchG 1969 Betriebsbedingte Kündigung; BAG 17. 6. 1999, AP Nr. 101 zu §1 KSchG 1969 Betriebsbedingte Kündigung; BAG 24.6.2004, AP Nr. 76 zu §1 KSchG 1969; ErfurterK/Oekter, 13. Auflage, §1 KSchG Rn. 213ff; APS/Kiel, 4. Auflage, §1 KSchG Rn. 463ff。

② APS/Kiel, 4. Auflage, §1 KSchG Rn. 463ff; Berkowsky, §6, Rn. 14,25; Schneider DB 2005,707, 710.

setzende)、具体操作层面上的、为了让生产经营的现状适应上述经营决策调整而采取的具体措施。一般而言,经营决策主要涉及以下几个方面:经营目的、业务领域、产品类型、经营地点、企业规模、资产组成、企业组织结构、用工方式。雇主需要根据市场的框架情况作出这些方面的决策,并且根据市场的变化及时地调整,这些方面的因素也会相互影响。①

　　一般情况下,法官不审查雇主作出某经营决策的必要性和合理性,但是会看经营决策是否违反法律和集体合同,是否"明显不合理、不理性、过分随意",避免雇主滥用经营自主权、打着经营决策的幌子肆意解雇员工。此处的合法性审查并不意味着法官需要逐一审查该经营决策是否符合所有的法律规范,而只限于该经营决策是否违反了保护劳动关系的规范,如果涉及其他法律规范,比如某股份公司的董事会作出该经营决策时并未获得监事会的同意,虽然违反了《德国股份法》第一百一十一条第四项,但是却并不会导致法官对该经营决策作出否定评价,相反,雇主违反《德国民法典》第六百一十二(a)条,通过经营决策对雇员进行打击报复的,或者雇主的经营决策构成了《一般平等待遇法》意义上的直接歧视或者间接歧视的,比如雇主计划关闭的部门的雇员几乎都是信奉某一宗教的人或者都是女性,则属于典型的违法的经营决策。②"明显不合理、不理性、过分随意"这三个词并没有特别的意义,只是用来表明,法院应该进行"滥用控制"。③

　　那么,什么情况下经营决策是"明显不合理、不理性、过分随意"的呢?一种情况是指经营决策缺乏明显的经济上的、经营策略上的意义,没有以客观的考量为基础,比如雇主出于私人原因将某工作外包出去,又比如为了阻止雇员们建立企业职工委员会而调整组织结构,此处要注意,经济上的、经营策略上的意义不限于降低成本、提高利润,也可以是为了达到提高竞争

---

① BAG 17.6.1999, AP Nr. 101 zu §1 KSchG 1969 Betriebsbedingte Kündigung; BAG 26.9.2002, AP Nr. 124 zu §1 KSchG 1969 Betriebsbedingte Kündigung.

② BAG 7.12.2000, DB 2001, 1154; Däubler, Das Arbeitsrecht 2, Rn. 1070; KDZ/Deinert, 9.Auflage, §1 KSchG Rn. 385f.

③ KR/Griebeling, 8.Auflage, §1 KSchG Rn. 524.

力、适应发展潮流等目标。①另一种情况是指雇主作出经营决策的目的在于规避劳动法或者社会保障法的适用,实践中经常出现雇主解除与雇员的劳动合同并与其签订承揽合同或者特许经营合同等,通过这种合同安排将雇员"伪装成"所谓的自雇者,但实际上并没有放弃雇主的身份,对工作或业务的完成仍然保留了大部分的指示权,雇员也不能自行作出决策、自行寻求市场机会,这就属于典型的滥用经营自主权的情形。②

（二）典型案例

为了加深理解有必要介绍一则案例,该案由德国联邦劳动法院于2002年9月26日审结,雇主作出的经营决策被认定为"明显不合理、不理性、过分随意",雇主所发出的基于经营原因的解雇违法。

被告雇主是一家注册为有限责任公司的以治疗风湿病为主业的医院（以下简称医院）,原告雇员自1988年起在医院的后厨担任帮工,由于医院在1995年和1996年亏损额度高达400万马克,在委托专门机构就医院的组织经营结构作出鉴定意见之后,2000年6月该有限责任公司的股东会决定,医院于2001年3月底停止经营保洁、后厨、饮食咨询业务,另行设立一家专门的有限责任公司提供上述服务（以下简称服务公司）,医院以停止经营相关业务为由解雇了相关员工,其中也包括本案的原告,预计该决策实施后将带来人力成本的下降和税费的减少,节省费用可达160万马克。该服务公司于2001年1月成立,按照其公司章程,其经营目的在于向医院提供保洁、后厨、饮食咨询服务,医院持有服务公司51％的股份,服务公司总经理的人选由医院的领导确定,总经理作出任何超出日常经营范围的决策都必须事先获得股东会的同意。2001年3月医院与服务公司签订了承揽合同,就服务提供的具体事项作出了约定,其中提到医院可以审查服务公司安排的人手是否符合专业要求,具体到后厨服务,服务公司应该使用医院原来

---

① APS/Kiel, 4. Aufalge, § 1 KSchG Rn. 469f.

② BAG 26.9.1996, AP Nr. 80 zu § 1 KSchG 1969 Betriebsbedingte Kündigung.

的厨房场所和器皿设备,场所和器皿设备的维护费用由医院支付,若有毁坏损失也由医院承担,服务公司提供服务应当以医院的名义向病人提供服务。

德国联邦劳动法院指出,《基本法》第二条第一款、第十二条、第十四条保障了雇主的经营自主权,原则上雇主可以自行决定是否经营、怎么经营、自行经营还是交由他人经营某项业务。但是经营自由也不是毫无边界的,《基本法》第十二条也对雇员工作岗位的存续保护提出了要求,基于国家的保护义务,法院在解释适用《解雇保护法》的时候也必须遵循宪法精神。一般情况下,法院应该尊重雇主作出的经营决策,只对其进行有限的审查,然而,如果法院对于所有的经营决策都不加区分地予以接受,将会导致解雇保护的相关规定变成一纸空文。规避劳动法适用的情形属于典型的滥用经营自主权的情形,比如通过公司法上的操作手段来规避《解雇保护法》的适用。本案中,如果医院真正把相关业务外包给独立的第三方公司完成,那么这种经营决策本身是属于法院应该尊重的经营决策,法院不得审查其合理性与必要性,然而实际情况却是,服务公司在财政上、经济上、组织上几乎融入了医院,医院是服务公司的大股东,总经理的选任由医院掌控,在重大经营事项上也要听命于医院,服务公司只为医院服务,在服务提供的具体事项上受到医院的各种约束,经营场所和设备也都是由医院提供,并不是一个自主经营、自担风险的第三方公司。事实上,这也是雇主刻意追求的状态,因为根据德国税法的相关规定,如果服务公司在财政上、经济上、组织上和医院密不可分,以至于可以被视为医院的一个组成部分,那么服务公司就能够享受税法给予医院的优惠待遇。总而言之,医院实际上并没有停止经营保洁、后厨、饮食咨询业务,而是另行设立一家与医院密不可分的服务公司,由该公司接手这些业务,医院几乎全方面保留了对业务完成的掌控,仍然像雇主一样发号施令,相关工作流程也没有发生变化,所以并不存在紧迫的经营需要,用工需求也没有发生变化,医院因此而解雇自己的雇员,再由服务公司另行招录人手,解雇违法。[①]

---

① BAG 26.9.2002, AP Nr. 124 zu § 1 KSchG 1969 Betriebsbedingte Kündigung.

（三）批评的声音

学界和实务界的少数派对主流意见持有批评态度，认为法院对雇主的经营决策只进行滥用控制是错误的。首先，《解雇保护法》第一条第二款第一句设定的解雇的前提是存在"紧迫的经营需要"，联邦劳动法院没有经过令人信服的论证，就用"企业的经营决策自由"架空了"紧迫的经营需要"，这与宪法对基本权利的保护要求不符。在私人的法律关系之间，宪法发挥的是修正性的作用，即当合同或者其他私法措施导致弱势的当事人处于不利地位，致使其基本权利受到威胁时，国家基于保护义务通过立法或者司法途径加以干预。具体涉及基于经营原因的解雇，《解雇保护法》出于对雇员的弱势地位的保护限制了雇主的单方解除权，这是立法者基于宪法对雇主和雇员双方的基本权利平衡作出的安排，这种安排并无不妥，应该得到尊重，只有在确定现行法限制过度的情况下，司法才能进行修正性的干预，所以在立法者明确要求审查存在"紧迫的经营需要"时，法院不应该打着"尊重经营自由"的旗号只进行滥用控制。其次，过分忽略了对雇员岗位的存续保护，未尽到国家的保护义务，与《基本法》保障雇员的职业自由和树立的社会国家原则不符。联邦劳动法院推定一般情况下导致解雇的经营决策都是基于理性作出的，然而在雇主的经营决策涉及人员安排时，给予其过多的"免疫力"，就可能纵容雇主自行创设解雇事由，特别是在举证责任的分配方面，要求雇员举出初步证据来证明导致其被解雇的经营决策"明显不必要、不合理、过分随意"，是很不合理的，因为雇员往往难以获得相关信息，没有专业人士的帮助甚至无法理解雇主的经营决策与自己被解雇之间的关系，在那些设立了企业职工委员会的企业里，情况也只是稍微有所改善而已。再次，企业的经营决策涉及众多部门法，受到的限制不在少数，为什么偏偏在劳动法领域经营决策这么"神圣不可侵犯"，在用工方面的决策可以享受这么多自由？比如企业主必须遵守环保要求，不得使用可能危害环境的原料和生产技术，又比如在反垄断法领域，企业的定价权受到明显的限制，企业主违反相关规定可能面临损害赔偿、罚金、上缴违法所得等惩罚。最后，要求法官进行更为严格的审查并不是让法官用自己的判断来替代雇主的判断,有审判经验的法官对相关事项并非一窍不通,比如反垄断法的贯彻实施涉及诸多复杂的经济问题,为什么没有人质疑法官的专业判断呢?更何况法官对经营生产不了解的短板,也完全可以通过聘请咨询专家来弥补。[1]

### 三、用工需求的变化

用工需求的变化可能是"数量"的变化,即企业实际雇用的人手多于经营需求所需的人手,存在劳动力的过剩。比如由于引入数控机床、生产实现全自动化或者半自动化,导致相应生产线上所需的操作工人的数量减少。如果雇主决定某项工作不再由自己的雇员来完成,而是将其外包给自由职业者或者第三方公司,那么也会导致他不再需要原本的雇员。用工需求的变化也可能是"质量"的变化,即对于从事某工作的要求、资质发生了显著变化,并且这种变化并非基于雇主的心血来潮,而是具备客观需求依据的,比如某航空公司将所有螺旋桨飞机替换为了喷气式飞机,从而对于飞行员的驾驶资质也提出了新的要求。[2]如果雇主只是重新"包装"了一下某个岗位,其岗位职责前后并未有多大区别,比如把设计师更名为"创意总监",又或者雇主关闭某个部门,同时把相关工作转交另一部门完成,工作内容却没有什么变化,[3]比如把市场部关掉,相关工作放在营销部,却还是在完成开拓新兴市场领域、品牌建设和推广、媒体关系维护等工作,那么实质上就不存在用工需求的变化。雇主有义务证明用工需求的变化是长期的,而非短期的、暂时性的,比如短期的订单缺口导致的人员多余,并不能用来支撑基于经营

---

[1]　反对意见比如 Däubler, Das Arbeitsrecht 2, Rn. 1074ff; Bitter, DB 1999, 1214, 1217; Kühling, AuR 2003, 92, 95。其出具的法律意见书中也有深入分析,载辛茨海默研究所官网 http://www.hugo-sinzheimer-institut.de/veroeffentlichungen/hsi-schriftenreihe.html。

[2]　BAG 24.6.2004, AP Nr. 76 zu §1 KSchG 1969; BAG 10.7.2008, AP Nr. 181 zu §1 KSchG 1969 Betriebsbedingte Kündigung.

[3]　APS/Kiel, 4. Auflage, §1 KSchG Rn. 477f.

原因的解雇。根据预测原则,只要在解除通知到期的时候岗位丧失即可,但是在发出解除通知时,导致用工变化的经营决策应该已经作出,相关措施应该已经开始实施,比如已经决定关闭某厂,开始着手清理库存、不再刊登广告等。雇主应该基于客观事实作出确定的预测,如果雇主只是不知道将来的发展趋势,比如某保洁公司目前还在为某客户服务,委托年末将到期,保洁公司也参与了客户来年的保洁任务的发包竞争,但是对于客户是否来年会继续委托他们有较大不确定性,为了遵守较长的解除通知期从而"预防性"地提前裁减人员,那么这种解雇是违法的。①

## 四、证明责任的分配

根据《解雇保护法》第一条第二款第四句,原则上应该由雇主就导致解雇的相关事实举证。涉及基于经营原因的解雇,雇主应该举证说明,谁在什么时候基于哪些企业外或者企业内的原因作出了怎样的经营决策,此经营决策对于用工需求又造成了怎样的影响。首先,如果雇主是基于企业外的原因作出了某一经营决策,那么他应该举证证明企业外原因的存在,即是否存在与企业生产经营本身无关的外部因素导致了生产经营的变化,雇主必须提供具体的证据佐证,具体到法院可以审查和雇员可以反驳的程度,比如不能笼统地号称"订单减少"或者"原材料价格上涨",而需要提供过去一段较长时间内订单情况的变化数据、进货价格目录等。②由于企业内的原因和经营决策本身相重合,所以此时举证聚焦于经营决策本身即可。其次,原则上经营决策属于某种法官不得不接受和认可的预设前提,直接导致解雇的具体实施措施却是法官必须拷问的,雇主必须说明他为了贯彻实施经营决策而具体在技术上、组织上采取了哪些措施,不要求雇主发出解雇时措施已经实施完毕,只要不是停留于计划而是已经着手实施即可。经营决策与解

---

① BAG 12.4.2002, AP Nr. 120 zu § 1 KSchG 1969 Betriebsbedingte Kündigung.
② KDZ/Deinert, 9. Auflage, § 1 KSchG Rn. 433.

雇决定本身越接近,雇主的说明和举证义务的门槛越高。联邦劳动法院认为,由于雇主进行"明显不必要、不合理、过分随意"的裁员属于例外,一般情况下导致解雇的经营决策应该是基于理性作出的,因为理性的经营决策才有利于企业的存续和壮大,所以雇员主张导致其被解雇的经营决策"明显不必要、不合理、过分随意"的,原则上应该由雇员来举出初步证据,再由雇主提供反证来驳斥这一观点。最后,雇主还得举证说明经营决策的贯彻对于用工需求造成了什么影响,产生了多少人员过剩,解雇雇员之后他如何重新安排工作,而且工作的重新分配是否导致其他留下的雇员无法在正常工作时间完成工作。①某案中,虽然某机器设备制造公司能够证明其销量相比上年度下降了 16%,公司声称因此而采取合理化措施,从而在不同部门裁减人员,却并没拿出具体的方案,没有说清楚采取了什么具体措施,又对于被解雇的工程师所辖的设计研发部门有什么影响,雇员则反驳指出,公司面对销量下降并未缩小生产规模,而是选择充盈库存,而且短期的销量减少并不会对设计研发部门的工作造成影响,雇员正在进行的某机型的设计完善工作至少还需要两年才能完成,联邦劳动法院最后支持了雇员的观点。②

## 第三节　我国裁员事由的重构:
## 立法论上的完善建议探讨

### 一、观念的转变

从前面的历史回顾我们可以得知,在裁员事由方面,我国是在逐渐放松管制、赋予用人单位经营自主权:20 世纪计划经济时代的"固定工"用工体

①　BAG 17. 6. 1999，AP Nr. 101 zu §1 KSchG 1969 Betriebsbedingte Kündigung；BAG 27.9.2001，NZA 2001，1278；APS/Kiel，4. Auflage，§1 KSchG Rn. 483.

②　BAG 7.12.1978，AP Nr. 6 zu §1 KSchG 1969 Betriebsbedingte Kündigung.

制下,劳动关系极其稳定,根本不存在用人单位基于经营原因解除劳动关系的可能性;改革开放初期,对劳动合同的解除限制开始松动,基于经营原因的解雇还只能发生在"企业宣告破产或者濒临破产处于法定整顿期间"时;20世纪90年代坚定走社会主义市场经济的道路之后,作为市场经济下的用工主体,用人单位根据《劳动法》可以在"客观情况发生重大变化"时解除劳动合同,也可以进行规模性裁员,但是裁员事由限定于"濒临破产进行法定整顿"和"生产经营状况发生严重困难",仍然属于企业在困境中自救的手段;2008年1月1日生效的《劳动合同法》对基于"客观情况发生重大变化"的解除的规定几乎没变,对于经济性裁员的规制则有较大调整,可以裁员的情形得以明显地拓展,不仅允许用人单位在"转产、重大技术革新或者经营方式调整"时先变更、后裁员,并不以陷入困境为前提,实现了从被动到主动的突破,而且通过"其他客观经济情况发生重大变化"的兜底情形设定了开放式列举的模式。

然而,仍然有部分观点过于强调解雇事由的外部性、客观性,对于用人单位的经营自主权不够尊重。比如,根据北京市高级人民法院、北京市劳动人事争议仲裁委员会2017年4月25日《关于审理劳动争议案件法律适用问题的解答》的意见,构成"客观情况发生重大变化"的搬迁限于"受法律、法规、政策变化导致的用人单位迁移",也就是说它覆盖的只是用人单位因为政府拆迁、环境治理、产业调整等原因而被动搬迁的情形,不包括用人单位为了实现协同效应、节省费用或者缩短运输时间等目的而主动搬迁的情形。又比如,有学者提出,"应当看到《劳动合同法》第四十条、第四十一条中对于发生重大变化的情况的表述均限于客观情况,不包括主观情形,我们在法律援助和实践调查中发现,企业搬迁并不全部属于客观情况发生重大变化的情形,有一些情况是主观的、可控的,体现了企业的主动行为,而不是因为客观情况发生变化下的被动行为……客观情况应当限于发生不可抗力或不以双方当事人意志为转移的情形。主观情况发生重大变化,即便已经致使劳动合同全部或部分条款无法履行,也不能使用上述条款,而应当纳入劳动同变更的渠道进行处理"。①

笔者认为这种理解有一定偏差,类似市场业务、原材料和能源、经营方式、技术水平等,都是双方签订劳动合同时所依据的客观条件,其变化有可能是外部的、客观的因素导致的,比如国际金融危机导致的外贸工厂的订单大幅缩减,也有可能是内部的、主观因素导致的,比如公司转变营销渠道、从线下转为线上。更何况,即使是外部的、客观的因素导致的客观情况发生重大变化,也不是直接就导致劳动合同无法继续履行,其中也有一个"隐藏的环节"包含着内部的、主观因素,即用人单位因此作出经营决策,比如金融风暴影响下外贸工厂的欧美订单减少,用人单位从而决定停产,劳动合同无法继续履行,但是此时用人单位也可以选择"出口转内销",转而开发国内市场,此时劳动合同未必不能继续履行。简言之,不管是"客观情况发生重大变化",还是"客观经济情况发生重大变化",究其诱因可能在"外",也可能在"内",用人单位的经营决策有的是被动适应,有的是主动调整,不应拘泥。

德国涉及基于经营原因的解雇,立法者要求的是"紧迫的经营需要导致难以继续雇用",司法实践中则进一步细化,考察是否存在真实的企业外或者企业内的原因、雇主是否因此作出了一个经营决策、该经营决策是否导致了用工需求的长期变化等环节。按照主流意见,法官对于雇主作出的经营决策应该采取尊重的态度,只进行"滥用控制",即法官一般情况下不审查雇主作出某经营决策的必要性和合理性,只看经营决策是否违反法律和集体合同,是否"明显不合理、不理性、过分随意",避免雇主滥用经营自主权、打着经营决策的幌子肆意解雇员工。联邦劳动法院甚至认为,由于雇主进行"明显不必要、不合理、过分随意"的裁员属于例外,一般情况下导致解雇的经营决策应该是基于理性作出的,因为理性的经营决策才有利于企业的存续和壮大,所以雇员主张导致其被解雇的经营决策"明显不必要、不合理、过分随意"的,原则上应该由雇员来举出初步证据,再由雇主提供反证来驳斥

---

① 周国良、王国社、周长征:《劳动合同解除权的行使:客观情况发生重大变化的讨论》,《中国劳动》2012 年第 3 期。

这一观点。即使持批评意见的少数派,也并没有反对"尊重经营自由",只是不赞同在雇主的经营决策涉及人员安排时给予其过多的"免疫力",认为只进行滥用控制可能纵容雇主自行创设解雇事由,在举证责任的分配方面对雇员也不公平。[①]

笔者认为,我国应该对用人单位的经营自主权给予更多的尊重,不管是经济性裁员,还是基于"客观情况发生重大变化"的解雇,都不应该理解为只是用人单位被动调整或者脱离困境的手段。我国《宪法》第十五条肯定了我国根本的经济制度,即"国家实行社会主义市场经济",根据《宪法》第十六条和第十七条,"国有企业在法律规定的范围内有权自主经营","集体经济组织在遵守有关法律的前提下,有独立进行经济活动的自主权",《宪法》第十一条则规定:"国家保护个体经济、私营经济等非公有制经济的合法的权利和利益。"可见,在社会主义市场经济的框架下,企业的经营自主权有明确的宪法依据,作为自担风险、自负盈亏的市场主体,企业也应该拥有一定的自由经营空间,从而自主地调配其人、财、物等资源进行生产经营。市场经济的大潮中风云瞬息万变,特别是在当前供给侧结构性改革和创新创业的过程中,有大量传统制造型企业面临着生死存亡的挑战,也有不少新型服务业和高新技术企业发展迅猛,各种兼并、搬迁、转型、升级屡见不鲜,[②]企业有时需要及时进行相应调整、应对外部变化,有时则必须依据对将来趋势的预测主动出击、敢为先锋,只有这样才能保障将来的生存发展。反映在劳动用工上,意味着立法者不能过分限制用人单位基于经营原因的解雇,裁员事由的设置上应该进一步放松管制。《劳动合同法》第四十一条第一款第三项允许用人单位在"转产、重大技术革新或者经营方式调整"时先变更、后裁员,不以经营困难、陷入困境为前提,实现了从被动到主动的突破,将来修法也应该坚持这一思路,在更多的情况下允许用人单位为了维持和增强竞争力而主动调整人员结构与数量,由此导致的解雇应该被赋予合法性。

---

① 相关引用文献和判决见本章第二节。
② 阎天:《供给侧结构性改革的劳动法内涵》,《法学》2017 年第 2 期。

当然,笔者也不赞成矫枉过正,将经营自由抬高到"神圣不可侵犯"的地步。我国《宪法》第一条旗帜鲜明地提出,"中华人民共和国是工人阶级领导的、以工农联盟为基础的人民民主专政的社会主义国家"。所以,保障劳动者的合法权益是我国作为社会主义国家的应有之义,我们不能一味追求经济发展而忽略社会正义和民生保障,正如有学者所说,最可怕的是经济危机与社会危机联动,劳动法对劳动者的保护,是试图在经济危机与社会危机中间起到防火墙、隔离带的作用。①根据《宪法》第四十二条,"中华人民共和国公民有劳动的权利和义务。国家通过各种途径,创造劳动就业条件,加强劳动保护,改善劳动条件,并在发展生产的基础上,提高劳动报酬和福利待遇"。基于此,国家对于作为劳动关系中弱势一方的劳动者负有保护义务,工作不仅是劳动者养家糊口的饭碗,还是劳动者实现职业规划乃至追求人生理想的阶梯,法律必须对劳动者的职业安定提供一定的保障,无过错解雇必须受到一定限制。另外,我们也不要忘记劳动关系中风险和利益分配的基本规则,劳动关系的双方虽然也存在一定的"唇齿相依、唇亡齿寒"的关系,但是原则上用人单位享有经营决策权、获得经营收益、承担经营风险,而劳动者一般并不参与决策,收入和经营收益基本上不挂钩,因此大多数情况下也不承担经营风险,如果允许企业只要经营压力大就裁员,相当于企业一边享有经营决策权和利益获取的机会,另一边却将经营风险转嫁给了劳动者。②

所以,立法者需要平衡用人单位和劳动者两方的利益,既不能过分限制用人单位的经营自主权,也不能忽略了对劳动者岗位的存续保护。虽然笔者主张在裁员事由的设置上放松管制,允许用人单位在没有陷入困境时为了维持和增强竞争力主动调整人员结构与数量,但却并不赞同像德国主流司法意见那样对雇主的经营决策只进行滥用控制,也不赞同在举证责任的

① 王全兴:《供给侧结构性改革中劳动合同法修改问题的思考——兼对财政部部长楼继伟"三批"劳动合同法的回应》,《工会理论研究》2016 年第 4 期。
② 沈建峰:《修改劳动合同法的能与不能》,《中国工人》2016 年第 5 期。

分配上要求雇员初步举证证明经营决策"明显不必要、不合理、过分随意"。特别是在企业内的原因和经营决策本身可能重合的情况下,此举的确可能导致雇主自行创设解雇事由,雇员维权也困难重重,比如某公司决定进行扁平化管理,调整组织结构,假设我们只进行滥用控制,推定此经营决策是基于理性作出,那么公司削减"金字塔"的若干层级从而裁员将轻而易举,员工也很难举证证明公司的"瘦身计划"有何不妥。相反,我们应该要求雇主就该经营决策的合理性、必要性举证,说明其作出经营决策的出发点和客观依据,比如该公司管理层级太多,导致了组织庞大、指令传达困难、冗员多、官僚化等问题,而针对性地削减某些层级、合并某些结构之后,组织机构运转更为灵活,管理效率也有明显提升,但是对于雇主的这一举证责任不能要求过高,他是基于当时所掌握的、可能不完整或不正确的信息作出判断,没有人能够保证自己作出的预测是百分之百正确的,因此法院不应该"事后诸葛亮",比如即使上述组织结构调整计划实施之后并未达到预期的目标,甚至是失败的,只要雇主能够说明当时推行扁平化管理的必要性,证明其考量并非随意的、不理性的,也应该尊重其经营决策,不得因此而否认相关裁员的合法性。

## 二、裁员情形的重新设置

### (一) 维持开放式列举的立法例

法律对于合同解除事由的规定既是对解除权的授予,也是对解除权的限制,立法者往往面临着两难选择:一方面,具体列举可以解除合同的情形,保障了法律确定性,但受制于成文法的局限性,难以穷尽一切情形,另一方面,如果使用概括性条款,抽象归纳解除事由,当然更具包容性、更灵活,可是对于司法实践的要求很高,难以避免解除权的滥用。[1]《劳动合同法》第三

---

[1] 曹诗权、朱广新:《合同法定解除的事由探讨:兼论我国"统一合同法"的立法选构》,《中国法学》1998 年第 4 期。

十九条的封闭式的列举就导致了制度僵化、过分依赖规章制度等问题。那么,我们是否应该改为"概括性条款"的立法例呢? 就像有学者提出的,学习西方经验允许用人单位基于"正当理由"解除劳动合同?①

我们不妨看看德国的经验,德国 1891 年的《经营条例》第一百二十三条曾经对适用于产业工人的即时解雇事由进行了封闭式列举,比如"雇员偷窃、侵占、骗取雇主财产,或者雇员生活方式堕落、不检点",②人们渐渐发现这种封闭列举的模式具有明显的缺陷,不仅很难和丰富多彩的现实生活一一对应,而且容易和时代脱节,为了克服不周延性和滞后性的局限,也为了更好地追求个案正义,立法者在 1969 年彻底放弃了这种立法例,无论是德国《民法典》第六百二十六条,还是德国《解雇保护法》第一条,两者的表述都非常概括抽象,前者属于典型的概括条款,后者也只描述了解除理由来源的领域和方向。然而,不确定性和灵活性如影随形,法律是以安全、正义价值为自身价值内核的规则,为了实现个案正义和法律确定性的平衡,不仅德国立法者在耐心等待了几十年以后才将其彻底转变为概括性条款的立法例,而且德国学界和司法界树立了解雇保护的三大原则,即"预测原则""比例原则"和"利益衡量原则",对于德国解雇保护制度的理解和适用意义重大,除此以外,联邦劳动法院通过多年努力针对实践中出现的各种情形积累了大量经典案例,学界也用以各种法律评注为代表的理论研究成果为司法实践提供支撑,这些都为法官理解和适用法律规范、律师和劳资双方作出预判提供了帮助。即便如此,对概括性条款的模式持批评态度的人还是不少,认为相关规则纷繁复杂、迷雾重重,即使是专家也未必能够看透,有人甚至把解雇保护之诉比作赌博游戏,认为现行制度极大地威胁了法律的确定性。③

① 钱叶芳:《劳动合同法修法之争及修法建议》,《法学》2016 年第 5 期。
② 当时的劳动法对从事体力劳动的工人和从事脑力劳动的职员进行了区别对待,1891 年的《经营条例》的第一百三十三(c)条针对职员就解雇原因进行了开放式的列举,其列举的典型解雇原因里面包括"在履职中不忠诚、辜负信任"这种概括性条款。
③ 详见王倩:《德国解雇保护制度》,载《民商法论丛》第 57 卷,法律出版社 2015 年版,第639—656 页。

反观我国的现实情况,用人单位违反劳动法的现象较为普遍,缺乏明确的行为指引可能导致用人单位滥用解雇权,我国的指导性案例制度还不完善,劳动法的理论研究成果也较为欠缺,难以为劳动仲裁和各级法院提供支撑,而概括性条款的立法例对于裁审人员的专业素质和自由心证能力的要求非常高,这种高要求明显不符合我国目前法官整体水平参差不齐的现实,很容易造成同案不同判,另外现实中还有少部分当事人缠诉闹访的现象,导致裁审人员承受着矛盾调处和维稳的压力,在法律没有明确规定的情况下往往"不敢判"。①所以,将来修法重新设置裁员事由之时,应当维持目前《劳动合同法》第四十一条第一款开放式列举的模式,一方面仍旧列举若干典型的裁员事由,从而方便常态下的判断和适用,另一方面保留一个具有弹性的兜底性条款,从而保障应变能力与解释空间。

(二) 具体的裁员情形

第一,笔者认为,没有必要将"依照企业破产法规定进行重整"作为一项裁员情形单独列出。正如多年实践已经证明的那样,破产重整的案件本身就很少,真正符合重整申请条件的企业未必选择启动破产重整程序,在破产重整时适用该条裁员的就更是少之又少。另外,当企业具备法律规定的重整原因时,一方面,基本上也出现了"生产经营发生严重困难"的局面,另一方面,企业在重整程序中对员工进行质和量方面的调整,往往也是因为采取"转产、重大技术革新或者经营方式调整"等措施的后果,所以相关需求已经能够被这两种裁员情形所覆盖,无需特别列出。需要注意的是,破产重整也不是必然导致裁员,有的企业只是因为流动性吃紧而陷入危机,经营的其他方面比如销售渠道、技术水平都还可以,此时只要引进重组方、注入资金即可解决问题。

第二,"生产经营发生严重困难"作为重要的裁员事由,应当予以保留,但是不应该再由地方政府来设置"严重困难企业"的标准,甚至负责具体的

---

① 王倩:《我国过错解雇制度的不足及其改进——兼论〈劳动合同法〉第 39 条的修改》,《华东政法大学学报》2017 年第 4 期。

认定。这种做法属于典型的"政企不分",带有浓厚的计划经济时代的遗留色彩,实践也已经证明,即使是在同一地区对不同的企业套用统一的亏损时间、停产范围和支付工资能力等标准也不符合实际,而且不能顾及不同企业所处行业、规模大小、经营范围、组织结构、融资能力等方面的差异。更好的办法是借鉴上海以往的做法,考察在用人单位生产经营出现亏损等问题以后,是否已经采取了停止招聘、清退劳务派遣工、停止加班、协商降薪等措施,如果采取了更为温和的措施一段时间之后还是没有脱困,那么可以认定生产经营发生严重困难,允许裁员,这种做法不但体现了裁员作为最后手段的原则,而且也更为灵活,不同地区、不同类型的用人单位都能适用,当然适用时也要注意弹性,不应要求所有用人单位都统一采取上述所有措施。

第三,前面已经提到,允许用人单位在"转产、重大技术革新或者经营方式调整"的情形之下经变更劳动合同后裁员,表明立法者认识到了用人单位可以为了寻求生存空间和更大发展而主动调整自己的产品服务、技术水平和经营方式,并且根据相应的用工需求变化而裁减人员,不以经营困难、陷入困境为前提,实现了从被动到主动的突破,所以将来也应当坚持这一思路。另外,应该通过司法解释明确"转产、重大技术革新或者经营方式调整"的具体含义,给予裁判机关和用人单位、劳动者更为明确的行为指引,从而"敢于"适用此解雇事由:"重大技术革新"指的是对生产设备、技术手段、工艺流程等大幅度的进步和提升,而不是常规的改善和升级;"转产"即用人单位提供的产品种类或者服务类型的变化;对于"经营方式调整"应作宽泛理解,相关措施可能涉及用人单位组织调配人和物的各种资源进行采购、生产、销售、投资、管理等方方面面。虽然法条中只有技术革新强调了"重大",然而根据历史解释和体系解释可知,转产和经营方式的调整也必须达到重大变化的程度,产品、服务或者经营方式的常规改进和轻微调整不能构成裁员事由。

第四,为了保障应变能力与解释空间,"其他因劳动合同订立时所依据的客观经济情况发生重大变化,导致劳动合同无法履行",这一兜底性条款应该保留，但是应该去掉"经济"二字。导致用人单位作出经营决策进而相应裁员的，完全可能是自然条件、社会环境、法律政策方面的变化，比如由于环境治理的要求用人单位决定转产、使用先进环保技术和工艺，或者相应疏解北京非首都功能而搬迁，并不限于"经济"方面。而且画蛇添足地加上"经济"二字也容易引人误解，比如就有观点因此而认为基于"客观情况发生重大变化"的解雇和经济性裁员存在本质区别，所以表述为"其他因劳动合同订立时所依据的客观情况发生重大变化，导致劳动合同无法履行"即可。另外，为了提高法律的确定性，让法官有更为明确的裁判依据、给予律师和劳资双方更为明确的行为指引，在司法实践中已经形成基本共识、学理讨论也比较充分之后，不妨适时增加若干解除事由，比如"跨区域搬迁"或者"远距离搬迁"。

（三）"三步走"的审查方法

前面已经详细介绍过，涉及基于经营原因的解雇时，德国的法官会认真考察是否存在真实的企业外或者企业内的原因、雇主是否因此作出了一个经营决策、该经营决策是否导致了用工需求的长期变化等环节。相比之下，我国的劳动仲裁和法院往往只审查是否存在《劳动合同法》第四十一条第一款所列举的裁员情形，并不关心用人单位因此而作出了什么经营决策、采取了什么具体措施，也不追问这些经营决策和具体措施又对劳动者的工作岗位造成了什么影响。然而，即使存在某种法律列举的可以裁员的情形，用人单位可能选择的"出路"也不是单一的，对劳动岗位存续的影响也不同：比如"外贸寒冬"中某企业接到的订单数量大幅减少，企业可以选择长期关停部分生产车间，从而无法继续雇用相关人员；也可以顺势转产，转而生产新产品、提供新服务，此时可能只需要调整部分人员组成结构；还可以选择继续生产、充盈库存，等待市场"回暖"，此时就没有裁员的必要。因此，只问是否存在裁员情形、不进行后两步的审查，就可能导致裁员情形成为用人单位的"借口"或者"幌子"，在没有必要裁员的时候裁员，甚至用来辞退原本并未受到影响的人员，成为"甩掉包袱""排除异己"的利器。

所以,笔者认为,我国的裁审机关在考察是否存在经济性裁员的事由之时,应当采用"三步走"的审查方法:第一步,裁审人员应该判定是否存在《劳动合同法》第四十一条第一款所列举的裁员情形,比如用人单位主张"生产经营发生严重困难"的,应该认真审查用人单位所提供的资产负债表、利润表、现金流量表、审计报告等材料;第二步,裁审人员应该审查用人单位因此而作出了什么经营决策、①采取了什么具体措施,比如董事会作出决议,关闭某个生产基地,这一决策应该是严肃的、终局的,虽然不要求裁员时该经营决策已经执行完毕,但是至少应该已经开始具体操作,例如出售机器、解除租约、贱卖库存等;第三步,裁审人员还应该询问这些经营决策和具体措施是否真正导致了劳动岗位的丧失,②用工需求的变化既可能表现在"数量"上,比如自动化导致的流水线操作工的多余,也可能表现在"质量"上,比如某公司从专注本土市场改为开发国外市场以后对于销售经理的外语水平和从业经验等提出了不同的要求。值得一提的是,我国人力资源和社会保障部在 2014 年 12 月 31 日公布的《企业裁减人员规定(征求意见稿)》的第七条已经初步体现这种思路。③

---

① 由于我国公司内部治理并不是很规范,所以此处作出经营决策的未必是法律或者公司章程规定权力机关,也可能是实际控制人,国企还可能涉及上级集团、主管部门或者国资委的决策。

② 比如,某案中维信公司以生产经营发生严重困难为由在 2014 年 2 月至 3 月裁员四百余人,其中包括担任成品仓主管助理一职的孙某,维信公司向法院提供了董事会决议、资产负债表及损益表、2013 年财务报告、苏州端亚会计师事务所有限公司出具的 2012 年与 2013 年度的审计报告等证据,证明公司经营状况恶化,生产经营困难,2013 年已出现重大亏损,而且公司已经关闭了浦庄厂区的一分厂,然而庭审中也查明,2014 年 4 月至 8 月维信公司在网上发布过招聘信息,招聘多名员工,涉及储备干部、工程师及助理工程师、项目经理助理、设备技术员、生产主管等岗位,另外该公司还在 2018 年 8 月调高了全公司员工的起薪标准,法院在判决仅根据维信公司存在亏损、关厂即笼统地认定了存在生产经营严重困难的裁员事由,法院甚至明确提出,用人单位在裁员后存在继续招聘员工及加薪通告的行为不足说明经济性裁员存在违法情形,更重要的是法院没有追问用人单位基于什么经营决策采取了什么具体措施,这些具体措施是否真正导致了劳动者岗位的丧失,例如关闭浦庄厂区的分工厂对孙某从事的物流仓储工作有什么影响。详见江苏省苏州市吴中区(2014)吴民初字第 1022 号,"孙某诉苏州维信电子有限公司劳动争议案",案例源自北大法宝数据库。

③ 根据该规定第七条,"企业采取第五条规定措施后仍需裁减人员的,应当提前 30 日向本企业工会或者全体职工说明下列情况:(一)企业出现劳动合同法第四十一条第一款规定的具体情形、产生的原因,并提供有关生产经营状况资料或者相关证明;(二)所出现的情形对企业生产经营的影响程度、影响范围(部门、岗位等情况);(三)企业已经采取的减少裁员的措施"。

### 三、与基于"客观情况发生重大变化"的解雇的关系

#### （一）相关条文的历史演变

从相关条文的历史演变进程来看，经济性裁员与基于"客观情况发生重大变化"的解雇[①]有着千丝万缕的联系。《劳动法》第二十六条第三项规定，"劳动合同订立时所依据的客观情况发生重大变化，致使原劳动合同无法履行，经当事人协商不能就变更劳动合同达成协议的"，用人单位可以预告解除劳动合同。根据劳动部 1994 年 9 月 5 日公布的《关于〈劳动法〉若干条文的说明》对该条的解释，"本条中的客观情况指：发生不可抗力或出现致使劳动合同全部或部分条款无法履行的其他情况，如企业迁移、被兼并、企业资产转移等，并且排除本法第二十七条所列的客观情况"。《劳动法》第二十七条规定的裁员情形则是"用人单位濒临破产进行法定整顿期间或者生产经营状况发生严重困难"。似乎当时立法者是打算在实体性条件上将这两条解雇路径泾渭分明地区分开，但是仔细观察地方上各地规定所列举、补充的经济性裁员和基于"客观情况发生重大变化"的解雇的具体情形，会发现两者有较大的重合度。比如，1996 年 7 月 18 日的《海南省劳动合同管理规定》将"客观情况发生重大变化"解释为"用人单位分立、合并、停产、转产或者其他客观情况发生重大变化"，2002 年 10 月 31 日的《杭州市劳动合同条例》则规定"客观情况发生重大变化，是指遇不可抗力或者用人单位跨地区迁移、兼并、分立、合资、转（改）制、转产、进行重大技术改造等致使劳动合同所确定的生产、工作岗位消失"。又比如，1998 年 3 月 1 日的《广州市劳动合同管理规定》规定，在"生产经营状况发生严重困难而导致停产、合并、兼并、分立、转制、易地改造等"情况下用人单位可以进行经济性裁员，2001 年 12 月 13 日的《北京市劳动合同规定》所列举的裁员情形包括"因防治工业污染源搬迁的"，2004 年 2 月 20 日的《安徽省劳动合同条例》补充的裁员情形则是

---

① 鉴于此类解雇与经济性裁员的紧密关系，之后将在专门章节予以深入讨论。

"资本、生产经营结构发生重大变化,确需裁减人员的"。

《劳动合同法》对基于"客观情况发生重大变化"的解雇和经济性裁员仍然是分别规制的,但是比较其立法过程中相关条文的前后变化,也能发现两者密不可分的关系。《劳动合同法》第四十条第三项规定,"劳动合同订立时所依据的客观情况发生重大变化,致使劳动合同无法履行,经用人单位与劳动者协商,未能就变更劳动合同内容达成协议的",维持了《劳动法》第二十六条第三项的规定,其表述在前后四个草案中几乎没有变化。相反,对于裁员情形的规定,《劳动合同法》的前后四个草案表述大相径庭。一审稿的表述为"劳动合同订立时所依据的客观情况发生重大变化,致使劳动合同无法履行,需要裁减人员五十人以上的……"即经济性裁员与基于"客观情况发生重大变化"的解雇的情形一模一样,只不过需要达到五十人的人数门槛。由于"有些常委、委员提出,经济性裁员涉及众多劳动者,为了防止用人单位随意进行经济性裁员,应对经济性裁员的情形作出明确规定",所以二审稿将其细化为四种具体情形:(1)依照企业破产法规定进行重整的;(2)生产经营发生严重困难的;(3)因防治污染搬迁的;(4)其他因劳动合同订立时所依据的客观经济情况发生重大变化,致使劳动合同无法履行的。[1]在对二审稿的审议中,有意见提出,除上述情形外,企业由于转产、技术进步、产业升级等原因也会使企业对劳动者的需求发生变化,也应允许企业进行经济性裁员,因此三审稿中增加了一项情形,即"企业转产、技术革新、经营方式调整,经变更劳动合同后,仍需裁减人员的",用人单位可以裁减人员。[2]对于三审稿的规定,主要讨论集中在"因防治污染搬迁的"这一裁员情形,有人提出,实际上有些企业的搬迁不仅仅是因为防治污染,还有一些其他的因素必须

---

[1] 参见《全国人民代表大会法律委员会关于中华人民共和国劳动合同法(草案)修改情况的汇报——2006 年 12 月 24 日在第十届全国人民代表大会常务委员会第二十五次会议上》,载人大官网 http://www.npc.gov.cn/npc/zt/2007-08/14/content_374711.htm。

[2] 参见《全国人民代表大会法律委员会关于中华人民共和国劳动合同法(草案二次审议稿)修改情况的汇报——2007 年 4 月 24 日在第十届全国人民代表大会常务委员会第二十七次会议上》,载人大官网 http://www.npc.gov.cn/npc/zt/2007-08/14/content_374710.htm。

进行搬迁,为了使涵盖面更广,建议改为"因一些特殊情况必须搬迁的",还有人认为,仅仅为了防治污染而搬迁,减员的理由不充分,"因防治污染搬迁"的不应该成为减员的理由,这一项应删去。① 也许是因为此项争议较大,四审稿和最后的定稿将"因防治污染搬迁"删除。

(二)司法实践中的不足

目前这种立法模式导致了实践中的两大问题。一方面,部分观点提出基于"客观情况发生重大变化"的解雇和经济性裁员之间存在本质上的差异,认为"客观情况发生重大变化"的覆盖面更广,有可能是自然条件、社会环境、法律政策方面的变化,而经济性裁员则必须是基于经营需要,"客观情况发生重大变化"强调外部客观因素,往往是用人单位被动适应外部变化,而经济性裁员则是企业根据内部生产经营状况自主对员工质量和数量进行调整。比如,前面已经提到的"王某与东江米巷花园(北京)餐饮有限公司劳动争议案"中,法院就认为,所谓客观情况是指除劳动者和用人单位主动采取行为之外的不以双方主观意志为转移的情况,东江米巷公司是由于经营困难而决定关闭布鲁宫法餐厅,继而解雇了王某,这是东江米巷公司主观自主决定的行为,显然不属于法律规定的"客观情况"的范畴,东江米巷公司通过裁员来调整经营范围属于用人单位自主经营管理权和用工自主权的适当行使。②

这种把基于"客观情况发生重大变化"的解雇和经济性裁员割裂开来的观点值得商榷。第一,它对客观情况发生重大变化的理解有误。前面已经提到,客观情况指劳动合同缔结之时就已经客观存在的、构成合同订立基础的情况,其本身具有客观性,但其变化完全有可能是内部的、主观因素导致的。即使是外部的、客观的因素导致的客观情况发生重大变化,也不能直接

---

① 参见《劳动合同的订立、履行、变更、解除和终止——审议劳动合同法草案发言摘登(三)》,载人大官网 http://www.npc.gov.cn/npc/xinwen/2007-04/29/content_364967.htm。

② 北京市第二中级人民法院(2014)二中民终字第 08363 号,"王某与东江米巷花园(北京)餐饮有限公司劳动争议案",案例源自北大法宝数据库。

就导致劳动合同无法继续履行，其中也有一个"隐藏的环节"包含着内部的、主观因素，即用人单位因此作出经营决策。可见，在理解和适用基于"客观情况发生重大变化"的解雇时并不能完全排除当事人的主观意志，相反导致经济性裁员的也不都是内部的、主动的因素，比如工厂由于政府环境治理不得不停产或者远距离搬迁从而裁员，无论是外部的、客观的因素，还是内部的、主观的因素，都可能导致劳动合同订立时所依据的客观条件发生重大变化，用人单位可能因此发出基于"客观情况发生重大变化"的解雇，也可能进行经济性裁员。第二，《劳动合同法》第四十条第三项的覆盖面的确更广，既包含了来自劳动者领域的也包含了来自用人单位领域的"客观情况发生重大变化"，但是经济性裁员的事由实质上都属于来自用人单位领域的"客观情况发生重大变化"的具体化，正如有学者指出，两者在保护目的和机制方面有些不同，在解雇事由方面却应该是一致的，将两者完全割裂会面临一个难以自圆其说的尴尬境地：某企业生产经营严重困难，本可以进行经济性裁员，但是它坚持最后手段原则，采取了缩短工时、降薪、岗位分享等措施后，只需裁减个别员工，此时却因为低于裁员人数门槛无法找到解雇依据，实在荒谬。①

经常有用人单位利用"客观情况发生重大变化"和裁员情形之间的重合部分，将经济性裁员"化整为零"成单个的解雇，导致法律规制规模性裁员的目的落空。实践中，当出现《劳动合同法》第四十一条规定的裁员事由时，除非用人单位明显符合当地的"生产经营发生严重困难"的标准，从而可以比较顺利地走经济性裁员的路径，其他情形下裁员事由往往也能被解读为"客观情况发生重大变化"，用人单位考虑到走裁员的路径还有向劳方说明情

---

① 熊晖：《解雇保护制度研究》，法律出版社 2012 年版，第 136 页。刘大卫也提到了一个这样的具体案例，即企业有员工 160 多人，需要裁减 25 人，然而企业经过努力，为裁员名单中的部分人员重新安排了工作，导致最后裁减了 9 名员工，由于未达二十人以上或者总数十分之一的门槛，面临着还能否适用《劳动合同法》第四十一条经济性裁员路径的疑问，刘大卫：《"情势变更"导致劳动合同解除的法律适用转换分析——基于〈劳动合同法〉第 40 条第三项和第 41 条第一款第四项的比较研究》，《求索》2011 年第 9 期。

况、听取意见和向政府报告等程序性要求，还有优先留用等义务，为了避免"麻烦"，往往倾向于将经济性裁员"拆散"，对原本裁员所涉的单个劳动者分别发出基于"客观情况发生重大变化"的解雇。法院对此基本上也是持听之任之的态度，并不将这种行为认定为对经济性裁员规定的规避。然而，法律对经济性裁员进行规制，不仅是为了保护劳动者的合法权益，同时也致力于维持市场秩序和社会安定、减轻大规模失业带来的冲击。实践中"化整为零"的做法，导致劳动者被各个击破，《劳动合同法》第四十一条所规定的劳资协商、政府参与和优先留用等法定程序都被规避掉了，这些规定本应带来的信息优势、政府监督和安置方案成了泡影。

就此举两个典型的案例，前面已经提到的 2014 年审结的"广东保点明辉商标标识有限公司与郭某劳动争议案"中，公司产品结构升级换代，准备引进射频识别新技术并将部分旧设备出售，从而需要裁减原产品线的直接岗位和管理岗位，公司主张这一情况符合《劳动合同法》第四十一条第一款第三项的"企业转产、重大技术革新或者经营方式调整，经变更劳动合同后，仍需裁减人员的"规定，从而以经济性裁员的方式解除了与包括郭某在内的57 名员工的劳动合同，但是法院认定在"变更劳动合同"环节上公司仅向劳动者提供了级别和待遇都差得多的岗位，调岗带有侮辱性，另外没有证据显示公司已经提前三十天向工会或全体职工说明情况、听取意见，也没有向劳动行政部门报告，所以法院认定裁员违法。①2015 年保点明辉商标标识有限公司改名为保点服饰标签（东莞）有限公司，也许是从之前失败的裁员中吸取了教训，保点公司于 2015 年 4 月主张"为了优化管理、控制运营成本，更好从事公司主营业务，故将公司食堂由自主经营转为由专业餐饮服务的公司承包经营，包括马某在内的 31 名厨房员工岗位不复存在"，并提交了2015 年 4 月和东莞市全盛膳食管理有限公司签订的《膳食承包合同》，显示由该膳食管理公司按照要求为保点公司提供餐饮服务，而保点公司向该膳

---

① 广东省东莞市中级人民法院 (2014) 东中法民五终字第 858 号，"广东保点明辉商标标识有限公司与郭某劳动争议案"，案件源自北大法宝数据库。

食管理公司提供厨房、厨房员工宿舍,并按时与该膳食管理公司结算伙食费,保点公司就变更劳动合同向相关员工提供了其生产部门的普工岗位,在员工拒绝后,公司主张"劳动合同订立时依据的客观情况发生了重大变化,致使双方原劳动合同无法继续履行,经沟通员工未能接受公司所提供的替代性的工作岗位",按照《劳动合同法》第四十条第三款解雇了相关人员。虽然这种将公司内部自营的食堂外包给第三方的专业的餐饮公司的做法明显属于"经营方式调整",解雇人数也达到了裁员门槛,诉讼中劳动者也一直坚持公司此举属于经济性裁员,但是法院还是支持了公司,认定解除合法。[①]

又比如,在"张某与广州市梅山水泥厂、广州市番禺水泥厂有限公司劳动合同纠纷案"中,政府部门将梅山水泥生产线列入了"广东省落后水泥生产能力淘汰范围",按照广州南沙开发区发展和改革局的要求,在2008年年底之前必须淘汰该水泥生产线,水泥厂公司决定在2008年10月底停止梅山水泥生产线生产,并向张某等员工公布减员方案,该方案称"因生产线停产,劳动合同订立时所依据的客观经济情况发生重大变化,无法履行与员工签订的劳动合同",水泥厂公司在2008年11月30日解除了包括张某在内的多名员工的劳动合同,虽然水泥厂公司裁减人员在20人以上,也符合"其他客观经济情况发生重大变化"的情形,但是,对公司不遵循经济性裁员的规定转而选择《中华人民共和国劳动合同法》第四十条第三项的路径,法院没有提出任何质疑,反而认为,因梅山水泥生产线产能被有关政府部门列入落后水泥生产能力淘汰范围,用人单位以客观情况发生重大变化解雇张某并不违法。[②]

## (三)两者关系的厘清

之所以会出现上述问题,根源在于没有厘清"经济性裁员"与"基于客观

---

① 广东省东莞市第三人民法院(2015)东三法樟民一初字第740号"马某与保点服饰标签(东莞)有限公司劳动合同纠纷案",案件源自威科先行数据库。

② 广东省广州市中级人民法院(2009)穗中法民一终字第5904号"张某与广州市梅山水泥厂、广州市番禺水泥厂有限公司劳动合同纠纷案",案件源自威科先行数据库。

情况重大变化的解雇"之间的关系,《劳动合同法》第四十条规定了基于客观情况重大变化的解雇的实体性和程序性条件,《劳动合同法》第四十一条规定了经济性裁员的实体性和程序性条件,两者是相互独立的,那么,在目前现行法两者分离的模式下处理两条解雇路径是并行的,还是可以转换的?能否在将来修法时将两条解雇路径打通或者整合一下?

我们不妨看看德国的模式:在判断"规模性裁员"是否合法时,考察组成规模性裁员的、个别的、基于经营原因的解雇是否符合社会正当性的要求,其法律依据仍然是《解雇保护法》的第一条,并没有像中国《劳动合同法》第四十条第三项和第四十一条第一款这样,对"未达裁员人数门槛的单个的基于经营原因的解雇"和"达到裁员人数门槛的成规模的基于经营原因的解雇"在裁员事由方面进行区分;但是,裁员人数达到一定门槛时,雇主需要履行德国《解雇保护法》第十七条所规定的与企业职工委员会协商、向劳动事务所报告的额外的程序义务,相关情形构成所谓的"企业重大变动"的,雇主还需要同时满足德国《企业组织法》第一百一十一条及以下条款所规定的与企业职工委员会协商签订"利益平衡约定""社会计划"的要求;需要特别强调的是,《解雇保护法》第十七条的规定主要旨在减少规模性裁员对于劳动力市场的冲击,通过特定的程序安排,一方面促使雇主与企业职工委员会商讨减少裁员人数、降低不良影响之策,另一方面使得劳动事务所对可能的规模性失业作好准备,例如提供职业介绍或者转岗培训,因此,该条所指的"裁员"(Entlassung)覆盖面甚广,不仅包括雇主基于经营原因发出的解雇,还包括雇主基于雇员个人原因、基于雇员行为原因发出的解雇,甚至也包括在雇主促使之下雇员自行辞职或者与雇主协商一致解除劳动合同的情形。①

笔者认为,我国短期内在没有修法的情况下,可以维持目前"分离"的模式,保留现行框架,在法律的解释和适用方面下功夫:《劳动合同法》第四十条整体仍然都规定的是用人单位基于"客观情况发生重大变化"而解除劳动

---

① APS/Moll, 4. Auflage, vor § 17 KSchG Rn. 8, § 17 KSchG Rn. 30ff; ErfurterK/Kiel, 13. Auflage, § 17 KSchG Rn.12ff.

合同,只不过第一项"因病解雇"和第二项"不胜任解雇"所涉及的客观情况都是来自劳动者的领域,[1]而第三项属于兜底条款,[2]但覆盖的情形基本上是客观情况来自用人单位的领域,也就是说《劳动合同法》第四十条第三项规定的解雇主要是针对未达裁员人数门槛的、单个的基于经营原因的解雇,由于所涉人数不多,所以程序上用人单位只需要满足提前三十天书面通知劳动者或者支付"代通金"的要求;《劳动合同法》第四十一条所规定的"经济性裁员"则只针对达到裁员人数门槛的、成规模的基于经营原因的解雇,该条款所列举的裁员事由属于来自用人单位领域的"客观情况发生重大变化"的典型情形,但是因为所涉人数较多,为减少对市场秩序、社会安定的不良影响,用人单位必须遵守劳资协商、报告政府等特殊的程序性规定;为避免立法目的落空以后必须明确要求,用人单位发出基于经营原因的解雇数量只要所涉人数达到裁员的人数门槛,就必须适用第四十一条,用人单位将其"化整为零"用第四十条第三项解雇的,应当认定解雇违法。

中长期来看,在将来修改《劳动合同法》之时,则应该采取"整合"的思路,让《劳动合同法》第三十九条、第四十条和第四十一条分别规制基于劳动者行为原因的解雇、基于劳动者个人原因的解雇和基于经营原因的解雇。

首先,保留现在的《劳动合同法》第四十条的第一项的"因病解雇"和第二项的"不胜任解雇",剔除第三项,可以添加其他的来自劳动者领域的"客观情况发生重大变化"的典型情形,[3]将《劳动合同法》第四十条完全改造成基于劳动者个人原因的解雇。

其次,整合第四十条第三项和第四十一条第一款,将《劳动合同法》第四十一条改造成基于经营原因的解雇,覆盖所有来自用人单位领域的"客观情

---

[1] 杨景宇、信春鹰主编:《中华人民共和国劳动合同法解读》,中国法制出版社 2007 年版,第128 页;全国人大常委会法制工作委员会行政法室编著:《中华人民共和国劳动合同法解读与案例》,人民出版社 2013 年版,第 164 页。

[2] 也可能出现没有被第一项和第二项覆盖的其他来自劳动者领域的"客观情况发生重大变化",比如外籍员工的就业证被吊销或者到期未成功办理延期。

[3] 比如外籍员工的就业证被吊销或者到期未成功办理延期。

况发生重大变化"的情形。具体条文设计方面,以"用人单位有以下情形之一者,可以提前三十天书面通知劳动者解除劳动合同"开头,然后解雇事由构建坚持目前第四十一条开放式列举的模式,一方面,罗列若干来自用人单位领域的"客观情况发生重大变化"的典型情形,给予裁判者和当事人以较为明确的指引,比如"生产经营严重困难","转产、重大技术革新或经营方式调整","远距离或跨区域搬迁",另一方面仍然保留一个兜底性条款,从而满足灵活性需求,比如"其他因劳动合同订立时所依据的客观情况发生重大变化,致使劳动合同无法履行的"。

最后,将《劳动合同法》第四十一条所规定的劳资协商、政府参与、优先留用和优先录用的规定删除,另外专门新设一个条文按照用人单位的规模设定不同档次的规模性裁员的人数和比例门槛,再针对规模性裁员规定劳资协商、政府参与、优先留用和优先录用的环节。发生规模性裁员时,其中单个的基于经营原因解雇的合法性要看它是否符合《劳动合同法》第四十一条的规定,裁员整体是否合法,还要看用人单位是否遵循了法律针对规模性裁员额外设定的要求。①

另外,针对劳资协商和政府参与的程序,此规模性裁员应作广义理解,不仅包括特定期间内用人单位基于经营原因的解雇,也包括在出现裁员情形之时劳动者在用人单位促使之下自行辞职、与用人单位协商一致解除劳动合同的情形。笔者认为,德国主流意见以《解雇保护法》第十七条主要关注可能的失业人数规模和对劳动力市场造成的冲击为由,将基于雇员个人原因的解雇和基于雇员行为原因的解雇也计算在规模性裁员的总数里,并不是很有说服力。一方面,如果用人单位确实是基于劳动者个人的原因或者行为的原因而解雇,不是经营原因导致的,那么它和裁员本身并无关联,具有偶发性,将其纳入裁员的特别规制将妨害到用人单位的正当权益。另

---

① 注意,优先录用属于后合同义务,发生在劳动合同解除之后,用人单位违反优先录用义务的,并不会导致裁员违法,法律责任上只能设置劳动行政部门要求用人单位改正或处以罚款,对于劳动者造成的损失,可以责令用人单位赔偿。

一方面,虽然也存在用人单位为了达到裁员的目的而故意"挑刺"的可能性,但是基于劳动者个人原因的解雇或者行为原因的解雇本身的合法性门槛较高,所以借此来规避裁员规制的难度较大。相反,在出现裁员情形之时,用人单位往往会采取各种手段促使劳动者自行辞职或者与用人单位协商一致解除合同,这两种劳动合同解除的方式的合法性门槛较低,只要没有欺诈、胁迫、乘人之危或者显失公平的情况,裁审机关一般会认定其有效,所以,有必要将出现裁员情形之时劳动者在用人单位促使之下自行辞职或者与用人单位协商一致解除合同也计入裁员总数,要求用人单位履行劳资协商和报告政府的要求。①

---

① 我国人社部也已经初步意识到这个问题,《企业裁减人员规定(征求意见稿)》第十八条规定:"企业出现劳动合同法第四十一条第一款规定的情形,与职工协商一致解除劳动合同人数达到20人以上的,应当提前30日向本企业工会或者全体职工告知有关情况,并同时将拟解除劳动合同人数报告当地人力资源社会保障行政部门。"但是该规定忽略了实践中用人单位往往还会诱使劳动者自行辞职。

# 第三章　基于"客观情况发生重大变化"的解雇

前文已经分析论述过,在法律规定方面,虽然我国《劳动法》和《劳动合同法》对基于"客观情况发生重大变化"的解雇和经济性裁员都是分别规制的,但是从相关条文的历史演变进程来看,两者有着千丝万缕的联系:地方上各地规定所列举、补充的经济性裁员和基于"客观情况发生重大变化"的解雇的具体情形有较大的重合度。实践中对于两者关系的理解比较模糊:一方面,部分观点强调基于"客观情况发生重大变化"的解雇和经济性裁员之间存在本质上的差异,认为前者可能涉及政治、经济、社会等多方面,而后者只能是基于经营需求,前者强调外部客观因素,后者则离不开内部的主观因素;另一方面,用人单位为了规避向劳方说明情况、听取意见和向政府报告等程序,往往会把经济性裁员"化整为零",对原本裁员所涉的单个劳动者分别予以基于"客观情况发生重大变化"的解雇,大部分劳动仲裁和法院对此也都采取了容忍的态度。因此,探讨对经济性裁员法律制度的适用和完善,也必须认真审视、深入研究基于"客观情况发生重大变化"的解雇。①

---

① 本章内容已部分作为阶段性成果发表,详见王倩:《论"基于客观情况发生重大变化"的解雇》,《法学》2019 年第 7 期。

## 第一节　法理基础的问题

### 一、情势变更原则在劳动法中的适用

根据"契约严守"原则，有效成立的合同必须予以遵守，但任何合同在缔结之际，无论其当事人是否意识到，均是以当时存在的法律政策、经济秩序、货币的特定购买力、通常的交易条件等特定的一般关系为前提的，如果这些一般关系不可预见地发生了显著的变化，合同当事人是否仍受原合同内容的拘束？如不受拘束，则其要件和效果是什么？这是情势变更原则回答的问题。所谓情势变更原则，是指合同有效成立后，应当事人不可预见的事情的发生，导致合同的基础动摇或丧失，若继续维持合同原有效力有悖于诚信原则时，则应允许变更合同内容或者解除合同的法理。适用情势变更原则的要件有五个：须有情势变更的事实；须情势变更发生在合同成立后履行完毕前；须情势变更的发生不可归责于当事人；须情势变更是当事人缔约时所不可预见的；须情势变更使得履行原合同显失公平。①我国法律中缺乏情势变更原则的相关条款，仅 2009 年 2 月 9 日的《最高人民法院关于适用〈中华人民共和国合同法〉若干问题的解释（二）》②第二十六条规定，"合同成立以后客观情况发生了当事人在订立合同时无法预见的、非不可抗力造成的不属于商业风险的重大变化，继续履行合同对于一方当事人明显不公平或者不能实现合同目的，当事人请求人民法院变更或者解除合同的，人民法院应当根据公平原则，并结合案件的实际情况确定是否变更或者解除"。

在对《劳动合同法》的权威解读中，该法第四十条第三项的规定被认为

---

① 韩世远：《合同法学》，高等教育出版社 2010 年版，第 189—196 页。

② 以下简称为《合同法司法解释二》。

是情势变更原则在劳动合同中的体现。[①]学界中多数观点对此持赞同意见。[②]有学者认为,基于情势变更的原理,本项规定的要点有二:其一,履行劳动合同所必要的客观条件,如自然条件、原材料或能源供给条件、生产设备条件、产品销售条件、劳动安全卫生条件等,由于发生不可抗力或者企业迁移、被兼并、企业资产转移等原因,发生了足以使劳动合同不能履行或不必要履行的变化;其二,用人单位应当就劳动合同变更问题与劳动者协商,如果劳动者不同意变更,原劳动合同所确立的劳动关系就没有存续的必要。[③]还有学者提出,《劳动法》遵循同一原则对来源不同的制度进行了整合,从而形成了非过错解雇的许可条件,这种整合的原则其实是情势变更原则,依情势变更原则整合的结果使非过错性解雇的三种情形具有共同的特点:一是存在着不可归责于双方当事人的原因,使得劳动合同形成所依据的客观情况发生了当事人不能预料的变化;二是双方需要依法变更合同内容,重新协调双方利益,达到新的平衡;三是当各种重新协调措施无法奏效,方可允许劳动合同解除。[④]

笔者认为,该条文的表述确实让人容易联想到情势变更原则,构成要件上也确有相似之处,但是还是不应该将《劳动合同法》第四十条第三项解读为情势变更原则在劳动法中的适用,实际上,整个非过错解雇制度都不应该把情势变更原则作为法理基础,理由如下:

首先,将该条定位为"情势变更"解除会过分限制用人单位的单方解除

---

① 杨景宇、信春鹰主编:《中华人民共和国劳动合同法解读》,中国法制出版社 2007 年版,第128 页;全国人大常委会法制工作委员会行政法室编著:《中华人民共和国劳动合同法解读与案例》,人民出版社 2013 年版,第 165 页。

② 董保华:《劳动合同立法的争鸣与思考》,上海人民出版社 2011 年版,第 586 页;王全兴:《劳动合同法条文精解》,中国法制出版社 2007 年版,第 150 页;刘大卫:《"情势变更"导致劳动合同解除的法律适用转换分析——基于〈劳动合同法〉第 40 条第三项和第 41 条第一款第四项的比较研究》,《求索》2011 年第 9 期;王林清:《论情事变更原则在〈劳动合同法〉中的司法适用》,《法律适用》2009 年第 7 期;饶志静:《诚实信用原则在劳动法适用中的类型化》,《北方法学》2016 年第 3 期。

③ 王全兴:《劳动合同法条文精解》,中国法制出版社 2007 年版,第 150 页。

④ 董保华:《劳动合同立法的争鸣与思考》,上海人民出版社 2011 年版,第 586—587 页。

权。民法学界均认为，情势变更原则是对契约严守原则的否定，唯应于例外场合予以承认，而劳动法学界还有观点特别强调，在劳动法领域适用情势变更原则应该更加谨慎、严格。有学者认为，情势变更原则是契约严守原则的例外，是特别的辅助手段，而不是随时任意可用的规则，在劳动法领域对于情势变更原则的运用应该比传统民法领域更加严格，劳动者与用人单位在力量上的悬殊，使得劳动合同制度生就具有对劳动者倾斜保护的性质，所以适用情势变更原则，应该是在特殊情况下，考虑到用人单位面临的实际情况，若要强制其按照原劳动合同履行义务，实有强人所难之嫌，如果不作变更，企业利益受到巨大损害，最终也会影响到劳动者的权益，此时适用情势变更原则，以期从长远发展的角度保护劳资双方利益。[1]另有观点指出，2009年4月27日的最高人民法院《关于正确适用〈中华人民共和国合同法〉若干问题的解释(二)服务党和国家的工作大局的通知》中提到，对于《合同法司法解释二》第二十六条，"各级人民法院务必正确理解、慎重适用。如果根据案件的特殊情况，确需在个案中适用的，应当由高级人民法院审核。必要时应提请最高人民法院审核"。该规定是针对一般合同适用情势变更提出的要求，举轻以明重，由于劳动法具有倾斜保护劳动者的特殊性，适用于劳动合同时必然要更加严格。[2]

笔者认为上述观点不可取，原本《合同法司法解释二》第二十六条就已经排除了不可抗力，也将所有商业风险排除在外，[3]如果适用于劳动合同时更加严格，那么究竟要碰到何种极端情况、发生怎样异常的变化、可能导致多么巨大的损害，才允许用人单位解除劳动合同？相反，从劳动合同作

---

① 王林清：《论情事变更原则在〈劳动合同法〉中的司法适用》，《法律适用》2009年第7期。

② 饶志静：《诚实信用原则在劳动法适用的类型化》，《北方法学》2016年第3期。

③ 劳动仲裁和诉讼的实践中，其实也没有完全按照情势变更的法理来理解和适用《劳动合同法》，比如北京市高级人民法院、北京市劳动人事争议仲裁委员会2017年4月25日《关于审理劳动争议案件法律适用问题的解答》中提出，下列情形一般属于"劳动合同订立时所依据的客观情况发生重大变化"：(1)地震、火灾、水灾等自然灾害形成的不可抗力；(2)受法律、法规、政策变化导致用人单位迁移、资产转移或者停产、转产、转(改)制等重大变化的；(3)特许经营性质的用人单位经营范围等发生变化的。

为继续性合同、关系型契约的特征来看,对于非过错解雇不能过分限制,必须保证一定的弹性和自由,之后将对此进行深入分析。实际上,如果我们仔细观察劳动法领域的司法实践,会发现劳动仲裁和法院对情势变更的理解相当宽松,在技术革新、外包、组织结构调整等情况下用人单位适用《劳动合同法》第四十条第三项的,认定构成情势变更、解除劳动合同合法的不在少数。比如,在"史某与莱某德科技(深圳)有限公司劳动争议纠纷案"中,公司因应机械装置产品市场的变化及集团战略调整,决定取消机械装置部,取消了包括史某在内的 8 名中国籍职员及 7 名韩国籍职员的职位,法院认为,公司因产业结构调整取消了原告工作的部门,属于劳动合同订立时所依据的客观情况发生重大变化致使劳动合同无法履行,属于情势变更在劳动关系中的具体体现,该情势的变更不可归责于双方当事人,公司也无法预料到经营市场的变化发展,公司就变更劳动合同与劳动者协商无果后解除劳动合同,没有违法。①司法实践中劳动法领域应用情势变更原则的门槛要比传统民法领域②低得多,甚至有曲解之嫌,某种程度上也是因为除此以外无路可走,只能这样才能满足用人单位基于经营原因调整人员数量和结构的需求,这也从反面证明了将情势变更原则作为《劳动合同法》第四十条第三项的法理基础会导致用人单位的单方解除权被过分限制。

其次,就适用情势变更原则的要件而言,须情势变更是当事人缔约时不可预见的,即合同缔结之时遭受不利益的一方当事人没有预见到情势变更发生的可能性,然而在劳动合同缔结之时,用人单位对于将来生产经营中可能发生转产、停产、重大技术革新、搬迁等情形以及劳动者的健康状况、工作能力等变化,虽然不能作出准确的预测,却也是能够预见到其发生的可能性的。③就适

---

① 广东省深圳市宝安区人民法院(2011)深宝法民劳初字第 273 号,"史某与莱某德科技(深圳)有限公司劳动争议纠纷案",案例源自北大法宝数据库。

② 传统民法领域适用情势变更原则的门槛较高,典型情形除了经济危机、战争、法律调整等经济和社会的重大事变以外,还有政府行为导致合同基础丧失、"非典"疫情给旅游市场带来的冲击等,详见韩强:《情势变更原则的类型化研究》,《法学研究》2010 年第 4 期。

③ 持类似观点的还有丁建安:《论企业单方调岗行为法律效力的判断》,《当代法学》2015 年第 3 期。

用情势变更原则的法律效果而言,《合同法司法解释二》第二十六条的规定也和《劳动合同法》的规定有两方面冲突:一方面,《合同法司法解释二》规定的是"变更或者解除",也就是说是变更还是解除合同取决于当事人向法院提出的请求和法院最终的裁判,并未强制要求变更优先于解除,而《劳动合同法》第四十条的三项规定都要求用人单位在解除之前必须"另行安排工作""培训或调岗""协商变更劳动合同内容",即要求当事人尽量通过变更来维持劳动关系的存续,初步体现了将解雇作为"最后手段"的思想;另一方面,《合同法司法解释二》第二十六条选择的是"形成诉权"模式,在当事人无法自行完成对合同关系的调整时,只能由法院基于当事人的请求,根据公平原则并结合案件的实际情况,以裁判来变更或者解除原合同,这种判决属于形成判决,而根据《劳动合同法》第四十条,变更不成或者没有效果时,用人单位可以预告解除劳动合同,这是直接赋予了用人单位"形成权",无需通过诉讼途径,避免了"人为制造"劳动争议。

最后,参考德国《民法典》第三百一十三条关于"行为基础丧失"(Wegfall der Geschäftsgrundlage)的规定①,该条第三款第二句明确规定,对于继续性合同而言,以终止权(Kündigung)代替解除权(Rücktritt),②也就是说,应该适用德国《民法典》第三百一十四条所规定的"基于重大事由终止继续性

---

① 该条规定为"I.成为行为基础之情事,于契约制定后发生重大变更,且双方当事人预见该变更,将不至于制定该契约或该内容之契约,如斟酌个案所有情事,特别是契约或法律之风险分配,不能期待一方当事人严守原订契约者,得请求调整契约。II.成为契约基础之重要认识有误者,与情事之变更相同。III.契约调整之不能,或于当事人之一方无期待可能性者,受不利之当事人得解除契约。于继续性债之关系以终止权取代解除权"。此条文翻译源自台湾大学法律学院/台大法学基金会编译:《德国民法典》,北京大学出版社2017年版,第304页。

② 德国《民法典》采取的是"解除"和"终止"分立的二元规范模式,第三百二十三条规定的解除(Rücktritt)适用于买卖合同等一时性合同,解除的意思表示导致合同债务关系溯及性地消灭,第三百一十四条规定的终止(Kündigung)适用于雇佣、租赁等继续性合同,终止的意思表示导致合同债务关系非溯及性地、仅向将来消灭。然而,由于我国《合同法》第六章所指的"合同终止"与"合同消灭"同义,合同的终止是合同解除的上位概念;我国《劳动合同法》第四十四条又列举了"劳动者开始依法享受基本养老保险待遇的"等特定的"劳动合同终止"的情形,劳动合同的终止和劳动合同的解除是平行的概念,所以笔者在介绍德国"Kündigung"的相关制度时还是翻译为"解除"一词,避免在我国习惯性语境下引起误解。

合同"或者其他债法分则中的特别规定,比如针对金钱借贷合同的第四百九十条、针对使用租赁合同的第五百四十三条和针对雇佣合同的第六百二十六条。①具体到劳动合同,主流意见认为情势变更原则几乎没有适用余地,非常解雇应该适用《民法典》第六百二十六条,正常解雇适用《解雇保护法》第一条,变更解雇则适用《解雇保护法》第二条,历史上司法实践中承认可以适用情势变更原则来解除劳动合同的判决非常少,且都涉及重大历史事件,比如第二次世界大战以后雇主和雇员分别从原东欧德占区逃离,双方杳无音信十几年后,雇员提出劳动合同仍旧存续,法院根据情势变更原则认定劳动合同早已解除。②

## 二、基于继续性合同本质和关系契约理论的分析

劳动合同本质上属于继续性合同(Dauerschuldverhältnis)。按照德国通说,与一时性合同不同,继续性合同是指在其存续期间从中不断产生给付义务和保护义务而且时间因素对其具有重大意义的债务关系。③继续性合同主要有三个方面的基本特征:其一,继续性合同自始欠缺确定的总给付内容,给付时间的长度对合同总给付的确定具有决定意义,合同当事人所面临的典型的风险在于,继续性合同成立之时,还难以预计将来合同给付的范围和履行给付时的情势;其二,继续性合同一般具有无限延续性,如果合同当事人在订立合同时没有定下合同期限或者合同履行后未加以解除,则合同关系通常可以无止境地延续而不消灭;其三,继续性合同的当事人之间负有持续尽力义务且具有极强的信赖关系,当事人之间的信赖关系是继续性合同的实质性要素,双方基于这种信赖而使得合同关系维持下去,当事人应当

---

① Münchener Kommentar zum BGB/Finkenauer, 7. Auflage, §313 BGB Rn. 168ff.

② BAG 21.5.1963 AP Nr. 6 zu §242 BGB Geschäftsgrundlage; KDZ/Däubler, 9. Auflage, Einleitung, Rn.171f.

③ Vgl. Entwurf eines Gesetzes zur Modernisierung des Schuldrechts, BT-Drucks. 14/6040, S.176—177.

各尽其力实现合同目的。①基于继续性合同的这些特征，相对于一时性合同，规制继续性合同的解除需要考量的因素也不同，主要应该进行两个方面的权衡：一方面，应防止合同继续性的弊害，继续性合同中，债务人的给付随时间的继续不断增加，经常有部分的情势是当事人在缔约时无法预见的，将来的不确定性伴随着风险，而这种风险的分配往往不能通过事先的合同约定来实现，继续性合同的危险无形中被提高，长期的拘束还可能损害个人自由，尤其是长期不得消灭的合同为甚，所以，法律对部分继续性合同当事人赋予了任意性解除权；另一方面，应保护合同关系的安定性，继续性合同当事人双方之间的依存度较高，合同的继续可能构成一方当事人生活、经营的基础，当事人对合同继续的信赖值得保护，另外对解约自由进行必要的限制，有利于促进合同当事人进行适当的投资，鼓励信息和经验的积累，从而提高交易的效率，所以法律往往规定行使任意性解除权时需要遵守预告通知期或者支付补偿金，甚至出于对社会弱势群体的保障排除了部分继续性合同当事人的任意性解除权。②

劳动合同也是典型的关系性契约（Relational Contract）。根据美国学者麦克尼尔（Macneil）首倡的关系契约理论，契约是规划将来交换的过程的当事人之间的各种关系。③关系性契约理论追随者斯派德尔（Speidel）指出了关系性契约与个别性契约的不同之处，总结了关系性契约的主要特点：首先，关系性契约持续期比较长，关系性契约随着时间的延伸而继续，交换关系既可以表现为同一当事人在不确定时期内订立的一系列"当场交易"契约，也可能表现为一个具有确定期限的长期契约；其次，关系性契约并非全面而完美无缺，它包含着未来合作行为与合意治理机制，契约中的开放条款和保留的自由裁量权使得当事人可以根据未来的变化进行风险分担或者作

① Münchener Kommentar zum BGB/Gaier, 7. Auflage, § 314 BGB Rn. 5. 屈茂辉、张红:《继续性合同:基于合同法理与立法技术的多重考量》,《中国法学》2010 年第 4 期。

② 参见王文军:《继续性合同研究》,法律出版社 2015 年版,第 176—178 页。

③ [美]Ian.R.麦克尼尔:《新社会契约论》,雷喜宁、潘勤译,中国政法大学出版社 2004 年版,第 4 页。

出必要的调整,因为当事人既不打算也不期望将整个未来关系"现时化"在特定的单一时点上,更为现实合理的态度是可以根据未来的、随着不同事件的发生对契约作出持续的调整和组合;最后,在关系性交易中,一方当事人的利益可能与对方的利益是联系在一起的,而且经常会存在"交易专用性投资",所以既强调利益共享和负担的动态分担,也强调契约团结与合作。①由于关系性契约具有以上特征,在限制关系性契约的单方解除权时,也必须从以下三个角度考虑:其一,关系契约是一种不完全的长期契约,由于信息的不完全和人的有限理性等原因,人们不能在契约签订时对未来可能出现的状况作出完全准确的预测并制定相应的处理措施,所以当事人对于契约的考虑是一个动态的渐进过程,需要保证一定的弹性和自由;其二,关系性契约中既有利益的共享,也有风险的分担,比如,雇员可以通过奖金和管理者及股东一起共享公司的繁荣,共有更加舒适的工作条件、更多的闲暇等,相应地,当管理者和股东面临危机,利润下降或遭受损失时,雇员也可能因暂时的失业和他们一起共度艰难时光;②其三,关系性契约理论强调契约团结和契约维持,在关系性契约中当事人既是一个有独立利益的主体,又是契约当事人所形成的关系共同体的一分子,这个共同体的利益在某些场合可能高于个人的自身利益,而且长期的契约中往往存在交易专用性投资,可能由于一方的关系机会主义行为成为隐没成本,所以一般不允许当事人随意或毫无代价地退出契约关系。③

### 三、对非过错解雇的限制尺度设定

在设定对劳动合同的单方解除权的限制尺度时,不管是基于劳动合同

---

① Richard E.Speidel, the Characteristics and Challenges of Relational Contracts, Northwestern University Law Review, Vol.94, (Spring 2000),转引自叶小兰:《关系契约视野下的劳动关系研究》,南京大学博士学位论文 2012 年,第 42—44 页。

② [美]Ian.R.麦克尼尔:《新社会契约论》,雷喜宁、潘勤译,中国政法大学出版社 2004 年版,第 25 页。

③ 叶小兰:《从关系契约解读劳动关系的特性与制度》,《湖北社会科学》2012 年第 5 期。

作为继续性合同的本质来考察,还是从关系契约理论的角度来切入,①需要特别关注的不是用人单位的过错解雇权和劳动者的过错辞职权,因为这两者都是合同的一方当事人违约导致订立合同的目的难以实现时非违约方迅速摆脱合同关系的补救措施,这种违约的救济途径在一时性合同或者个别性契约里面也存在。

那么,法律是否赋予了劳动合同的当事人任意解除权呢?《劳动合同法》第三十七条赋予了劳动者任意解除权,只要求遵守三十天的预告通知期,这一方面是为了保障劳动者的职业自由,另一方面也是因为劳动者作为劳动关系中弱势的一方一般不会轻易解除合同,往往也是劳动者对于用人单位更具有依赖性,用人单位则更容易找到替代离职劳动者的人。相反,立法者基于解雇保护的理念剥夺了用人单位的任意解除权,解雇保护涉及劳动者、用人单位、社会公众等多方面的利益:②对劳动者而言,工作不仅是他养家糊口的饭碗,也是他实现职业规划乃至追求人生理想的阶梯,如果实行解雇自由,在随时可能被解雇的压力之下,劳动者往往选择忍气吞声,不敢主张自己应有的权益,甚至和其他劳动者"向下竞争"、接受剥削,但是如果过度强调解雇保护,劳动者失业后再就业的困难又可能会增加;对于用人单位而言,解雇保护制度一方面限制了他在人事方面的自主权,增加了他的用工成本,让他在使用劳动力时不能完全服从于自己的需要和设想,另一方面,员工频繁流动不利于人才队伍的建设,解雇保护制度确保了劳动关系的稳定性,使得劳动者对企业更有认同感、更愿意作出长远的职业规划;从整个社会层面来看,稳定的劳动关系有利于实现社会和谐,但是解雇保护标准太高也会导致企业竞争力下降、劳动力市场僵化等问题。《劳动合同法》第

---

① 涉及关系性契约与继续性合同的异质性,参见王文军:《继续性合同研究》,法律出版社 2015 年版,第 98—100 页。

② 就解雇保护制度涉及的多方面利益的平衡问题,也可参见沈同仙:《〈劳动合同法〉中劳资利益平衡的再思考:以解雇保护和强制缔约规定为切入点》,《法学》2017 年第 1 期;谢增毅:《劳动力市场灵活性与劳动合同法的修改》,《法学研究》2017 年第 2 期。

三十九条、第四十条和第四十一条是对用人单位一方的法定解除权的规定，都属于非任意性解除，其中《劳动合同法》第三十九条调整的是用人单位的过错解雇权，与第三十八条规定的劳动者的过错辞职权相对应，而第四十条所规制的是非过错解雇，第四十一条的经济性裁员从本质上说也属于非过错解雇，只不过因为被解雇的人数众多，可能导致大规模失业，影响社会稳定和增加就业压力，所以对其进行特别的程序上的要求，强调裁员过程中的劳资协商和政府介入。

可见，立法者正确地排除了用人单位任意解除的可能性，我们需要重点讨论的是对非过错解雇的限制尺度，此时应该从两个方面来进行权衡：一方面，劳动关系作为典型的继续性合同与关系性契约，不可能真正实现"契约严守"，必须保障当事人一定的弹性和自由，劳动合同无法在事前就明确约定所有事项并对风险的承担作出周密的安排，即使有相关的约定，事后也未必能够完全执行，劳动关系无法与周围的环境分割开来，外部的世界千变万化，销售市场、技术设备、原材料与能源、人力资源、汇率和外汇监管、产业政策、环境治理等林林总总的因素都在变化，即使是最高瞻远瞩的企业家也不能够精准把握所有趋势，最精明能干的经营者也不能保证总是作出正确的选择，所以不能要求用人单位来承担所有商业风险，在不可抗力造成劳动合同履行困难时禁止用人单位解雇员工更是无稽之谈；另一方面，在劳动合同这种继续性合同中，工作是劳动者安身立命的基础，被解雇的劳动者不仅会丧失工资和其他与企业工龄相挂钩的福利待遇，而且还要离开他熟悉的工作环境和人际关系，社会地位也可能会受到影响，所以一定程度上需要保障劳动者的职业安定，除此以外，劳动关系中双方在长期关系的维持中基于对关系的信赖而对关系进行投资，如果用人单位通过隐含的职业稳定和升迁承诺来鼓励劳动者忠诚和努力，之后却拒绝兑现职业稳定和升迁承诺，那么用人单位就是关系投机主义者，基于人力资源的专用性和劳动力对资本的依赖性，用人单位相对于劳动者更加具有进行投机行为的动机和可能性，[①]因此

---

① 叶小兰：《从关系契约解读劳动关系的特性与制度》，《湖北社会科学》2012 年第 5 期。

不仅不能赋予他任意性解除权,对于他的非过错解雇权也要加以适当的限制。

## 第二节　变更劳动合同的要求

### 一、规则与实践的冲突

首先,需要强调的是,《劳动合同法》第四十条第三项明确要求的是协商"变更",而不是协商"解除",但是实践中有不少用人单位仍然会在客观情况发生重大变化时与劳动者径直协商解除,导致被认定违法解除。比如"北京世界城物业管理有限公司上诉刘某劳动争议案"中,刘某在世界城公司从事停车场收费工作,之后世界城公司原停车场西坡道口由人工收费口改为自动收费口,不再需要设置停车场收费员岗位,世界城公司随即与刘某协商,然而协商的内容直接就是公司愿意多支付一个月的工资,解除与刘某的劳动合同,判决中法院提出,停车场收费从人工收费逐渐转变为智能系统自动收费体现了生产力的进步,是科学技术发展的趋势所在,此情形属于劳动合同订立时所依据的客观情况发生重大变化致使劳动合同无法履行的情形,但是用人单位不能够直接解雇劳动者,而是应当严格执行《劳动合同法》的规定,与劳动者就劳动合同内容的变更进行协商,且这种协商应当是在保障原工资待遇和工作条件基础上的诚意协商,本案中世界城公司陈述的协商内容仅为如何与劳动者解除合同,这种协商违反了《劳动合同法》第四十条的规定,世界城公司的行为属于违法解除劳动合同,应当向刘某支付违法解除劳动关系赔偿金。①

那么,在客观情况发生重大变化时,用人单位究竟是具有单方变更权,还是需要和劳动者就变更劳动合同协商一致呢? 涉及变更劳动合同的具体

---

① 北京市第三中级人民法院(2016)京 03 民终 7742 号,"北京世界城物业管理有限公司上诉刘某劳动争议案",案例源自威科先行数据库。

方式,无论是学界提出的建议,还是实践中普遍的做法,①基本上都是调整工作岗位,即非暂时性地调整劳动者的职务内容或工作场所,有的情况下工作岗位的变化还会伴随着劳动报酬的调整,所以此处将以调岗为例进行讨论。如果仅看条文表述,第四十条第三项表述为"劳动合同订立时所依据的客观情况发生重大变化,致使劳动合同无法履行,经用人单位与劳动者协商,未能就变更劳动合同内容达成协议的",要求用人单位必须和劳动者协商一致,学界基本也持肯定态度。②

然而,对于用人单位是否能够单方调岗,实践中主要有由"松"到"紧"的五种意见:③第一种意见认为工作岗位的调整完全属于用人单位经营自主权的范畴,以江苏省苏州市意见④为代表;第二种意见承认用人单位在生产经营中调配人力资源的客观需要,但是加以合法性与合理性的限制,以广东省意见⑤为代表;按照第三种意见,除了法律明确规定的情形以外,用人单位调整劳动者的工作岗位必须有规章制度规定或者劳动合同约定作为依据,同时法院还要进行合法性、合理性的审查,以天津市意见⑥为代表;第四种意见则是根据劳动合同对于工作岗位和调岗的约定,不同情况作不同处理,以北京市意见⑦为代表;根据第五种意见,用人单位只有在法律明确规

---

① 王全兴:《劳动合同法条文精解》,中国法制出版社 2007 年版,第 153 页;陆敬波主编:《人力资源法律管理:解雇管理》,中信出版社 2015 年版,第 219 页。

② 王全兴:《劳动合同法条文精解》,中国法制出版社 2007 年版,第 150 页;郑尚元:《劳动合同法的制度与理念》,中国政法大学出版社 2008 年版,第 270 页;丁建安:《论企业单方调岗行为法律效力的判断》,《当代法学》2015 年第 3 期。

③ 学者对这些意见,部分认同,部分提出了不同看法,详见郑尚元:《劳动合同法的制度与理念》,中国政法大学出版社 2008 年版,第 223—235 页;钱叶芳:《劳动合同变更制度的法律问题研究:兼析苏、浙、沪高院的指导意见》,《法治研究》2010 年第 9 期;侯玲玲:《论用人单位内工作调动》,《法学》2013 年第 5 期;丁建安:《论企业单方调岗行为法律效力的判断》,《当代法学》2015 年第 3 期。

④ 详见江苏省昆山市法院、昆山市劳动争议仲裁院、苏州中级人民法院、苏州劳动争议仲裁处 2010 年 5 月 11 日联合发布的《劳动争议座谈会纪要》。

⑤ 详见广东省高级人民法院、广东省劳动人事争议仲裁委员会 2012 年 6 月 21 日的《关于审理劳动人事争议案件若干问题的座谈会纪要》。

⑥ 详见天津市高级人民法院 2017 年 11 月 30 日的《天津法院劳动争议案件审理指南》。

⑦ 详见北京市高级人民法院、北京市劳动人事争议仲裁委员会 2017 年 4 月 25 日《关于审理劳动争议案件法律适用问题的解答》。

定的情形下可以单方面决定调整其工作岗位,即《劳动合同法》第四十条第一项和第二项、《女职工劳动保护特别规定》第六条、《职业病防治法》第三十五条规定的情形。①总之,司法实践的多数意见认为用人单位有权单方调整劳动者工作岗位,但是必须满足合法、合理的要求。

可见,法律规定和司法实践存在明显冲突,那么究竟是立法有缺陷还是司法有问题? 笔者认为两者都有局限,在劳动合同订立时所依据的客观情况发生重大变化致使劳动合同无法履行的情况下,要求用人单位必须与劳动者协商一致将过分限制用人单位作为市场主体的经营自由,导致他无法及时有效地进行人力资源的配置,然而简单地赋予用人单位单方调岗权,又没有充分顾及劳动者权益保障,可能使得调岗成为变相解雇的手段,所以借鉴德国经验引入类似"变更解雇"的制度也许是可行的解决之道。

## 二、有关调岗的若干疑问

有些单位自身已经不具备向劳动者提供新岗位的能力或者无法提供合适的岗位,从而向员工提供关联企业的岗位,那么用人单位向劳动者提供关联企业的岗位,是否尽到变更劳动合同的义务呢? 对此实践中意见有分歧。"液化空气(中国)投资有限公司与陈某劳动合同纠纷案"中,陈某在项目部门工作,岗位为项目工程师,工作地点为上海,由于项目部业务量大幅减少,项目工程团队人员冗余,所以公司作出了董事会决议,决定在 2016 年 3 月对项目工程团队进行重组缩减,根据公司制定的人员缩减方案,陈某的项目工程师岗位在被削减的岗位之列。然而在协商变更劳动合同的环节中,公司提供的岗位是液化空气福州有限公司的 47 个工作岗位,其中包括机械工程师,但是工作地点都在福州,因此法院认为,公司提供给陈某的都是关联

---

① 详见王林清:《劳动争议裁诉标准与规范》,人民法院出版社 2014 年版,第 322 页;江山:《变更劳动合同及调岗、调薪操作规则》,《中国劳动》2008 年第 12 期;陆敬波、黄敏:《企业单方调岗合理性的判别因素探析》,《中国劳动》2016 年第 12 期。

企业的工作岗位,不是公司自己的工作岗位,地点也不在上海,而是福州,陈某也不愿意接受该岗位,所以公司对于协商变更劳动合同并未尽到审慎沟通义务。①相反,"王某与通用电气照明有限公司劳动合同纠纷上诉案"中,通用电气照明有限公司董事会作出决议,为了支持财务流程整合,撤销通用电气照明有限公司内部相关的职位,即应付款主管、应付款会计、应收款会计和出纳岗位,财务会计流程统一由集团总部财务运营中心处理,王某所担任的应付款主管岗位被撤销,其关联企业通用电气(中国)有限公司同意向王某提供应付账款会计主管岗位,并承诺工资待遇不变、工作年限连续计算,却被王某拒绝。法院认定存在客观情况发生重大变化,通用电气照明有限公司内部已经不存在应付款主管的岗位,公司通过各种方式与王某协商变更劳动合同,尽力为其安排新的工作岗位,王某却全部回绝,在此情况下公司解雇王某并无不妥。②

那么,用人单位是否可以向劳动者提供并非关联企业的岗位呢?司法实践一般认为此举不符合要求,比如,"巴斯夫(中国)有限公司与李某劳动合同纠纷案"中,案外公司昂某收购了巴斯夫(中国)有限公司的所有的纺织化学品业务,导致巴斯夫公司从事纺织化学品业务的工作岗位全部被撤销,其中包括了李某所担任的纺织特性化学品部销售副经理岗位,法院认定劳动合同订立时所依据的客观情况确实发生了重大变化,导致劳动合同无法继续履行,不过,法院也指出,巴斯夫公司虽然与李某进行了协商,但是安排的工作岗位却是在案外公司昂某处,此举将导致劳动合同的主体变更,实质上劳动关系发生了转移,所以不能视为劳动合同内容的变更,解除违法。③

---

① 上海市浦东新区人民法院(2016)沪0115民初62801号,"液化空气(中国)投资有限公司与陈某劳动合同纠纷案",案件源自威科先行数据库。除此以外,孙琳:《"客观情况重大变化"解除中的困境与路径》,《中国劳动》2017年第4期,第64—67页,该文中也提到了,某案中用人单位撤销劳动者就职部门后,提供了下属全资子公司的岗位,未获法院认可。
② 上海市第二中级人民法院(2013)沪二中民三(民)终字第1491号,"王某与通用电气照明有限公司劳动合同纠纷上诉案",案件源自北大法宝数据库。
③ 上海市浦东新区人民法院(2015)浦民一(民)初字第39961号,"巴斯夫(中国)有限公司与李某劳动合同纠纷案",案例源自中国裁判文书网数据库。

笔者认为，无论是关联公司还是非关联公司的第三方公司，劳动者的合同相对方都发生了变化，所以原则上都应该取得劳动者的同意。除非用人单位可以证明确实无法在本单位内部向劳动者提供合适的岗位，而且作为接收方的关联公司或者第三方公司不但愿意接收劳动者，也同意在计算劳动者在本单位工龄时将劳动者在原单位的工龄计算在内，此时应该认为用人单位已经尽到了诚实磋商义务。

用人单位没有直接提供别的工作岗位，而是仅提供了面试机会的，司法实践中一般认为，仅提供面试机会，用人单位未尽到诚实磋商义务，不能视为完成了协商变更的法定程序，笔者赞同这一观点，因为提供面试机会不同于提供具体的岗位供劳动者选择，面试通过与否由用人单位决定，主动权完全掌握在用人单位手中。比如，"张某诉携程计算机技术（上海）有限公司劳动合同纠纷案"中，由于整体经营策略转向无线化事业，携程公司决定撤销技术研发中心下属的创新研究院及相关岗位，携程公司通知张某，他在技术研发中心所担任的高级研究经理岗位不复存在，但是张某可以到公司内部其他部门进行沟通面试，然而张某没有通过面试，之后携程公司根据《劳动合同法》第四十条第三项解除了劳动合同。法院提出，携程公司撤销技术研发中心创新研究院的行为，属于用人单位根据市场需求和自身经营发展需要，行使自主经营管理权，已经构成"劳动合同订立时所依据的客观情况发生重大变化，致使劳动合同无法履行"的情形，但是携程公司仍然应该与张某就变更劳动合同进行协商，但是本案中携程公司并没有向张某提供其他工作岗位，而只是向张某提供其他部门的面试机会，所以携程公司未尽诚实磋商义务，解除违法。① 又比如，前述"液化空气（中国）投资有限公司与陈某劳动合同纠纷案"中，液化空气公司在协商变更劳动合同的电子邮件中并未向陈某发出包含具体岗位的确定要约，而是表述为"如您对某岗位有兴趣，请通过人事来获取该岗位"，"员工发送给我们更新后的个人履历并让我们

---

① 上海市第一中级人民法院（2014）沪一中民三（民）终字第 1253 号，"张某诉携程计算机技术（上海）有限公司劳动合同纠纷案"，案件源自北大法宝数据库。

知道哪个可开放岗位想要申请,我们会相应安排面试",在当面的沟通中,陈某多次提出对于福州工作岗位需要提供简历并面试的疑虑时,公司并未予以明确答复,只是一再强调可以优先考虑,所以法院认为液化空气公司未尽诚实磋商义务。[①]

虽然没有明确规定,但是司法实践中一般认为,用人单位应该主动向劳动者提出具体的变更劳动合同方案供劳动者考虑,比如建议劳动者接受某个确定的岗位,或者提供多个岗位供劳动者选择。"谭某诉西图建筑工程(上海)有限公司劳动合同纠纷案"中,西图公司在合并之后进行各部门的合并和结构调整,决定取消谭某任职的中级土建监理岗位,公司 2013 年 10 月 10 日向谭某发出征询函,称"我司与您订立的劳动合同时所依据的客观情况发生重大变化,致使原劳动合同无法履行,现特此征询您的意见,请您在 2013 年 10 月 11 日前填写后附回执并交还给人力资源部某某",同一天谭某在征询函的回执上勾选"我愿意调整目前的工作岗位",并在"我希望新的工作岗位"处备注"土建施工部门工程师,离家较近(湖南),与原合同及待遇无关"。但是第二天西图公司就通知谭某,称无法满足谭某在征询函回执中要求的新工作岗位,并依据《劳动合同法》第四十条第三款解除劳动合同。法院认为,虽然此情形属于"客观情况发生重大变化",但是用人单位仍需本着诚实信用原则,与劳动者就变更劳动合同内容事宜进行协商,然而西图公司并未主动向谭某提出任何具体、相对确定的变更劳动合同方案,相反,在谭某于 2013 年 10 月 10 日主动列出希望调整的岗位后,西图公司应该知道谭某只是表达了一种初步意向,并非不可变更的最终决定,却未再与其作进一步协商,未向谭某说明上述岗位是否以及为何无法调整、是否存在可替代性职务调整方案、是否愿意接受其他适合岗位等情况,在第二天就直接以"无法满足您要求的新工作岗位"为由解除劳动合同,其行为显然与诚实信用原则相悖,从而法院认定公司未能适当履行协商变更劳动合同的义务,违反了

---

① 上海市浦东新区人民法院(2016)沪 0115 民初 62801 号,"液化空气(中国)投资有限公司与陈某劳动合同纠纷案",案件源自威科先行数据库。

法律规定。①

由于我国并未真正贯彻"最后手段原则",而按照明文规定只有《劳动合同法》第四十条第二项针对"不胜任解雇"要求用人单位先采取"培训或调整工作岗位"这种更为温和的手段,所以前面已经提到,学界和司法实践的主流意见认为用人单位向劳动者提供的新岗位应该是劳动者能够胜任的岗位,并不考虑那些劳动者需要经过转岗培训、技能提升培训才能从事的工作。

### 三、德国法的相关经验及其启示

德国解雇保护的三大原则之一是比例原则(Verhältnismäßigkeitsprinzip),也叫"最后手段原则"(Ultima Ratio Prinzip)。按照比例原则的要求,雇主应该考虑哪些措施有助于达成排除合同履行的障碍的目的,并且在可以达成这一目的的几种措施中选择对雇员权利侵害最小的措施,该措施对所造成的对雇员权利的侵害和所欲达成之目的间应该有相当的平衡。②所以,解雇应该是用于排除劳动合同履行所面临的障碍的合适的、必要的也是符合比例原则的手段。在具体个案中,只有穷尽了其他可能的、更为温和的手段之后才能解雇,比如警告、调岗等。③根据《解雇保护法》第一条第二款第二句和第三句,如果雇主可以通过调整工作岗位、培训或者和雇员协商一致变更其他的劳动条件来继续履行劳动合同,企业职工委员会因为雇主怠于这样做而对解雇提出异议的,解雇不符合社会正当性。德国联邦劳动法院在1973年的判决中明确提出,这种情形下解雇肯定不符合社会正当性,无需再进行利益衡量等步骤,可以直接判定解雇违法,但是个案中雇主有义务事先采用的更为温和的手段却不限于此,比例原则的适用也不以企业职工委

---

① 上海市浦东新区人民法院(2014)浦民一(民)初字第 2314 号,"谭某诉西图建筑工程(上海)有限公司劳动合同纠纷案",案件源自北大法宝数据库。

② 详见 APS/Preis, 4.Auflage, Grundlagen H. Rn. 55ff。

③ BAG 30.5.1978, AP Nr. 70 zu § 626 BGB.

员会的异议为前提。将雇主的这一义务与企业职工委员会的异议脱钩，甚至在企业中根本未成立企业职工委员会时也肯定雇主负有采取更为温和手段的义务，联邦劳动法院给出的理由是，这一新规定源于 1972 年《企业组织法》第一百零二条第三款，立法者赋予企业职工委员会异议权的目的在于通过雇员集体利益代表的介入增强对雇员个体的解雇保护，因为企业职工委员会比雇员拥有更多信息、更加了解企业的情况，比如是否存在空缺岗位，然而，在这一法律出台之前学界和司法界就已经普遍要求雇主在解雇之前穷尽可能的、更为温和的手段，如果立法之后将解雇前有义务采取的手段限定于法律明确列举的这几种并且以企业职工委员会提出异议作为适用前提，那么起到的效果是削弱了解雇保护，将和立法目的相矛盾。①

虽然雇主在基于经营原因解雇之前有义务事先采用的更为温和的手段绝不仅限于调整工作岗位，还包括减少加班、消耗时间账户盈余、退回劳务派遣工等，②但雇主最有可能采取的措施就是另行安排工作，也为了和中国问题形成呼应，所以此处先聚焦分析这一问题。按照德国法调整工作岗位主要应遵循以下规则：

第一，雇主为雇员另行安排工作的义务以存在空缺的岗位为前提，如果占据某个岗位的雇员因为生病或者怀孕生产等原因暂时不能履行工作，不能认定岗位空缺，空缺的岗位包括解除通知送达时空缺的岗位，也包括将在解除通知期满时空缺的岗位。如果某岗位将在解除通知期满之后不久空缺出来，让雇主稍加等待也是合理的，比如雇主另行招聘新的员工进行岗前培训也需要等这么长时间，那么也应该将这种岗位视为空缺岗位加以考虑。雇主故意让别人占用空缺岗位来达到逃脱为雇员调岗的义务的，视为岗位空缺。③

---

① BAG 13.9.1973, AP Nr. 2 zu § 1 KSchG 1969；BAG 5.8.1976, AP Nr. 1 zu § 1 KSchG 1969 Krankheit.

② 详见 APS/Preis, 4. Auflage, § 1 KSchG. Rn. 567ff。

③ BAG 23.11.2004, AP Nr. 70 zu § 1 KSchG 1969 Soziale Auswahl；BAG 6.6.1984, AP Nr. 16 zu § 1 KSchG 1969 Betriebsbedingte Kündigung；BAG 15.12.1994, RzK I 5b Nr. 15；BAG 15.12.1994, NZA 1995, 413.

第二,从雇员的专业背景、技能经验、知识水平等来看,调整后的新岗位应该是大致对口的岗位,即雇员能够胜任的岗位。原则上,即使雇员要经过时间较长的转岗培训、技能提升培训才能从事该工作,雇主也有义务支持,培训应当在工作时间进行且由雇主支付培训费用,但是此项义务也不是绝对的,法官判断雇主是否有义务对雇员先培训后调岗时,会充分考察诸多因素:培训时间不得过长,一般认为应该以雇主解雇该雇员所需遵守的解除通知期为最长期限;培训的花费多少与雇主的经济承受能力也是需要被顾及的;雇员企业工龄越长、培训后成功上岗的概率越高,则越倾向于承认这一必要性;培训后履约时间的长短也是需要考虑的,如果雇员培训后没几年就要退休了,那么往往会认为培训的性价比太低;如果是来自雇主方的变化导致了培训需求,比如雇主转产、引进新技术设备、调整经营架构等情况下,那么更有可能认定雇主负有先培训后调岗的义务。①

第三,调整后的岗位从职级、待遇等劳动条件上看应该是与原工作差不多的岗位,稍差的岗位也应该考虑,但是"断崖式下降"是不可接受的,特别是带有侮辱性的安排。一般而言雇员无权要求雇主为其安排更高级别、条件更好的工作,因为法律要求雇主为雇员另行安排工作是为了避免他失去工作,不是为了让他"因祸得福"地得以升迁,雇主为了规避这一义务而故意"拔高"空缺岗位、工作内容实质上并无变化的,则另当别论。②

第四,雇主应该在公司③范围内寻找空缺的、合适的、差不多的岗位,而

---

① BAG 7.2.1991,NZA 1991,806;BAG 30.8.1995,AP Nr. 5 zu § 99 BetrVG 1972 Versetzung;Berkowky,§ 9 Nr. 42ff.;KDZ/Deinert,9.Auflage,§ 1 KSchG Rn. 552.

② BAG 19.4.2007,NZA 2007,1041;ErfurterK/Oekter,13. Auflage,§ 1 KSchG Rn. 252.

③ 请注意区分"Betrieb"与"Unternehmen",德国劳动法意义上的"企业"(Betrieb)是指一个追求劳动技术意义上的目的的组织,从事具体的生产或者服务活动,比如生产鞋子、提供膳食、提供旅游服务,它跟通常意义上的企业(Unternehmen)不同,通常意义上的企业追求的是经济或者公益的目的,是一个经济实体。"Unternehmen"和"Betrieb"可能会重合,比如某个从事家具制造的公司所有的生产经营都在一处,并无分支,"Unternehmen"也可能由多个"Betrieb"构成,比如一个经营百货商店的有限责任公司(通常意义上的企业)在十个城市设有分店,即十个生产经营单位(劳动法意义上的企业),那么每一个分店都可以选举产生自己的企业职工委员会。为了避免引起误解,此处用"公司"来指代通常意义上的企业。[德]沃尔夫冈·多伊普:《德国劳动法》,王倩译,上海人民出版社 2016 年版,第 17 页。

不是限于企业范围内,即同一公司内部另一企业中有此种岗位的,雇主也应当向雇员提供。原则上雇主没有在集团范围内向雇员提供此种岗位的义务,因为此时劳动合同的相对方已经变化了,关联公司未必愿意接收雇员,也就是说,关联公司中存在此类岗位的,雇主一般没有义务将雇员安排过去,但是也有例外,如果雇主法律上和事实上可以向关联公司施加影响,使其接收该雇员,那么雇主有义务将雇员安排过去。[1]

第五,如果有多个可供安置的岗位,那么雇主应该提供那个与雇员原来的岗位最相近的岗位,难以判断的情况下,应该由雇员自行选择。如果需要另行安置的雇员数量多于可供安置的岗位数量,那么应该类推适用德国《解雇保护法》第一条第三款规定的社会性挑选的规则。[2]

那么,雇主应该选择何种途径来为雇员另行安排工作呢?雇主应该优先考察,能否在不变更劳动合同的前提下,由雇主行使指示权(Direktionsrecht)调整雇员的工作岗位,如果此路不通,则通过与雇员协商变更劳动合同或者发出变更解雇的方式来实现。[3]根据德国《经营条例》第一百零六条,如果劳动合同、企业协议、集体合同或者法律没有另行约定或规定,那么雇主有权依照公平裁量的原则(nach billigem Ermessen)确定劳动给付的内容、时间和地点,所以雇主能否行使指示权调整雇员的工作岗位,首先应该看劳动合同本身对于工作岗位的约定的具体程度,然后要看劳动合同中是否通过"调岗条款"(Versetzungsklausel)拓宽了雇主的指示权。劳动合同对工作岗位的约定越具体,雇主行使指示权的空间越小,比如约定岗位为"软件工程师",那么可以覆盖从"开发游戏软件"到"开发办公软件"的调整,也可以覆盖从"软件开发的研发岗位"到"软件维护的售后服务岗位"的变

---

① BAG 18.9.2003, AP Nr. 12 zu §1 KSchG 1969 Konzern; BAG 23.3.2006, AP Nr. 13 zu §1 KSchG 1969 Konzern; ErfurterK/Oekter, 13. Auflage, §1 KSchG Rn. 247. 德国联邦劳动法院认为,即使雇主和雇员之前签订的劳动合同里面保留了雇主将雇员安排到关联公司去工作的可能性,在面临解雇考察另行安排工作的义务时,也要看雇主是否真实地拥有要求关联公司接受其安排的能力。

② BAG 22.9.2005, NZA 2006, 486; SPV/Preis, 11. Auflage, Rn. 997a.

③ BAG 6.9.2007, AP Nr. 135 zu §2 KSchG 1969; SPV/Preis, 11. Auflage, Rn. 992f.

化,但是约定岗位为"软件开发工程师"就不能覆盖后一种情况。雇主在行使指示权必须符合公平合理的原则,既考虑到企业的经营需求,也照顾到雇员的利益,①劳动合同中的调岗条款也必须经受住"一般交易条款的审查"(AGB-Kontrolle),比如根据德国《民法典》第三百零七条,该条款应该明白、易懂、无歧义、不得不适当地使雇员遭受不利,类似"雇主可以在必要时顾及双方利益安排雇员从事其他工作"或者"雇主可以根据经营需要安排雇员到其他部门从事其他工作"的条款无效。②

　　如果需要突破现有的劳动合同的框架才能实现另行安排工作的目的,那么雇主需要与雇员协商变更劳动合同或者发出变更解雇。雇主与雇员能够协商一致的,变更劳动合同一般不会引起争议,需要特别关注的是《解雇保护法》第二条所规定的变更解雇(Änderungskündigung)制度。③变更解雇实质上由解雇和变更要约这两个意思表示组合而成,即解除原来的劳动合同的意思表示与按照变更以后的新劳动合同履行的意思表示。一般情况下,雇主应该同时发出这两个意思表示,雇主也可以先提出变更要约,④并在该要约中明确告知雇员不接受变更将面临解雇,而在之后发出的解除通知中雇主应该表示前面提出的变更要约还有效,但是顺序不能反过来,即雇主不得先发出解雇,之后再向雇员提出变更要约。⑤变更解雇同样需要遵守一般的解雇所需要遵守的书面形式、解除通知期、特殊解雇保护和企业委员会的参与等规定。面对变更解雇,雇员有三种选择:其一,雇员可以选择毫无保留地接受变更,按照新的合同内容履行,这一意思表示可以以明示或者

---

①　有关雇主的指示权详见 ErfurterK/Oekter, 13. Auflage, § 106 GewO Rn. 4ff。

②　BAG 9.5.2006, NZA 2007, 145.

③　雇主可以先尝试与雇员就变更进行协商,被拒绝之后再发出变更解雇,也可以直接发出变更解雇,如果在协商中雇员明确表示将不会接受任何变更,那么雇主不用再发出变更解雇,而是可以直接发出解雇。详见 ErfurterK/Oekter, 13. Auflage, § 2 KSchG Rn.4。

④　变更要约的内容必须清楚明确,即能够让雇员清楚地认识到劳动合同将发生哪些变化,从而作出相应的选择,比如雇主应该清楚明白地告知雇员,将给他另行安排一个什么样的岗位,除非有多个可供安置的岗位而且难以判断哪个与雇员原来的岗位最相近,只有在这种情况下雇主可以将多个岗位都提出来并由雇员自行选择。详见 SPV/Preis, 11.Auflage, Rn. 1287ff。

⑤　BAG 27.9.1984, AP Nr. 8 zu § 2 KSchG 1969.

默示的方式作出,比如雇员在解除通知期满以后直接去新的岗位上工作;其二,雇员可以选择拒绝接受变更,径直提起解雇保护之诉,如果赢得诉讼则按照原来的劳动合同继续履行,如果败诉则失去工作岗位;其三,雇员可以选择有保留地接受变更(Annahme unter Vorbehalt),即在解除通知期内、最晚不得迟于收到变更解雇三周内向雇主表明他愿暂时接受雇主提出的变更,直到法院就变更是否具备社会正当性作出最终判决,雇员还得在最晚不得迟于收到变更解雇三周内向法院提起变更解雇保护之诉,如果法院认定变更具有社会正当性,那么双方按照新的劳动合同履行,反之则按照原来的劳动合同履行,变更视为自始无效,比如雇员应回到原岗位工作,且在此期间从事新岗位所获得的薪酬低于原岗位的,雇主需补足差额。①

如果我们进行中德比较,就会发现存在以下几处异同。

第一,"比例原则"或者"最后手段原则"是德国解雇保护的基本原则之一,雇主只有穷尽了其他可能的、更为温和的手段之后才能解雇员工,在基于经营原因解雇的具体个案中这种手段可能是调岗、培训,也可能是减少加班、消耗时间账户盈余、退回劳务派遣工等。我国的规定和实践也初步体现了"最后手段原则"的思想,但也只是初步体现,比如明确要求用人单位基于客观情况发生重大变化解雇之前必须首先尝试变更劳动合同,然而实际上用以避免解雇的更为温和的手段未必需要变更劳动合同,也不限于变更劳动合同。

第二,无论是德国基于经营原因的解雇,还是我国基于"客观情况发生

---

① 详见 SPV/Preis, 11. Auflage, Rn. 1287ff。判断变更解雇是否具有社会正当性整体上分为两步,第一步是否存在经营原因、雇员本身原因或雇员行为原因导致不得不变更劳动合同,第二步再看变更本身是否违反法律、集体合同,又是否符合比例原则。具体到基于经营原因的变更解雇,法院应该看是否存在紧迫的经营需求导致雇主无法按照原来的劳动合同继续雇佣雇员,就此法院同样基于对"自由的经营决策"的尊重只进行有限审查。雇主为了避免径直发出基于经营原因的解雇而采取更为温和的手段,通过发出变更解雇的方式为雇员另行安排工作的,第一步判断变更原因基本没有问题,关键在第二步看另行安排的工作是否符合前述专业对口、条件大致相当等要求,详见 BAG23.6.2005, AP Nr. 81 zu § 2 KSchG 1969;BAG 10.9.2009, NZA 2010, 333;BAG 12. 8.2010, NZA 2011, 460。

重大变化"的解雇,在解雇之前最可能采取的更为温和的手段都是调整工作岗位,也都强调调岗应该公平合理,判断合理性的标准也大致相同。不过,通过前面的介绍可知,对于用人单位此时有单方调岗权还是需要和劳动者协商一致,我国的规定和实践有冲突,而且除了北京市提出"应该按照劳动合同对于工作岗位和调岗的约定,不同情况不同处理"之外,实践中处理得比较粗放,往往既不关心劳动合同对工作岗位的约定的具体程度,也不审查调岗条款的效力问题。在德国则要优先考察能否在劳动合同约定的框架内由雇主行使指示权调整雇员的工作岗位,无法调整时才通过与雇员协商变更劳动合同或者发出变更解雇的方式来实现。

第三,针对劳动合同的变更,在我国劳动者基本上只有同意和拒绝两条路可选。如果劳动者接受变更,那么他就失去了让法院来审查变更是否合法合理的机会,如果劳动者拒绝变更,那么他就面临着失业的危险,他只能按照我国《劳动合同法》第三十八条第一项以用人单位"未按照劳动合同约定提供劳动条件"为由解除劳动合同,[1]并主张经济补偿金,甚至他还有可能因为拒绝到新岗位去工作而被用人单位以"不服从工作安排"或者"旷工"为由按照《劳动合同法》第三十九条第二项解除劳动合同,[2]此时他连经济补偿金也拿不到。虽然理论上劳动者也可以先服从安排,比如到变更以后的新岗位报道,然后在一个月内提起劳动仲裁,主张用人单位违法变更劳动合同,要求按照原劳动合同履行,[3]但是由于缺乏明确的法律规定,实践中很少有劳动者选择这一路径。

相比之下,德国《解雇保护法》第二条所规定的变更解雇制度值得我们

---

[1] 相关案例例如广东省广州市中级人民法院(2017)粤 01 民终 1379 号,"周某与广州王府井百货有限责任公司劳动争议案",案件源自威科先行数据库。

[2] 相关案例例如山东省聊城市中级人民法院(2017)鲁 15 民终 1203 号,"李某、聊城宏运房地产开发有限公司劳动争议案",案件源自威科先行数据库。

[3] 《最高人民法院关于审理劳动争议案件适用法律若干问题的解释(四)》第十一条规定,"变更劳动合同未采用书面形式,但已经实际履行了口头变更的劳动合同超过一个月,且变更后的劳动合同内容不违反法律、行政法规、国家政策以及公序良俗,当事人以未采用书面形式为由主张劳动合同变更无效的,人民法院不予支持"。

学习,变更解雇制度既保护了劳动合同的内容免受不具备社会正当性的变更,又通过在同意、拒绝之外为雇员创设"有保留地接受"的第三条路径维持了劳动关系的存续,保障了适度的弹性空间。如果我国确立类似变更解雇的制度,那么劳动者就可以既不用牺牲工作岗位,又能够让劳动仲裁、法院来审查变更是否合法、合理,对于用人单位而言,则一方面降低了违法解除的风险,另一方面也可以解决前述规则与实践冲突的问题,明确在客观情况发生重大变化时用人单位拥有单方变更权,但是劳动者可以选择"有保留地接受"变更并提请劳动仲裁、法院对变更进行审查,这种安排有利于避免劳动关系过于刚性而走向"破裂",兼顾灵活与正义。

## 第三节　典型情形解析

1994 年 9 月 5 日公布的《关于〈劳动法〉若干条文的说明》所列举的典型的"客观情况发生重大变化"的情形只有"企业迁移、被兼并、企业资产转移",此规定不仅列举的情形相当有限,而且已经部分与《劳动合同法》不符,不应继续适用。[1]各地的司法实践总结了一些经验,但是其理解往往大相径庭,比如前面已经提到过,北京市高院和广东省高院对于何种"企业迁移"构成"客观情况发生重大变化"的解答就有很大差异。总之,实践中"客观情况发生重大变化"的情形比较丰富,除了"搬迁、停产、转产、重大技术革新、经营方式调整"等已经在"经济性裁员的裁员事由"一章中详细分析过以外,还有以下几种典型情形值得讨论,为了增加法律的可预见性和稳定性,将来修法时也可以考虑直接在法条中增加列举若干新的典型情形。

---

[1] 有学者指出,随着我国社会经济发展的变化,尤其近年来我国进入经济新常态,产业结构和产业政策不断调整变化,导致企业经营环境也受到较多的影响,因此,对于"客观情况发生重大变化"的理解不能拘泥于原劳动部 1994 年的解释,需要根据个案的具体情况由仲裁员或法官作出更为客观准确的解释,以适应社会经济发展的变化。林嘉:《劳动法的原理、体系与问题》,法律出版社 2016 年版,第 211 页。

## 一、合并、分立、股权收购、资产收购

"兼并"或者"并购"都不是严格意义上的法律概念,更为准确的表述应该是合并、分立和收购。其中收购是指通过购买其他公司的股权或资产等手段,实现公司在业务范围、资产结构等方面的重大变化,[1]因此也可以分为股权收购和资产收购。我国《公司法》对合并、分立和股权收购都有相关规定,却未直接涉及资产收购,同样,《劳动合同法》也只针对前三者对劳动合同的存续问题作出了安排。《劳动合同法》第三十三条规定,"用人单位变更名称、法定代表人、主要负责人或者投资人等事项,不影响劳动合同的履行",股权收购的基本原理是公司股权转让,股权转让如达到一定比例,或者辅以其他控制手段,通常会导致公司控制权转移,可见股权收购属于"投资人变更"的情形,只改变了目标公司的所有者结构,不直接影响目标公司的法人人格,[2]劳动合同的当事人没有发生变化,所以原劳动合同继续履行是应有之义。根据《劳动合同法》第三十四条,"用人单位发生合并或者分立等情况,原劳动合同继续有效,劳动合同由承继其权利和义务的用人单位继续履行",针对的是合并、分立,劳动合同主体变化的同时劳动合同内容不变、继续履行。

这种"强制继受"的模式,有利于保持劳动关系的稳定,优先保障了劳动者的职业安定,但是该规定也存在不少问题。比如有学者指出,该模式排除了劳资自主决定的空间,有过于刚性之嫌,并购将改变用人单位的经营、资产、投资人等状况,特别是在并购的决定是用人单位单独作出并且缺乏保障劳动者参与的机制的情况下,将影响相关劳动者的预期和利益实现,即使并购后原有劳动条件得以维持,也可能出现作为继受者的用人单位发展前景差、经营能力弱、责任承担能力缺乏等情形,此时劳动者的预期落空、利益受损,虽然可以依据《劳动合同法》第三十七条行使预告解除权,但是却不能主

---

[1]　王军:《中国公司法》,高等教育出版社 2015 年版,第 436 页。
[2]　王军:《中国公司法》,高等教育出版社 2015 年版,第 439 页。

张经济补偿金。国内已经发生多起由并购引发的劳资冲突,导火索之一便是劳动者不接受现行制度安排,主动要求买断工龄和获得经济补偿金,比如,2013 年 11 月 19 日,由于认为在诺基亚向微软出售手机业务的过程中未能获得合理经济补偿,诺基亚东莞制造工厂的员工进行了大规模的抗议活动,约有数百人停止工作。员工在园区内的空地上打出了维权横幅。① 所以应当引入劳动者的"工作选择权"或称"异议权",② 就此可以借鉴德国《民法典》第六百一十三(a)条关于"企业转让"(Betriebsübergang)的规定,根据该条第五款,每个相关的雇员都有权了解企业转让的时间和原因以及企业转让在法律、经济和社会等方面会对雇员产生什么影响,就此雇主打算采取什么措施等信息,在保障了雇员的知情权后该条第六款规定了雇员的工作选择权,从信息告知书送达之日起一个月内雇员可以以书面形式反对自己的劳动关系转移到受让人那里,雇员表示反对的后果是劳动关系不发生转移,但是他可能面临失业的危险,因为转让人可以主张没有继续雇用他的可能性,从而基于经营原因解雇他。

资产收购的收购方通常不只是购买出售方的单项财产,比如房产、设备、专利权,为实现重组业务的目标,交易标的通常是包含多种财产和财产权的资产集合,收购标的在实务中常常被表述为"经营性资产",其实质是一个或者若干营业单位。③ 现行法并未对资产收购时的劳动关系承继问题作出安排,实践中用人单位主张存在"客观情况发生重大变化"从而依据《劳动合同法》第四十条第三款解除劳动合同的,法院往往予以认可。比如,前述"巴斯夫(中国)有限公司与李某劳动合同纠纷案"中,由于所有纺织化学品业务被收购,巴斯夫公司从事纺织化学品业务的工作岗位全部被撤销,包括

---

① 新浪科技:诺基亚东莞工厂出现罢工抗议活动,载新浪网 http://tech.sina.com.cn/t/2013-11-19/12028927381.shtml。

② 沈建峰、姜颖:《论企业并购时劳动关系的存续》,《中国劳动》2014 年第 6 期;潘峰:《企业并购中的劳动合同承继研究》,《福建江夏学院学报》2015 年第 3 期;叶姗:《企业并购中雇员的工作选择权》,《法商研究》2017 年第 1 期。

③ 王军:《中国公司法》,高等教育出版社 2015 年版,第 437 页。

李某所担任的纺织特性化学品部销售副经理岗位,法院认为,此情形属于劳动合同订立时所依据的客观情况确实发生了重大变化,导致劳动合同无法继续履行。①劳动关系的承继制度未覆盖资产收购,这是现行法的缺陷,劳动关系的基本特点在于劳动者对于用人单位的依附性,劳动者对于用人单位的依附也体现为对用人单位提供的生产经营条件的依附,如果特定资产作为生产经营的整体被收购从而构成营业转让,那么,依附于特定生产条件的劳动关系按道理也应该随之转移到收购方,由其承继。②这一缺陷也可能使得用人单位能够"金蝉脱壳",不仅顺利"摆脱"劳动者,还逃避对劳动者的义务,比如通过关联公司低价收购其经营性资产,再用"客观情况发生重大变化"为由解除劳动合同,而此时用人单位可能已经丧失了承担对劳动者义务的能力,甚至连经济补偿金都难以支付。为了修正这一缺陷,应该借鉴德国《民法典》第六百一十三(a)条第一款的规定,即"企业或者企业的一部分因法律行为而转让给另一企业主的,另一企业主承继基于企业转让时存续的劳动关系而发生的权利和义务",③将劳动关系承继的规则扩大使用到资产并购。

需要明确的是,合并、分立、收购本身不能构成解雇事由,但是其经济目标通常是扩大规模、消灭竞争对手、跨区域竞争、进入新行业、整合资源、追求协同效应等,④所以在合并、分立、收购的前后用人单位往往会采取转产、组织结构变化、经营方式调整等措施,用人单位基于这些原因解除劳动合同的权利并未被剥夺。德国《民法典》第六百一十三(a)条第四款就此有明确的规定:"原雇主或新雇主因企业或者企业的一部分的转让所作出的解除劳动关系的意思表示无效,由于其他原因而解除劳动关系的权利不受影响。"

---

① 上海市浦东新区人民法院(2015)浦民一(民)初字第 39961 号,"巴斯夫(中国)有限公司与李某劳动合同纠纷案",案例源自中国裁判文书网数据库。
② 沈建峰、姜颖:《论企业并购时劳动关系的存续》,《中国劳动》2014 年第 6 期。
③ 详见[德]沃尔夫冈-多伊普勒:《德国劳动法》,王倩译,上海人民出版社 2016 年版,第 299 页及以下。
④ 王军:《中国公司法》,高等教育出版社 2015 年版,第 422 页。

虽然我国法律条文中没有类似规定,但是司法实践基本也是这样操作的。比如,前述"谭某诉西图建筑工程(上海)有限公司劳动合同纠纷案"中,用人单位所隶属的美国西图集团与英国合乐集团签订合并协议,因此,用人单位作为美国西图集团的子公司与作为英国合乐集团的子公司合乐咨询(深圳)有限公司上海分公司开始进行各部门的合并和结构调整,由于此次调整,谭某的工作岗位与合乐咨询(深圳)有限公司上海分公司现有的工作岗位设置重复,导致用人单位撤销该工作岗位,用人单位基于《劳动合同法》第四十条第三款发出解雇,法院确认存在"客观情况发生重大变化"的情形。①

又比如,"陆某与上海江天实业有限公司劳动合同纠纷案"中,陆某在从事酒店经营的江天公司担任销售总监一职,根据 2008 年 4 月 9 日上海振华港口机械(集团)股份有限公司第四届董事会第十一次会议决议公告,审议通过《关于本次非公开发行涉及重大关联交易的议案》,其中,对关联交易的概述为"振华港机采用向中交股份非公开发行股票的方式收购中交股份拥有的中交上海港口机械制造厂有限公司 100%股权及上海江天实业有限公司 60%股权",根据振华港机 2008 年度第一次临时股东大会会议资料显示,"江天实业的主要资产是江天大厦,主要业务是位于江天大厦内的江天宾馆的酒店经营业务,江天大厦与振华港机主要办公场所相邻,振华港机于本次购买资产后拟将江天大厦改建成公司的科研及办公大楼,加大研发投入"。江天公司以经营方向变化为由解除了劳动合同,虽然陆某提出本案是股权收购,并不属于劳动合同订立时所依据的客观情况发生重大变化致使劳动合同无法履行的情形,但是法院仍然认为,可以确认江天实业的经营方向发生了变化,江天实业原来从事的主业是酒店经营,原场所的用途现在要变更,成为办公场所和科研场所,所以在新的营运模式下,陆某原从事的销售总监的工作岗位已经消失,订立劳动合同时所依据的客观情况发生了重大

---

① 上海市浦东新区人民法院(2014)浦民一(民)初字第 2314 号,"谭某诉西图建筑工程(上海)有限公司劳动合同纠纷案",案件源自北大法宝数据库。

变化,致使双方的合同无法履行。[1]

## 二、组织结构调整

因为组织结构调整撤销劳动者的岗位,用人单位依据《劳动合同法》第四十条第三项解除劳动合同,也是实践中经常出现的情形。用人单位的组织结构调整既包括纵向的部门合并、撤销等变化,也包括横向的层级削减、重置等调整,目的可能在于业务领域、经营方向变化而调整部门职能,也可能是为了优化管理结构、减少冗员、降低成本。由于在组织结构调整中,用人单位的主观能动性较大,有较大的人为操纵的空间,比较容易成为"编造的解雇理由",所以司法实践中对于在组织结构调整的情况下用人单位能否基于"客观情况发生重大变化"解雇有较大的争议。

比如,在"吴某与苏州西门子电器有限公司经济补偿金纠纷案"中,西门子德国总部 2012 年 7 月在全球推行消减成本、调整组织框架的计划,要求旗下各公司优化运营结构,消除冗余岗位,提高效率,与之相对应,西门子电器公司作为子公司为服从总部的统一指挥及安排,推行"冰山"项目,依照中国总部及董事会的要求撤销了 MD5 部门,MD5 机加工区电火花工序被取消,吴某所从事的电火花工序岗位也属于被撤销岗位之一,法院认为,该变化并非西门子公司恶意为之,属于不以西门子公司主观意志为转移的客观情况,符合法律规定的劳动合同订立时所依据的客观情况发生重大变化致使劳动合同无法履行的情形。[2]然而,"西得乐机械(北京)有限公司与李某劳动争议案"中,虽然西得乐公司也是主张所属的国外集团受到全球经济形势的影响和产业需求的变化进行全球性的结构重组,从而进行了相应的业

---

① 上海市第一中级人民法院(2009)沪一中民一(民)终字第 4161 号,"陆某与上海江天实业有限公司劳动合同纠纷案",案件源自北大法宝数据库。

② 江苏省苏州市中级人民法院(2015)苏中民终字第 00430 号,"吴某与苏州西门子电器有限公司经济补偿金纠纷案",案件源自中国裁判文书网。

务和组织机构调整，导致李某的岗位被裁撤，但是法院认为此调整并非法律规定的劳动合同订立时所依据的客观情况发生重大变化。[①]类似的还有"高丝化妆品销售（中国）有限公司与易某劳动合同纠纷案"，因外部商业环境的客观变化，电子商务迅速发展对公司业务造成非常大的影响，为了应对亏损公司对组织架构和人员进行调整，易某所在的北京分公司直营百货渠道与经销渠道进行了合并，重新配置相应的岗位，易某所担任的直营百货渠道的美容培训主任岗位被撤销，但是法院认为，可以按照《劳动合同法》第四十条第三项解除劳动合同的情形指因不可抗力或出现致使劳动合同全部或部分条款无法履行的其他情况，如自然条件、企业迁移、被兼并等，本案中公司主张的情况系公司面临经营风险作出的相应调整，是公司的商业决定，不属于上述法定情形。[②]

之所以出现这样的分歧，归根到底还是因为部分观点对"客观情况发生重大变化"的理解有偏差，过分强调其外部性、客观性。前面已经论述过，类似市场业务、原材料和能源、经营方式、技术水平等，都是双方签订劳动合同时所依据的客观条件，其变化有可能是外部的、客观的因素导致的，比如国际金融危机导致的外贸工厂的订单大幅缩减，也有可能是内部的、主观因素导致的，比如公司决定转变营销渠道、从线下转为线上。即使是外部的、客观的因素导致的客观情况发生重大变化，也不是直接就导致劳动合同无法继续履行，其中也有一个"隐藏的环节"包含着内部的、主观因素，即用人单位因此作出经营决策，比如基于全球经济形势的影响和产业需求的变化，跨国集团的母公司决定进行全球性的组织结构调整，中国的子公司也要决定是否完全执行全部调整计划，如何结合本土情况采取哪些具体的调整措施。总之，"客观情况发生重大变化"，其诱因可能在"外"，也可能在"内"，用人单位的经营决策有的是被动适应，有的是主动调整，所以，用人单位即使是基

---

① 北京市第二中级人民法院（2017）京02民终8592号，"西得乐机械（北京）有限公司与李某劳动争议案"，案件源自威科先行数据库。

② 上海市虹口区人民法院（2016）沪0109民初6097号，"高丝化妆品销售（中国）有限公司与易某劳动合同纠纷案"，案件源自威科先行数据库。

于业务领域调整、营销手段变化、成本利润浮动等方面的原因而调整组织结构、合并撤销相关部门,从而裁减某些岗位,也应当认定为"客观情况发生重大变化"。[1]

然而,我们确实应该注意到,在组织结构调整中用人单位的主观能动性较大,"企业内的原因"与经营决策可能重合,为了避免用人单位自创解雇事由,司法实践中确实应该进行审慎的考察,适当地提高对用人单位举证方面的要求。我们应该要求用人单位就该组织结构调整的合理性、必要性举证,说明其作出经营决策的出发点和客观依据。组织结构调整的诱因来自外部的,比如由于国家环境保护的要求必须停止某类污染较大的产品的生产,又或者监管部门整治互联网金融、禁止众筹平台自筹,用人单位因此撤销合并相关部门,其合理性、必要性较为明显,举证也相对容易。组织结构调整的诱因来自内部的,则对用人单位的举证要求较高,例如,某公司主张内部管理层级太多,导致了组织庞大、指令传达困难、冗员多、官僚化等问题,从而针对性地削减某些层级、合并某些机构,那么公司应该证明这些事实的存在,并且证明采取这些措施之后,确实组织结构运转更为灵活,管理效率有明显提升,或者能够大幅减少相关成本。组织结构调整还应该针对用人单位整体架构,而不是局限于某些岗位,也就是出于全盘考虑,具有普适性,如果将用人单位撤销某些岗位的行为认定为组织结构调整,那么该经营决策基本就可以和解雇决定画等号了,相当于允许用人单位自创解雇事由,可能被滥用为打击报复员工的"幌子",显然不符合解雇保护的目的。另外,组织结构的调整还必须导致无法按照原劳动合同继续履行,也就是说组织结构调整必须导致了用工需求实实在在的变化,如果只是岗位名称发生了变化,重新"包装"了一下,或者职能仍旧保留,只是划归到了其他部门,比如把市场部关掉,相关工作放在营销部,却还是在完成开拓新兴市场领域、品牌建

---

[1] 《国际劳工组织第 158 号公约(劳动契约的终止)》是专门针对基于经营原因解雇而设定的条款,即"雇主因经济、技术、结构或其他类似理由而考虑解雇雇员时,雇主应为下列行为……",其中提到的解雇理由也包括结构的调整。

设和推广、媒体关系维护等工作,那么实质上就不存在用工需求的变化。

### 三、法律政策变化

由于我国正在全面推进依法治国,加快建设社会主义法治国家,法律的制定和修改比较多,改革开放也已经进入攻坚期、深水区,党的十八届三中全会审议通过《中共中央关于全面深化改革若干重大问题的决定》,相关改革措施涉及经济、政治、文化、社会、生态文明、国防和军队六个方面,政策的变化更为频繁,相应地,法律政策变化直接或者间接导致"客观情况发生重大变化"的情形也屡见不鲜,由于此种情况下变化的客观性、外部性比较明显,所以司法实践中基本都会认定存在"客观情况发生重大变化"。

少数情况下,法律政策的变化是直接的诱因,比如,"陈某与瑞安市塘下镇鲍田中学劳动争议"案中,鲍田中学属于瑞安市的公办初中,该学校聘用了陈某作为代课教师,从事英语教学工作并担任班主任,2011 年 9 月,教育部、人力资源和社会保障部、财政部、中央编办联合发布《关于妥善解决中小学代课教师问题的指导意见》,要求"各地要从实际出发,坚持着眼长远、以人为本、建立机制、边补边出、规范管理、优待退出、分类解决、逐步化解的原则,通过择优招聘、转岗使用、辞退补偿、纳入社保、就业培训等多种有效途径妥善解除代课教师问题",2012 年 4 月,浙江省教育厅、浙江省人力资源和社会保障厅等联合发布的《关于妥善解决现在岗中小学代课教师问题的指导意见》中对有关辞退补偿的规定同上述教育部等部门联合发布的《关于妥善解决中小学代课教师问题的指导意见》,并规定"严禁学校自行聘用代课教师,要求各地根据实际情况,制订切实可行的妥善解决现在岗中小学代课教师问题的工作计划和措施,力争至 2013 年消除 1 年以上长期代课教师现象",2013 年 1 月瑞安市教育局、财政局等单位联合发布瑞教政(2013)17 号《关于妥善解决现在岗公办中小学代课教师问题的实施意见》,就清退代课教师作出具体安排,法院认为,中央、浙江省及瑞安市都出台相关文件要求清退代课教师,鲍田中学按照上述文件精神,依据《劳动合同法》第四十条第三项与陈某解除劳动关系合法。①

　　大多数情况下,国家的法律政策变化只是间接原因,用人单位在法律政策变化的情况下采取了停产、转产、外包、搬迁等决策才是直接导致劳动合同解除的原因,比如,"董某与山东正元地球物理信息技术有限公司劳动争议案"中,董某 2014 年 3 月入职正元公司,从事地震安评事业部经理职务,2015 年 10 月国务院公开发布《国务院关于第一批清理规范 89 项国务院部门行政审批中介服务事项的决定》(国发〔2015〕58 号),该文件第 66 项规定不再要求申请人提供地震安全性评价报告,改由审批部门委托有关机构进行地震安全评价,2015 年 11 月中国地震局发布《中国地震局中震防发〔2015〕59 号文件》,文件载明要认真贯彻落实国发 58 号文件要求,在开展抗震设防要求确定行政审批时,不再要求申请人提供地震安全性评价报告。由于受此影响地震安评业务市场将急剧萎缩,2015 年 12 月正元公司将地震安评事业部解散,之后正元公司与董某就变更或解除劳动合同进行协商,双方发生争议,法院认定,由于国家政策变化正元公司解散了董某任职部门,董某与正元公司双方签订聘用合同时所依据的客观情况发生了重大变化,致使该合同的内容不能继续履行。②

---

　　① 浙江省温州市中级人民法院(2014)浙温民终字第 1528 号,"陈某与瑞安市塘下镇鲍田中学劳动争议案",案例源自中国裁判文书网。

　　② 山东省济南市中级人民法院(2017)鲁 01 民终 4661 号,"董某与山东正元地球物理信息技术有限公司劳动争议案",案例源自中国裁判文书网。

# 第四章　经济性裁员中的劳资协商

## 第一节　劳资协商的重要作用

在经济性裁员过程中要求劳资双方进行协商,不仅有利于保障裁员所涉的单个劳动者的权益,而且也在某种程度上体现了职工参与的思想,还有助于增进劳资沟通与互信,疏解劳资矛盾,减少劳资纠纷,预防群体性事件。

首先,基于资本的逐利本能,企业在进行裁员时,无疑会将效益最大化作为自己的行动指针而极少站在劳动者的立场上考虑问题,作出的决定也难免会片面与武断,并因此损害劳动者的切身利益。[1]单个的劳动者往往独木难支,缺乏维护自己权益的途径和能力,甚至难以及时获悉相关资讯,新闻报道中经常出现"闪电裁员"的场景,即劳动者上班当天忽然收到通知,才知道自己被裁员,有时候甚至被勒令立即收拾私人物品离开工作场所,证件、密码和门禁卡等立即作废。[2]通过劳资协商程序的安排,工会或者职工代表可以作为劳动者的集体利益代表参与到裁员的过程中,能够及时了解

---

[1]　张在范:《劳资协商的引入与我国经济性裁员制度的重塑》,《江苏社会科学》2009 年第2 期。

[2]　比如黄荣:"沃尔玛中国闪电裁员引争议",载搜狐网 http://business.sohu.com/20141206/n406709535.shtml;罗国平:"汉能将在两月内裁员近半、刚发布 500 亿私有化方案",载财新网 http://companies.caixin.com/2018-11-06/101343622.html。

与裁员相关的信息,从而尽早作出相应安排,比如寻找新的岗位,或者为维权作好准备。集体协商也能够为劳动者争取到尽可能多的好处。比如,《企业裁减人员规定(征求意见稿)》第五条规定,企业可以在裁员前与工会或者职工代表协商,采取转岗培训、技能提升培训、减少工作时间、调整工资、轮流上岗等措施尽量不裁员或者少裁员。又比如,工会或者职工代表可以在协商中为被裁减人员争取超过法定标准的、更为优惠的经济补偿方式和标准。另外,裁员不仅涉及用人单位与个别劳工之间的利益冲突,更涉及同一个用人单位的多数劳动者彼此之间的利益冲突,这种利益冲突涉及多数劳动合同之间重复发生的同质性的劳动保护问题,以及整体就业资源分配的公共问题,需要依赖于集体活动秩序方可化解,[1]比如通过劳资协商可以在法定框架内商讨确定被裁减人员的选择标准、权重衡量和例外排除等问题。

其次,经济性裁员中的劳资协商环节也体现了职工参与[2]的思想。典型代表就是德国《企业组织法》所搭建的体系,企业职工委员会在社会事务、人事事务和经济事务上拥有不同层次的各种参与权,[3]比如发生规模性裁员时,雇主不仅要针对组成裁员的单个解雇行使人事事务上的参与权,即按照德国《企业组织法》第一百零二条的规定听取企业职工委员会的意见,而且还要按照德国《解雇保护法》第十七条的规定,针对裁员及时告知企业职工委员会相关信息,并且还有义务与企业职工委员会协商如何避免或减少裁员、缓解裁员带来的负面影响。另外,相关情形构成《企业组织法》第一百一十一条意义上的"企业重大变动"的,还会触发企业职工委员会在经济事务上的参与权,即雇主还有义务按照就企业重大变动本身与企业职工委员会协商,尽力达成"利益平衡约定",就企业重大变动给雇员造成的福利和人事上的不利后果,雇主还必须与企业职工委员会签订"社会计划"。

---

① 熊晖:《解雇保护制度研究》,法律出版社 2012 年版,第 159 页。
② 涉及职工参与的理论主要有企业自体理论、公司社会责任理论、利益相关者理论、人力资本理论和经济民主理论等,参见谢增毅:《职代会的定位与功能重塑》,《法学研究》2013 年第 3 期。
③ 详见[德]沃尔夫冈-多伊普勒:《德国劳动法》,王倩译,上海人民出版社 2016 年版,第 85 页及以下。

我国《劳动合同法》《公司法》《工会法》《集体合同规定》和《企业民主管理规定》对于集体协商和职工民主管理也有系列规定,也体现了将劳动者视为生产伙伴、让劳动者参与经营的思想。不过,经济性裁员中的劳资协商在我国究竟属于集体协商的范畴,还是应该归入职工民主管理的项下,并不清楚。从法条上看,经济性裁员是用人单位在经济上、技术上、结构上的重大变化导致的,例如停产、搬迁、重大技术改造,需要通过职工代表大会听取劳动者意见,而经济性裁员的结果是在短时间内大批量辞退多名劳动者,这是重要的集体协商的事项,但是无论是前者还是后者,都可能涉及职工的切身利益,都属于经营管理的重大事项,所以不能完全交由用人单位单方决策,应该通过劳资协商使得劳动者的意志对用人单位的意志发挥制约作用。

最后,通过经济性裁员过程中劳资双方的协商,也有利于促进沟通互信、化解矛盾冲突、减少劳资纠纷。在前述"闪电裁员"的情形下,用人单位不仅是单方解除了尚未到期的劳动合同,而且事先毫无预告和沟通,劳动者没有任何预期地被"扫地出门",往往有一种被欺骗、被抛弃的感觉,劳资矛盾很容易激化,而且失望、愤怒的劳动者聚集在一起维权,往往会导致群体性纠纷,甚至造成不良的社会影响。相反,通过劳资协商,用人单位可以让劳动者了解生产经营的具体情况,理解经济性裁员的必要性,有利于劳动者减少抵触情绪、体谅用人单位的难处,而且劳动者也可以在协商过程中与用人单位"讨价还价",比如为了避免裁员而接受削减福利、减时减薪等妥协方案,又比如在裁员无可避免时主张额外补偿,双方不会因为缺乏信息、沟通不足而导致误判,最后落得双输的局面,而且双方可以在正常的渠道内提出诉求、相互博弈,不容易导致"矛盾溢出"、冲击社会秩序。[①]

---

[①] 另外,集体劳动关系调整采用合作博弈的方式,有效缓冲个别劳动关系调整带来的直接冲突,可以使个别劳动关系变得更加确定和可预期,节省用人单位与劳动者逐个博弈的成本,从而减少个别劳动争议的发生。《劳动与社会保障法学》编写组:《马克思主义理论研究和建设工程重点教材——劳动与社会保障法学》,高等教育出版社2017年版,第153页。

## 第二节　规定和实践

### 一、现行规定导致的疑惑

我国《劳动合同法》第四十一条的对于经济性裁员的程序性规定与《劳动法》第二十七条相比几乎没有变化，可谓相当简单，"用人单位提前三十日向工会或者全体职工说明情况，听取工会或者职工的意见后，裁减人员方案经向劳动行政部门报告，可以裁减人员……"相比之下，原劳动部1994年11月4日颁布的《企业经济性裁减人员规定》第二条规定得较为详细，"用人单位确需裁减人员，应按下列程序进行：（一）提前三十日向工会或者全体职工说明情况，并提供有关生产经营状况的资料；（二）提出裁减人员方案，内容包括：被裁减人员名单、裁减时间及实施步骤、符合法律、法规规定和集体合同约定的被裁减人员经济补偿办法；（三）将裁减人员方案征求工会或者全体职工的意见，并对方案进行修改和完善；（四）向当地政府行政部门报告裁减人员方案以及工会或者全体职工的意见，并听取劳动行政部门的意见；（五）由用人单位正式公布裁减人员方案，与被裁减人员办理解除劳动合同手续，按照有关规定向被裁减人员本人支付经济补偿金，出具裁减人员证明书"。[①]不过，

---

① 有些地方的裁员细则照搬了该规定，但是也有些地区规定得较为细致，比如宁波市原劳动与社会保障局等单位2009年5月25日公布的《企业裁员操作指引》中，针对"向职工说明情况、听取职工意见"这个环节规定："企业在完成裁员前准备工作后，方可启动裁员程序……召开全体职工（代表）大会，向职工说明情况，听取全体职工对裁员预案的意见。召开会议前应当书面通知全体职工，告知会议日期和地点；会议日期应当安排在职工被正式解除劳动合同之日的30日前，对无法取得直接联系的职工应当采取其他有效方式（如挂号信函、邮政专递等）通知其本人。职工进入会场时应书面签到备查，向职工说明情况主要是说明裁员背景（一般包括经营情况和资本状况或企业转产、重大技术革新、经营方式调整、客观经济情况发生重大变化等与裁员条件相关的情况，以及企业为避免裁员已采取的有效措施等）和裁员方案的具体内容和操作步骤。企业应当制作会议记录，收集职工意见和建议；会后应当对职工所提意见和建议进行梳理和分析，并根据不同情况采取不同的方式进行反馈和沟通。经充分听取意见，由企业与工会或职工代表采取平等协商等方式，共同认真修改完善裁员方案，正式确定裁员方案。"

整体上看,法院在判决中直接引用《企业经济性裁减人员规定》的较少,像"崔某与艺利磁铁(秦皇岛)有限公司劳动争议案"中的法院严格审查用人单位是否根据该规定实施经济性裁员的劳资协商程序的也较少。该案的一审法院指出:"首先,在公开告知的范围上看,被告只是在其中的一个生产车间内公示材料,由于不同车间之间不能替代混同,不同车间的工人不能自由流动。在其中一个车间公开,其他车间职工无法知道该情况,无法起到告知全体职工的作用。其次,从公示的材料内容上看,公开的内容没有达到法律规定的要求。被告只是告知因为企业经营恶化,根据总部要求要进行经济性裁员,人员为 50 人,经济补偿标准按法律规定进行。被告没有提供反映企业经营状况的材料,没有公布被裁减人员名单、被裁减的依据、裁减实施步骤和裁减人员离职时间,没有经济补偿金的计算方法和数额。事实上,被告只是内部确定了裁减人员数额和名单,但没有公布,也没有提供、公开正式的明确经济裁员实施方案。再次,由于上述内容的缺失无法让劳动者知道自己的合法权益是否受到侵害,是否受到了不公平的待遇,没有办法提出自己针对性的建议和意见。因此,被告等同于没有征求全体职工意见和建议。除此之外,被告也没有履行针对职工意见建议对裁员方案进行修改和完善的程序。综上所述,被告张贴的材料,在公开的范围上,没有做到向全体职工公开告知;在内容上,没有告知企业经营状况的材料,没有公开法律规定的实施方案;在实际结果上没有起到征求全体职工意见并根据意见修改完善方案的作用。被告没有完全履行经济性裁员的程序和义务,违反了法律的强制性规定。"[1]

上述规定仍然留下了诸多不明之处。首先,用人单位是公布裁员名单即可,还是需要向单个被裁减的劳动者发出解除通知?经济性裁员中用人单位向单个被裁减的劳动者发出的解雇还需要"预告"吗,即在解除通知中告知劳动者劳动合同将于三十天后解除,还是其解雇立即生效?"提前三十

---

[1] 河北省秦皇岛市中级人民法院(2016)冀 03 民终 2360 号,"崔某与艺利磁铁(秦皇岛)有限公司劳动争议案",案例源自北大法宝数据库。

天"是指在"向被裁减的劳动者发出解除通知"之前三十天，还是指在"劳动关系正式解除"之前三十天？经济性裁员当中，《劳动合同法》第四十三条所规定的"用人单位解雇之前必须通知工会，工会有权要求用人单位纠正违法、违约行为"还适用吗？其次，向"工会"或者"全体职工"说明情况、征求"工会"或者"职工"意见是否意味着用人单位可以在两者中任选？企业中设立了基层工会的，工会应该优先吗？企业中没有设立基层工会，那么用人单位可以转向上一级工会，比如集团工会、行业工会或者地方性工会吗？①如果以职工为说明情况、征求意见的对象，应该召开职工代表大会或者职工大会，还是也可以采取开座谈会、设置意见箱、由部门负责人收集意见等方式？②再次，用人单位有义务说明的情况应该涉及哪些方面、包含哪些内容？有关生产经营状况的资料是指哪些资料，比如劳动者能否要求查阅订单合同、财务账目，用人单位是否能够以保护商业秘密的理由予以拒绝？用人单位只是有义务征求意见，但是可以就裁减人员方案自行拍板，还是必须和工会或者职工代表就裁减人员方案进行平等协商达成一致？最后，用人单位不履行说明情况、听取意见程序，或者履行了该程序，但是有瑕疵，是否导致裁员违法？劳动者有什么救济途径，能不能采取集体行动？发生群体性劳动争议的，应该如何处理？

更加需要明确的还有，经济性裁员中的劳资协商在我国究竟属于集体

---

① 深圳市人民政府 1996 年 11 月 15 日公布的《深圳经济特区企业经济性裁减员工办法》第四条规定，"企业裁员应按下列程序进行：……（三）将裁员方案征求工会和员工代表的意见，并根据其提出的合理意见，对方案进行修改和完善……前款所称工会指企业工会，企业无工会的指行业工会，行业无工会的指深圳市总工会"。该规定现在已失效。

② 立法者似乎也没有明确要求，更加偏向于"因地制宜"，立法材料显示："有的企业中已建立了工会，有的企业中还没有建立工会。已经建立了工会的用人单位进行经济性裁员，可以选择向工会或者全体职工说明情况，并听取工会或者职工的意见。没有建立工会的用人单位进行经济性裁员，只有向全体职工说明情况，听取职工的意见。在修改的过程中，有的提出，有些企业规模比较大，为便于操作，建议将全体职工、职工修改为职工代表。考虑到经济性裁员中有些职工是裁减的，有些职工没有被裁减，如果是职工代表必然涉及职工代表的产生方式，比较复杂，反而不易操作。听取职工意见可以有多种形式，如座谈会、设置意见箱、部门负责人收集意见等。如果是职工代表反映的，也是职工意见，因此听取职工意见不需要修改。"参见全国人大常委会法制工作委员会行政法室编著：《中华人民共和国劳动合同法解读与案例》，人民出版社 2013 年版，第 171 页。

协商的范畴,还是应该归入职工民主管理的项下?

如果我们只看《劳动合同法》第四十一条的法条表述,"说明情况、听取意见"似乎属于职工民主管理的范畴,比如《公司法》第十八条规定:"公司依照宪法和有关法律的规定,通过职工代表大会或者其他形式,实行民主管理;公司研究决定改制以及经营方面的重大问题、制定重要的规章制度时,应当听取公司工会的意见,并通过职工代表大会或者其他形式听取职工的意见和建议。"按照中华全国总工会等六部门 2012 年 2 月 13 日联合制定出台的《企业民主管理规定》第十三条,"职工代表大会行使下列职权:(一)听取企业主要负责人关于企业发展规划、年度生产经营管理情况,企业改革和制定重要规章制度情况,企业用工、劳动合同和集体合同签订履行情况……提出意见和建议;审议企业制定、修改或者决定的有关劳动报酬……等直接涉及劳动者切身利益的规章制度或者重大事项方案,提出意见和建议;(二)审议通过集体合同草案……"①地方性规定以 2017 年 11 月 23 日修订的《上海市职工代表大会条例》为例,其第十条规定:"下列事项应当向职工代表大会报告,接受职工代表大会审议,并通过职工代表大会听取职工的意见和建议:(一)企事业单位的发展规划,年度经营管理情况和重要决策;(二)企事业单位制订、修改、决定直接涉及职工切身利益的规章制度或者重大事项,以及改革改制中职工分流安置、经济补偿等劳动关系变更的方案;(三)工会与企业就职工工资调整、经济性裁员、群体性劳动纠纷和生产过程中发现的重大事故隐患或者职业危害等事项进行集体协商的情况……企事业单位决定改制、合并、分立、搬迁、停产、解散、申请破产等重大问题,应当依照法律的规定,通过职工代表大会审议或者其他形式听取职工的意见和建议。"

然而,如果我们再看集体协商的相关规定会发现,我国原劳社部 2004 年 1 月 20 日出台的《集体合同规定》第八条所列举的十五项集体协

---

① 另外还需注意《企业民主管理规定》第十四条针对国企职代会的特别规定。

商的内容的第十项就是"裁员",地方性规定比如 2015 年 6 月 18 日修订的《上海市集体合同条例》第十五条则规定,"集体协商双方的任何一方均可以向对方以书面形式提出进行集体协商的建议。另一方在收到集体协商建议书之日起十五日内应当给予书面答复,拒绝集体协商的,应当有正当的理由。集体协商的任何一方因下列事项向对方提出集体协商建议的,另一方不得拒绝或者拖延:(一)需要裁减人员二十人以上或者裁减不足二十人但占企业职工总数百分之十以上的;(二)劳动纠纷导致群体性停工、上访的;(三)生产过程中发现存在重大事故隐患或者职业危害的"。①

看这些法条,似乎也可以理解成:就导致经济性裁员的例如停产、搬迁、重大技术改造等用人单位在经济上、技术上、结构上的重大变化,用人单位需要通过职工代表大会向劳动者说明情况、听取意见,而经济性裁员本身则是集体协商的对象。虽然我国与德国不同,集体协商与职工民主参与并没有界限分明,②二者在某些方面有一定重合与连接,③但是毕竟集体协商和职工民主管理还是作为两套并行的制度设计的,在主体、功能、权限等各方面还是有诸多不同,由于其归属模糊,因而从整体上看,经济性裁员中的劳资协商究竟应该走什么路径,应该按照什么规则来操作,出现问题适用什么救济方式,还不太明确。

---

① 对于用人单位违反《上海市集体合同条例》第十五条的规定,在职工方提出集体协商要求后,拒绝集体协商径直实施裁员的,该裁员是否有效,就此有不同观点,详见胡燕来:《解雇:人力资源法律实务指引》,法律出版社 2016 年版,第 224 页。

② 德国法中,集体合同与雇员参与管理属于集体劳动法的两大领域,相互独立。工会和企业职工委员会分属于不同层次上的雇员的集体利益代表机构。工会只存在于产业和地方层面上,负责在产业、区域的层面上和单个雇主或者雇主联合会进行集体谈判,签订关于工资、工时等方面的集体合同,有权在集体谈判破裂的时候组织罢工。企业层面上的雇员集体利益代表是企业职工委员会,代表企业所有雇员的利益,在企业经济、人事、社会事务各方面上具有强弱不同的知情权、参与权和共决权。企业职工委员会和工会之间没有上下级领导关系。详见[德]沃尔夫冈・多伊普勒:《德国劳动法》,王倩译,上海人民出版社 2016 年版,第 27 页及以下、第 63 页及以下。

③ 参见沈建峰:《个人自治、国家强制与集体自治在劳动关系协调中的互动——基于对德国劳动关系协调机制的梳理》,《中国人力资源开发》2015 年第 9 期。

## 二、裁审实践的现状与集体劳动法

实践中,部分裁审机关会严格审查经济性裁员的实体性条件和程序性条件是否都已满足,比如"肖某与珠海嘉勒斯比石膏制品有限公司劳动合同纠纷案"中,法院提出,"本案中,从实体而言,嘉勒斯比公司在其解除劳动关系之时并无充足证据显示其生产经营困难;从程序上而言,嘉勒斯比公司仅向劳动监察部门提交了裁员申请,却未有证据显示其已经向工会或者全体职工说明情况、听取工会或者职工对于裁员方案的意见。然而听取工会或者职工对于裁员方案的意见是经济性裁员程序的核心,用人单位与劳动者就裁员方案进行充分协商以消除误解和双方达成意见妥协,这也是经济性裁员程序设置的根本目的。根据本案的证据材料及已查明的事实,嘉勒斯比公司并未就裁员的具体方案或裁员所依照的具体标准与劳动者进行协商,这实际剥夺了工会或者劳动者对经济性裁员事项发表意见或者建议的权利,嘉勒斯比公司关于其因经济性裁员而合法解除的主张亦不能成立"。[①]

也有部分法院对于实体性条件控制比较严格,对于程序性条件审查比较宽松,比如"余某诉广州市番禺区旧水坑丰达电机厂劳动争议案",电机厂虽然于 2013 年 8 月设立了工会,但并未正常开展工作,因此在打算裁员时,电机厂于 2014 年 1 月 15 日向广州市番禺区大龙街工会工作委员会提交情况说明,称:"因以下原因确需裁减间接人员……"2014 年 1 月 16 日广州市番禺区大龙街工会工作委员会对此《情况说明》加具了"该厂情况属实"的意见,2014 年 1 月 23 日电机厂就裁员方案向广州市番禺区大龙街劳动和社会保障中心进行备案,2014 年 2 月 6 日电机厂解除了与余某的劳动关系,向余某支付了经济补偿金和额外一个月的工资。法院认为,"本案中,电机厂提供的统计数据、员工花名册、厂房平面图、退回厂房情况证明、营业执照等证

---

[①] 广东省珠海市中级人民法院(2014)珠中法民一终字第 469 号,"肖某与珠海嘉勒斯比石膏制品有限公司劳动合同纠纷案",案例源自威科先行数据库。

据,能够互相印证,形成证据链,从多方面反映出其经营和用工情况出现了明显变化,亦与本院向当地劳动部门的调查情况相符,故本院对此项陈述予以采纳,即电机厂具有经济性裁员的事实基础。关于裁员程序,电机厂已于实施裁员前向当地工会工作委员会说明情况,并向当地劳动行政部门备案,履行了法定程序。虽未能提前三十日,但电机厂在计付补偿金时向余某额外支付一个月工资,作出了相应补偿,对余某的实际权益没有造成损失,故不影响其法定程序的履行"。①

　　还有部分法院完全不重视经济性裁员的程序问题,用人单位在程序上明显"走过场"的,也视而不见,比如"鲁某与上海航星机械(集团)有限公司劳动合同纠纷案"中,2008 年 11 月,航星公司因生产经营发生严重困难决定裁员,并于 2008 年 12 月 8 日出台《裁员方案》,2008 年 12 月 10 日,航星公司通过召开工会代表大会第五次会议向工会宣读裁员方案并听取工会意见,2008 年 12 月 11 日,航星公司将《裁员方案》报上海市奉贤区劳动和社会保障局备案,2008 年 12 月 12 日,航星公司召开干洗项目裁员会议并在会上宣布了第一批裁员名单,其中就包括鲁某。虽然航星公司是在几天内走完了裁员程序,但是法院依旧认为,航星公司因生产经营发生严重困难,决定实行经济性裁员,在向工会说明裁员方案、听取工会意见后将裁员方案报劳动和社会保障局备案后实施裁员,符合法律规定。②

## 第三节　德国法中的劳资协商

　　前面已经提到,德国的职工参与制度非常发达,当出现规模性裁员时,

---

　　① 广东省广州市番禺区人民法院(2014)穗番法民五初字第 1037 号,"余某诉广州市番禺区旧水坑丰达电机厂劳动争议案",案例源自北大法宝数据库。
　　② 上海市第一中级人民法院(2010)沪一中民三(民)终字第 218 号,"鲁某与上海航星机械(集团)有限公司劳动合同纠纷案",案例源自北大法宝数据库。

也就是裁减①人数达到了德国《解雇保护法》第十七条第一款设定的门槛标准，"雇员总数在 21 人至 59 人之间的，裁减至少 6 人；雇员总数在 60 人至 499 人之间的，裁减至少 10% 的比例，绝对人数至少 25 人；雇员总数至少 500 人的，裁减至少 30 人"，不仅《解雇保护法》设定了雇主相应的告知、协商义务，而且《企业组织法》也赋予了企业职工委员会诸多参与权。需要指出的是，雇主负有相关义务以企业职工委员会的存在为前提，然而在德国并非所有企业之中都设立了企业职工委员会。根据汉斯伯克勒基金会在 2011 年公布的数据，雇员总数在 20 人以下的小型企业设立企业职工委员会的仅占 4.9%，雇员总数在 100 人以上 200 人以下的中型企业里面有企业职工委员会的比例为 14.7%，这个比例在雇员总数在 1 000 人以上的大型企业则高达 33.5%。②不过，根据《企业组织法》设立企业职工委员会的门槛并不高，只要企业中有选举权的雇员超过 5 人，有被选举权的雇员超过 3 人，③雇员就可以组建企业职工委员会，而在实践中，面临企业重大变动或者规模性裁员的威胁之时，经常会有雇员选择团结起来成立企业职工委员会予以应对，立法者也鼓励雇员组建自己的集体利益代表机构，发起选举的职工、选举委员会的成员以及参加选举的所有候选人都能享受特殊解雇保护。④

## 一、《解雇保护法》第十七条的规定

《解雇保护法》第十七条第二款规定，在进行规模性裁员之前，雇主有义

---

① 由于该条主要关注的是失业人数规模和对劳动力市场造成的冲击，所以该条所指的"裁员"(Entlassung)覆盖面甚广，不仅包括雇主基于经营原因发出的解雇，还包括雇主基于雇员个人原因、基于雇员行为原因发出的解雇，甚至也包括在雇主促使之下雇员自行辞职或者与雇主协商一致解除劳动合同的情形。

② 详见 Greifenstein/Kißler/Lange，"Trendreport Betriebsratswahlen 2010"(2010 年企业职工委员会选举趋势报告)，载汉斯伯克勒基金会官网 http://www.boeckler.de/pdf/p_arbp_231.pdf。

③ 此处指的是企业职工委员会的选举权和被选举权，只要年满十八岁就有选举权，要获得被选举权，该雇员除了年满十八岁以外还得至少有半年的企业工龄。

④ 详见王倩：《德国特殊解雇制度及其启示》，《德国研究》2014 年第 2 期。

务及时告知企业职工委员会与裁员相关的信息,特别是涉及裁员事由、拟裁减人员的数量与所属职业种类、企业中正常情况下雇用的员工人数与所属职业种类、拟进行裁员的时间段、挑选拟裁减人员的标准、计算可能的经济补偿金的标准等资讯,雇主还有义务与企业职工委员会协商,如何避免或减少裁员,如何缓解裁员带来的负面影响。雇主未依法履行告知、协商程序将导致裁员无效。[1]

　　雇主应当及时履行告知义务,虽然法条里提到了"两个星期",但是这属于底线性规定,主流意见认为,雇主在作出将会导致规模性裁员的经营决策之后就应该马上通知企业职工委员会,以便双方有充足的时间就裁员替代方案等可能性进行协商。[2]告知应该采取书面形式,告知的内容至少应该包含法条明确提及的五个方面。裁员事由应该与雇主之后发出解雇的事由保持一致,对于拟裁减人员的数量与所属职业种类雇主可以给出一个估算值,企业中正常情况下雇用的员工人数与所属职业种类则据实告知即可,拟进行裁员的时间段是指雇主计划之后发出解雇的时间,挑选拟裁减人员的标准可以涉及专业能力、个人情况等各方面。[3]就协商义务而言,雇主应该以严肃的态度与企业职工委员会进行商谈,听取其建议意见,比如是否可以另行安置拟裁减的雇员或者向他们提供相关培训。雇主只需履行诚信协商义务即可,并不一定要和企业职工委员会达成一致,企业职工委员会可以就规模性裁员出具意见,但是没有义务出具意见,企业职工委员会未出具意见的,雇主应该证明自己至少在两个星期以前已经通知了企业职工委员会并与它就相关事宜进行了协商。规模性裁员本身构成企业重大变动的,或者企业重大变动导致规模性裁员的,雇主还负有按照德国《企业组织法》第一百一十一条、第一百一十二条与企业职工委员会就利益平衡约定和/或社会计划进行协商的义务,

---

[1] BAG 2012. 12. 13,AP Nr. 44 zu §17 KSchG 1969;ErfurterK/Keil,13. Auflage,§17 KSchG Rn.19.

[2] KDZ/Deinert,9.Auflage,§17 KSchG Rn. 39.

[3] ErfurterK/Kiel,13. Auflage,§17 KSchG Rn.21f.

虽然该协商义务与《解雇保护法》第十七条所规定的协商义务有重合的地方，但两者不能相互免除替代，不过实践中雇主可以把两者的程序结合起来、同步进行，只需要表明自己在履行哪一部法律的哪个义务即可。①

为了保障企业职工委员会与劳动事务所之间的信息互通，《解雇保护法》第十七条第三款第一句规定，雇主有义务将书面告知企业职工委员会的信息同时抄送给劳动事务所一份。该条款第二句还规定，雇主向劳动事务所报告解雇计划时，该报告应该同时附上企业职工委员会的意见，如果没有附上企业职工委员会的意见，那么雇主应该证明自己至少在两个星期以前已经通知了企业职工委员会并与它就相关事宜进行了协商。该条款第六句又规定，雇主向劳动事务所报告的信息也应该抄送给企业职工委员会一份。

## 二、《企业组织法》第一百一十一条及以下规定

如果规模性裁员本身构成"企业重大变动"（Betriebsänderung），或者企业重大变动导致规模性裁员的，比如搬迁、停止经营、重大技术革新等，而且企业中有选举权的雇员超过 20 名，那么雇主根据《企业组织法》第一百一十一条及以下规定有义务与企业职工委员会就企业重大变动进行协商，尽力达成"利益平衡约定"（Interessenausgleich），并且有义务签订"社会计划"（Sozialplan），弥补或者减少企业重大变动对雇员的不利影响。②由于企业重

---

① APS/Moll, 4. Auflage, Vor § 17 KSchG Rn. 20.
② 需要注意的是，根据《企业组织法》第一百零六条，在雇员人数超过 100 名的公司中，应该设立"经济委员会"（Wirtschaftsausschuss）。经济委员会是企业职工委员会的辅助机构，它应该和雇主就公司的经济事项进行讨论，并就相关情况向企业职工委员会通报信息、提供咨询。德国《企业组织法》第一百零六条所列举的十二种情形几乎包括了所有直接（比如企业的人员合理化措施）或者间接（比如公司的财政状况）与雇员相关的经济事务。企业职工委员会的知情权受限于它能够行使参与权的事项，而经济委员会的知情权的覆盖面要更广，能够查阅的资料更多，获取相关信息的时间往往也比企业职工委员会更早。构成《企业组织法》第一百一十一条意义上的企业重大变动的情形都属于《企业组织法》第一百零六条所列举的雇主有义务与经济委员会讨论的经济事项，所以，如果既存在企业职工委员会，又存在经济委员会，那么雇主有义务通知这两个委员会，但是雇主一般是在比较确定将进行企业重大变动时通知企业职工委员会，而告知经济委员会则应该在更早的初步筹划阶段。

大变动将导致劳动条件的重大变化,甚至导致劳动岗位的丧失,所以立法者要求雇主在筹划阶段穷尽与企业职工委员会协商的程序,且通过强制性的社会计划弥补企业重大变动对雇员造成的损失,有利于雇主在作出相关经营决策时顾及雇员的需求,更好地平衡两者之间的利益。

(一) 企业重大变动

德国《企业组织法》第一百一十一条第三句列举了企业重大变动的五种典型情形:整个企业或者重要的企业部门停止经营或者缩小经营规模;搬迁整个企业或者重要的企业部门;与其他企业合并或者分立企业;根本上改变企业组织、企业目的或企业设备;引进全新的劳动方法与工艺流程。[①]该列举并非完整列举,完全可能存在其他给全部或者大多数雇员带来重大不利后果的企业变动,判断时主要从"质"和"量"两方面入手,考察其变化的深度和影响的广度。[②]另外,有时企业重大变动可能同时符合两个或多个情形,比如引入全新的生产设备,同时劳动方法和工艺流程也发生了实质性变化。需要注意的是,企业缩小经营规模一般表现为,雇主在削减或者出售企业或者重要企业部分的产能的过程中解雇变得"多余"的雇员,其间往往伴随着出售机器、外包业务等,比如某工厂关闭了三条流水线、卖掉了两辆运输车,辞退了 40 名雇员,但是德国联邦劳动法院认为,如果没有企业设施等方面的变化,只是裁减人员,也可能构成企业重大变动的"企业缩小经营规模"。[③]在判断"单纯的"裁减人员达到怎样的人数门槛时才能算作企业缩小经营规模时,应当适用《解雇保护法》第十七条的标准,也就是说《解雇保护法》第十七条意义上的规模性裁员一般可以构成企业重大变动,但是对于用工人数至少 601 人的大型公司,德国联邦劳动法院认为,裁减人数不仅得达到绝对人数 30 人以上,还得多于公司总人数的 5% 的比例,才能认定存在企

---

① 详见[德]沃尔夫冈-多伊普勒:《德国劳动法》,王倩译,上海人民出版社 2016 年版,第110 页及以下。

② BAG 17. 2. 1981,AP Rn. 9 zu § 111BetrVG 1972;BAG 6. 12. 1988,AP Nr. 26 zu § 111BetrVG 1972.

③ BAG, DB 1980,550.

业重大变动。①可见,绝大多数情况下规模性裁员都能构成企业重大变动。

## (二) 利益平衡约定

德国《企业组织法》第一百一十二条规定的所谓的利益平衡约定针对的是企业重大变动本身,即雇主有义务和企业职工委员会就是否进行企业重大变动、什么时候进行、如何进行等问题进行协商。为了保证协商的顺利进行,雇主在正式筹划企业重大变动的时候就应该及时地将有关信息告知企业职工委员会,并提供技术方案、财务报表等配套资料,②然后适时启动协商。③在商谈过程中,双方应该表明各自的诉求和方案,雇主希望说服企业职工委员会理解企业重大变动的计划、配合采取相关措施,企业职工委员会则致力于阻止该变动或者尽量减少该变动给雇员带来的不良影响。如果雇主和企业职工委员会经过几轮协商都无法达成一致,④那么雇主有义务启动"劳资协调处"(Einigungsstelle)程序,⑤但是针对利益平衡约定的签订和

---

① BAG,DB 1983,2776.

② 基于企业职工委员会参与企业经营事务的权限,它可以要求雇主向其提供资产负债表、审计报告、市场分析报告等资料,企业职工委员会可以要求雇主对待自己像对待贷款给他的银行一样"诚实",雇主不得借口相关信息为企业秘密或商业秘密来拒绝要求,当然企业职工委员会的委员就此负有保密义务。详见 DKKW/Däubler,14.Auflage,§111,Rn.163f.

③ 雇主有义务启动协商,雇主方的协商代表往往是人事部门的负责人和其他管理人员,企业职工委员会则会派遣多位或者全部委员,必要时两方都可以邀请外部的专业律师参与协商、提供帮助。详见 Röder/Baeck, Interessenausgleich und Sozialplan, 5. Auflage 2016, S. 19。

④ 按照德国《企业组织法》第一百一十二条第二款第一句的规定,双方无法通过协商达成利益平衡约定的,雇主或者企业职工委员会可以寻求联邦劳动事务所理事会的帮助,请求其进行斡旋,如果没有哪一方请人去斡旋或者斡旋失败,则应启动劳资协调处程序。该斡旋程序属于可选程序,并非必经程序,实践中也少有雇主或者企业职工委员会请求斡旋的。详见 Röder/Baeck, Interessenausgleich und Sozialplan, 5. Auflage 2016, S.21。

⑤ BAG 18.12.1984, AP Nr. 11 zu §113 BetrVG 1972. 所谓的劳资协调处是一个由劳资双方成员对等组成的小组,它由相同数目的雇主代表和企业职工委员会代表组成。实践中,往往每边的代表是两个到四个。除此以外,该小组的主席应该由中立人士担任,主席的那一票往往起到关键作用。关于双方代表的人数和主席的人选,双方必须达成一致。劳资协调处的协调程序和集体谈判很类似,协调程序没有公众参加,在大多数情况下,双方往往会在劳资协调处主席或多或少的压力下达成一致。如果双方无法达成妥协,那么应该根据多数意见作出裁决。根据德国《企业组织法》第七十六条第五款第三句,应该"按照公正的考量"在适当考虑企业与相关雇员利益的情况下作出裁决。详见[德]沃尔夫冈-多伊普勒:《德国劳动法》,王倩译,上海人民出版社 2016 年版,第 87 页。

内容,劳资协调处只能促成双方妥协,却不能作出有约束力的裁决,雇主负有与企业职工委员会诚信磋商的义务,包括启动劳资协调处程序,却不是必须和企业职工委员会签订利益平衡约定,雇主仍旧保留着是否、何时、如何进行企业重大变动的最终决策权。所以,理想的结果是双方通过博弈达成妥协,签订书面的利益平衡约定,比如雇主同意放弃搬迁,而企业职工委员会也同意削减某些福利来降低人工成本,或者企业职工委员会支持引进全新的机器设备,但是雇主也承诺采取相关措施避免增加雇员的劳动强度。相反,如果在劳资协调处的督促之下,双方也无法达成一致,那么任何一方都能够宣布利益平衡约定的协商失败,此时雇主可以单独作出决策并执行企业重大变动。[1]一般而言,关于利益平衡约定的协商可能耗时三个月到六个月,如果启动劳资协调处的程序,那么整体持续一年也正常,所以雇主出于时间压力,希望缩短协商进程、尽快开展企业重大变化,往往愿意提出相对优厚的条件或者作出某种妥协。[2]

利益平衡约定可能包含的一项重要内容是所谓的"解雇名单"(Namenliste),[3]即雇主与企业职工委员会在利益平衡约定中所确定的基于企业重大变动而将被解雇的雇员的名单,[4]根据《解雇保护法》第一条第五款,[5]此

---

[1] DKKW/Däubler, 14. Auflage, §§112, 112a, Rn. 3ff.

[2] KDZ/Däubler, 9. Auflage, §§111—113 BetrVG Rn. 40.

[3] 企业职工委员会并没有义务与雇主就该"解雇名单"达成一致,不过在利益平衡约定的谈判中雇主往往会提出给予更高的经济补偿金,或者承诺在此后的一段时间内确保此次未被解雇的员工的工作岗位安全,从而诱使企业职工委员会同意共同商定解雇名单。

[4] 当然,该解雇名单的确定不能违反法律对社会性挑选的规定。雇主和企业职工委员会曾经按照德国《企业组织法》第九十五条制定了解雇时的人员甄选规则的,一般应该按照该规则执行,但是德国联邦劳动法院认为,雇主和企业职工委员会在就企业重大变动而进行利益平衡约定的商谈时,也可以"偏离"该甄选规则,作出不同的安排。BAG 24.10.2013, 6 AZR 854/11.

[5] 相关立法过程比较曲折,该规定最开始是1996年10月1日引入《解雇保护法》第一条第五款的,背景是两德统一后经济形势不好,失业率高居不下,所以立法者在劳动法方面放松管制,降低了解雇保护水平。不过这些变化还没有维持两年多就在1998年政府换届以后被改回去了,该条款在1999年1月1日被删除,原因是以施罗德为首的新任政府认为这些变化并没有达到增进就业的预期目的,但是由于德国经济持续低迷,2002年施罗德政府推出了所谓的"哈茨方案",先后颁布了四部《劳动力市场现代化法》,不仅大幅削减了失业金和救助金等社会福利,而且劳动法方面再次放松管制,所以2003年12月24日《解雇保护法》的相关修改内容之一即再次引入了这一规定。详见APS/Kiel, 4. Auflage, §1 KSchG Rn. 459f.

时应当推定,该解雇是基于紧迫的经营原因,对于社会性挑选,法院只审查其是否存在重大错误。也就是说,如果雇主和企业职工委员会就企业重大变动达成了利益平衡约定,而该利益平衡约定里面明确列举了雇主基于企业重大变动而计划解雇的雇员的姓名,那么该名单上的雇员被解雇之后提起解雇保护之诉的,与一般情况相比较存在以下不同:就解雇原因发生举证责任倒置,法院将推定雇主是基于紧迫的经营需要而难以继续雇用该雇员的,雇员要胜诉就得举证推翻该推定,比如解雇原因并非该企业重大变动,或者企业重大变动没有导致他的工作岗位丧失,或者企业中存在着其他继续雇佣的可能性;就基于经营原因的解雇中所必须进行的社会性挑选而言,法院的审查会相对宽松,只看有没有重大错误,比如在选择范围、挑选标准、例外情况等方面有没有明显的错误,比如完全漏掉了年龄、企业工龄、抚养义务、残疾这四大挑选标准中的某一个或者对于四大挑选标准的权重安排明显失衡。①

立法者之所以在利益平衡约定中包含解雇名单的情况下减轻雇主的举证责任、限缩法院的审查范围,主要是考虑两方面的因素:一方面,企业重大变动本身从筹备到完成,整个过程涉及的各项事务相当烦琐,涉及多个雇员的解雇时,光是社会性挑选就会相当复杂,需要给予雇主更多的可预见性和确定性,避免其动辄得咎,虽然被列入名单的雇员受到的解雇保护有所削弱,但是他毕竟能够获得社会计划中的补偿;另一方面,企业职工委员会作为雇员的集体利益代表与雇主就利益平衡约定进行谈判,在信息资讯、专业技巧、谈判筹码等各方面都比单个雇员要强得多,企业职工委员会和雇主都没有必须达成利益平衡约定的义务,该约定中是否包含解雇名单也是双方自由博弈的结果,所以谈判结果一般应该是公正的,法院只需要大致把关即可。②当然,此规定也受到了相当多的质疑,批评意见提出,此规定过分削弱了雇员受到的解雇保护,因为雇员很难举证推翻"雇主是基于紧迫的经营需

---

① KDZ/Deinert, 9. Auflage, § 1 KSchG Rn. 718ff.
② APS/Kiel, 4. Auflage, § 1 KSchG Rn. 793f; BT-Drucks.15/1204, S. 11f.

要而难以继续雇用该雇员的"这项推定,想要给社会性选择"挑刺"也不是那么容易的,尤其是在缺乏企业职工委员会的支持的情况下。该规定也使得企业职工委员会处于尴尬的境地,对于被列入解雇名单的雇员而言,企业职工委员会属于"与雇主同谋毁灭了他们的工作岗位",[1]除非雇员本来就希望拿到社会计划的补偿另寻出路,否则企业职工委员会就要作出艰难的选择,另外,那些平时批评企业职工委员会较多的雇员更容易成为"牺牲者",而他们在解雇保护之诉中获胜的可能性相当低。[2]

(三) 社会计划

虽然同样是规定在德国《企业组织法》第一百一十二条之中,但是社会计划与利益平衡约定在内容、功能、产生和效力方面都有不同。[3]利益平衡约定关注的是企业重大变动本身,而社会计划致力于"就补偿或者减轻企业重大变动给雇员带来的经济损失达成共识",也就是说社会计划处理的是,在企业决策已经作出、企业重大变化已成定局的情况下,如何弥补、缓和它对雇员造成的福利上和人事上的不利后果。[4]涉及社会计划谈判的人员、流程等,基本与利益平衡约定的谈判类似,实践中社会计划的谈判可能紧接在利益平衡约定的谈判之后,由于这两个程序的谈判内容和结果相互影响,所以更多的是雇主和企业职工委员会将两个程序结合起来、同步进行。[5]

但是,社会计划程序与利益平衡约定程序之间存在着一项关键的区别,如果双方无法自行达成一致签订社会计划,那么劳资协调处可以就社会计划的内容作出强制性的裁决,也就是说企业职工委员会就社会计划这一事

---

① DKKW/Däubler, 14. Auflage, § § 112, 112a, Rn. 43.

② Preis, RdA 2003, 75.

③ Fitting, 27. Auflage, § § 112, 112a, Rn. 2ff.

④ [德]沃尔夫冈-多伊普勒:《德国劳动法》,王倩译,上海人民出版社 2016 年版,第 114 页。注意,如果经过利益平衡约定的谈判,雇主决定放弃原本计划的企业重大变动,那么就无需进行社会计划的谈判了。相反,只要存在企业重大变动,即使雇主和企业职工委员会没有就利益平衡约定达成一致,雇主也有义务与企业职工委员会签订社会计划,两者无法达成一致的,由劳资协调处就社会计划作出裁决。

⑤ Röder/Baeck, Interessenausgleich und Sozialplan, 5. Auflage 2016, S. 18.

项拥有真正的共决权,雇主不能单方作出决策。需要注意的是,根据《企业组织法》第一百一十二(a)条第一款,如果该企业重大变动只是"单纯的"裁减人员,没有发生其他方面的重大变动,那么裁员规模还需要达到比《解雇保护法》第十七条更高的人数门槛,即"雇员总数在 21 人至 59 人之间的,裁减至少 20％的比例,绝对人数至少 6 人;雇员总数在 60 人至 249 人之间的,裁减至少 20％的比例,绝对人数至少 37 人;雇员总数在 250 人至 499 人之间的,裁减至少 15％的比例,绝对人数至少 60 人;雇员总数在 500 人以上的,裁减至少 10％的比例,绝对人数至少 60 人",雇主才负有必须签订社会计划的义务。[①]除此以外,根据《企业组织法》第一百一十二(a)条第二款,新设企业在四年内进行企业重大变动的,也不能强制要求签订社会计划。[②]

　　雇员是否会因为企业重大变动在生活质量方面受到严重的、不可补救的损失,或者他们能否渡过危机而完全不遭受损失,这在很大程度上取决于社会计划的内容,社会计划的目的在于"填平"雇员的损失,除非雇主的经济状况只允许"减少"雇员的损失,德国联邦劳动法院让劳资双方共同决定更多着眼于"填平损失"还是"减少损失"。[③]雇员因为企业重大变动而失去工作岗位的,社会计划往往会约定雇主应当支付给雇员经济补偿金,就此并无固定标准,只要不违反平等、反歧视等原则,雇主和企业职工委员会可以自行商定经济补偿金的额度和结构,但是经济补偿金的上限既不能超过弥补损失之必需,也应该估计雇主的经济承受能力。[④]

----

[①] 　也就是说此时规模性裁员已经构成企业重大变动了,雇主有义务告知企业职工委员会相关信息,与企业职工委员会就利益平衡约定协商,但是由于没有达到第一百一十二(a)条第一款的门槛,所以雇主没有义务与企业职工委员会签订社会计划。

[②] 　立法者在《企业组织法》第一百一十二(a)条规定这两种例外情况,主要是为了在这两种情况下为雇主减轻支付补偿金的负担,特别是对于经营经验少、抗风险能力弱的初创企业。Fitting, 27.Auflage,§§112, 112a, Rn. 100.

[③] 　BAG 24.8.2004, NZA 2005, 302.

[④] 　如果社会计划的内容是由劳资协调处的裁决确定的,那么需要遵守《企业组织法》第一百一十二条第五款。相关待遇应该顾及"个案的具体情况"并且考虑到各个雇员在劳动力市场上的就业前景。社会计划规定的待遇数目不应该危及公司的存续或者剩余的工作岗位的存续。

实际操作的时候，人们往往综合考虑年龄和企业工龄来衡量补偿的多寡，计算时则一般以月薪作为基数，有一个公式广泛流传：经济补偿金等于年龄与企业工龄的乘积，然后再除以 30 和 120 之间的除数，这个除数越小，社会计划的待遇越好。比如，某雇员已经 45 岁了，在企业里已经工作了15 年，两者相乘得出 675，如果社会计划待遇"适中"，将除数设定为 110，那么该雇员只能拿到 6.136 个月的月薪作为补偿，如果社会计划待遇"很好"，比如除数设定为 40，那么他可以获得 16.875 个月的月薪作为补偿。[1]行业、企业规模、经营状况等各种因素都可能影响到经济补偿金的丰厚程度，某书中举例提到的两个社会计划中设定的经济补偿金就大相径庭：适用于某小型有限责任公司的社会计划中，按照雇员的企业工龄计算经济补偿金，每满一年支付半个月的工资；适用于某大型股份公司的社会计划中，所谓的基础的经济补偿金也是按照雇员的企业工龄来计算，每满一年支付一个月的工资，然后根据雇员所属的年龄段，乘以不同的系数（比如三十岁以内乘以0.7，五十岁以上乘以 1.2)，除此以外对部分雇员支付额外的经济补偿金，对于有待抚养的孩子的雇员，每个孩子支付 3 000 欧元，对于严重残疾的雇员则支付 5 000 欧元；后一份社会计划还设定了经济补偿金的上限，每个雇员的经济补偿金不得超过 125 000 欧元。[2]

另外，部分社会计划中还会约定由雇主承担雇员换工作搬家的费用、培训进修的费用。如果雇员没有失去工作岗位，但是企业重大变动却导致劳

---

① 详见［德］沃尔夫冈-多伊普勒：《德国劳动法》，王倩译，上海人民出版社 2016 年版，第115 页。相对于年纪小的雇员，年纪大的雇员受到明显的优待，虽然德国联邦劳动法院不认为这种做法构成基于年龄的歧视，但是实践中也有雇主和企业职工委员会不希望造成这种结果，而是希望能够更为均等地对待所有失去工作岗位的雇员，那么他们往往会适用另外一种计算规则，即设定一个适用于所有人的基础补偿金，再根据年龄、企业工龄、抚养义务、残疾程度等计算出一个浮动补偿金，但浮动部分占比较低。另外，实践中还有部分社会计划采取了计分体系，即首先设定年龄、企业工龄、抚养义务、残疾程度等各自对应的分值，算出每个雇员各自的分值，再把补偿金的总额除以所有人的总分值，得出每一分所对应的补偿金金额，将单个雇员的分值乘以每一分所对应的补偿金金额，就能得出单个雇员应得的补偿金总额。详见 DKKW/Däubler, 14. Auflage, §§112, 112a, Rn. 165f。

② Müller, Die Sozialauswahl im Kündigungsrecht, Nomos 2008, S. 135ff.

动条件发生了重大的不利变化,那么社会计划也可以予以针对性的弥补,比如企业搬迁后,雇员的通勤时间明显增长,雇主同意将延长的通勤时间认定为工作时间或者支付额外的交通补贴。①再者,社会计划的签订不能影响雇员个体权利的行使,所以社会计划中不能将雇员放弃提起解雇保护之诉或者撤回解雇保护之诉作为领取经济补偿金请求权的前提条件,也不能缩短雇员的解雇保护通知期,不过雇主可以在社会计划之外,以雇员接受解雇、放弃起诉为前提,承诺提供额外的补偿。②

(四)《企业组织法》第一百一十三条的补偿义务

利益平衡约定不是企业协议(Betriebsvereinbarung),③无法赋予单个雇员针对雇主的、可以通过诉讼来实现的权利,多数观点认为企业职工委员会也不能强制要求雇主履行利益平衡约定,④但是《企业组织法》第一百一十三条为了促使雇主遵守利益平衡约定的协商程序、履行达成的利益平衡约定,设置了对雇主的"惩罚措施",同时也是对雇员的"弥补措施"。根据该规定,如果雇主没有与企业职工委员会进行利益平衡约定、诚信磋商就进行了企业重大变动的,或者雇主与企业职工委员会达成了利益平衡约定之后违反该约定又没有正当理由的,那么雇员可以起诉到法院,要求雇主弥补他因此而遭受的损失(Nachteilsausgleich)。雇主完全略过了利益平衡约定的谈判程序、开始谈判的时机太晚或者过早地结束了谈判程序等行为,都属于

---

① KDZ/Däubler, 9.Auflage, §§111—113 BetrVG Rn. 66.

② BAG 27.5.1982, AP Nr. 17 zu §112 BetrVG 1972; BAG 31.5.2005, NZA 2005, 997.

③ 企业协议直接地、强制性地适用于企业全体雇员,雇主不遵守的,企业职工委员会还可以根据《企业组织法》第二十三条第三款的规定,申请法院作出裁定,勒令雇主遵守企业协议,否则就会面对高达一万欧元的罚款,详见[德]沃尔夫冈-多伊普勒:《德国劳动法》,王倩译,上海人民出版社2016年版,第99页。

④ 不过,德国有少部分地方法院认为,在协商程序结束之前,雇主不得采取企业重大变化的措施,特别是发出解雇,雇主违反该义务的,不仅应承担《企业组织法》第一百一十三条的补偿义务,而且企业职工委员会可以申请法院勒令雇主立即停止该行为,避免雇主单方造成"既成事实"。例如LAG Hamburg 26.6.1997, ZIP 1997, 2205; LAG Hamm 26.2.2007, NZA-RR 2007, 469; LAG München 22.12.2008, AuR 2009, 142. 详见 DKKW/Däubler, 14. Auflage, §§112, 112a, Rn. 52ff.

没有进行诚信磋商,而法院认可的允许雇主偏离利益平衡约定的正当理由是指事后出现的将危及企业存续的重大变化,比如银行突然收回贷款导致企业陷入困境。①

雇主应当支付给雇员的补偿金额由劳动法院根据个案的具体情况确定,雇员遭受的损失可能是工作岗位的丧失,也可能是调岗、降薪而遭受的报酬减少、交通费用增加等。无论如何,补偿的上限不得超过《解雇保护法》第十条规定的额度,即补偿一般不超过 12 个月的工资;雇员年龄年满 50 岁、企业工龄至少 15 年的,补偿不超过 15 个月的工资;雇员年龄满 55 岁、企业工龄至少 20 年的,补偿不超过 18 个月的工资。比如,如果雇主和企业职工委员会就利益平衡约定达成了一致,企业职工委员会同意支持企业重大变动,雇主也承诺在执行完企业重大变动之后的两年内不再发出基于经营原因的解雇,但是之后雇主食言了,基于经营原因解雇了某个雇员,法院并不会因为雇主违背了利益平衡约定而认定该解雇无效,但是雇员可以根据《企业组织法》第一百一十三(a)条的规定,主张雇主违背利益平衡约定,要求雇主弥补他因此而遭受的损失,即因此失去工作岗位而遭受的损失,这一损失补偿请求权与该基于经营原因的解雇是否合法没有关系,不影响雇员提起解雇保护之诉,如果解雇保护之诉中法院认定解雇无效、劳动关系存续,那么雇员最后并没有失去工作岗位,需要返还他依据《企业组织法》第一百一十三(a)条获得的补偿。②

需要注意的是,德国联邦劳动法院认为,如果雇员可以按照《企业组织法》第一百一十三条获得损失的补偿,而企业职工委员会后来又跟雇主达成了社会计划,那么社会计划中的待遇将和上述补偿相互抵扣,③不过企业职工委员会可以在社会计划中与雇主约定两方面待遇不进行相互抵扣。《企

① DKKW/Däubler, 14. Auflage, § 113, Rn. 5ff.
② BAG 31.10.1995, DB 1996, 1683.
③ BAG 13.12.1978, AP Nr. 6 zu § 112 BetrVG 1972; BAG 20.11.2011, NZA 2002, 992. 学界对此有批评的声音,认为如此一来并没起到惩罚雇主的作用,导致《企业组织法》第一百一十三(a)条的规定目的落空。KDZ/Däubler, 9. Auflage, § § 111—113 BetrVG Rn. 93.

业组织法》第一百一十三条的规定只适用于雇主违反利益平衡约定的情形，在雇主违反社会计划时并不适用。与利益平衡约定不同，如果雇主拒绝与企业职工委员会就社会计划协商，那么企业职工委员会可以直接要求设立劳资协调处，再由劳资协调处就社会计划的内容作出强制性的裁决。①社会计划根据《企业组织法》第一百一十二条第一款第三句拥有企业协议的效力，不但企业职工委员会可以根据《企业组织法》第二十三条第三款的规定，申请法院勒令雇主遵守社会计划，而且社会计划还赋予了单个雇员针对雇主的、可以通过诉讼来实现的权利，雇主不得"偏离"社会计划，否则雇员可以起诉到劳动法院要求雇主按照社会计划履约。

### 三、《企业组织法》第一百零二条的规定

雇主就规模性裁员所负有的告知、协商义务，不管是德国《解雇保护法》第十七条的规定，还是《企业组织法》第一百一十一条及以下的规定，都不能免除雇主就组成规模性裁员的单个的解雇所负有的《企业组织法》第一百零二条的义务。《企业组织法》第一百零二条的意义在于，要求雇主在发出解雇之前听取企业职工委员会的意见，让专业知识和实践经验更丰富、掌握信息更全面的企业职工委员会来"把把关"，在企业职工委员会提出异议的情况下还会赋予雇员"继续劳动权"，从而能够让雇主更为谨慎小心，一定程度上减少违法解雇的数量，起到保护雇员的作用。②虽然在基于经营原因的解雇中，雇员可以根据《解雇保护法》第一条第三款第一句要求雇主告知得出

---

① 需要指出的是，企业职工委员会是完全不被允许组织罢工的，不过，在发生企业重大变动之时，相关的工会可能会为了签订以社会计划为内容的集体合同（Tarifsozialplan）而组织罢工，联邦劳动法院认为此举是合法的，有时工会甚至会提出高额的经济补偿金要求，以至于雇主不得不放弃企业重大变动的计划。见 BAG 24.4.2007，NZA 2007，987。

② 有实证研究证明，企业职工委员会在66％的情况下对解雇表示支持，保持沉默、不发表任何意见的比重占到20％，在6％的情况下企业职工委员会表示持保留意见，而明确提出反对意见的比重是8％，在企业职工委员会提出反对意见的情况下约有30％的雇主放弃了解雇。见 Falke/Höland/Rhode/Zimmermann，RdA 1981，300。

社会性挑选的结果的原因和相关信息,比如社会性挑选的选择标准和权重、相关人员的社会信息等,但是整体上雇主发给雇员的解除通知中信息还是相当有限的,[1]所以有企业职工委员会的介入,雇员也可以获得更多与解雇相关的信息,为之后提起解雇保护之诉做好准备。

《企业组织法》第一百零二条第一款规定,雇主在解雇雇员之前必须听取企业职工委员会的意见,这不仅适用于所有的正常解雇,还适用于非常解雇和变更解雇,而且《解雇保护法》是否适用也无关紧要。[2]虽然法条明确提到的只有"解雇事由",但是主流观点认为,为了保障企业职工委员会得到足够的信息,从而对解雇的合法性作出自己的判断,雇主有义务告知企业职工委员会所有与解雇决定相关的信息,包括解雇类型、解除通知期和解除时间、解雇理由和被解雇雇员的"社会信息",相关信息必须足够详细,比如对于某基于经营原因的解雇,雇主不能只给出"订单数量急剧下降"之类的模糊的理由,雇主必须提供相关材料让企业职工委员会了解订单变化的详细情况,并阐述为何此情况正好导致了拟解雇雇员的工作岗位的丧失,涉及"社会性选择"时,雇主需要告知企业职工委员会所有进入了社会性挑选程序的雇员的社会信息。[3]

按照《企业组织法》第一百零二条第二款,在了解了相关情况后,企业职工委员会可以在一定的期限内对解雇发表自己的意见,就正常解雇而言,该期限为一个星期,对于非常解雇则应在三天之内作出回应,在规模性裁员的情况下,雇主和企业职工委员会可以协商一致延长回应期限,雇主无故拒绝

---

① 雇主向雇员发出的解除通知中应该确切表明解除劳动关系的意思,并说明该解除是即时解雇还是预告解雇,解除通知期有多长,但是解除原因并非解除通知的必备内容。见 ErfurterK/Müller-Glöge, 13. Auflage, §620 BGB Rn.66.

② ErfurterK/Kania, 13. Auflage, §102 BetrVG Rn.2.

③ KDZ/Deinert, 9.Auflage, §102 BetrVG Rn. 54.如果在就单个解雇而启动《企业组织法》第一百零二条的告知程序之前,雇主已经在就企业重大变动进行利益平衡约定的谈判中详尽地告知过企业职工委员会相关信息,那么雇主无需再次重复,只要指出信息与之前告知的相同即可,BAG 19.5.1993, AP Nr. 31 zu §2 KSchG 1969.

的,可能构成权利滥用,①企业职工委员会因此没有机会考察每个解雇具体情况的,雇主违反了与企业职工委员会"信赖合作"的原则。企业职工委员会可以有不同的回应,可以表示支持,可以持不同意见,也可以按照第一百零二条第三款的规定提出异议,企业职工委员会在前述期限届满时还没有任何回应的,则认定为同意解雇。需要注意的是,无论企业职工委员会作出什么回应,都不能阻止解雇,但是如果雇主没有在发出解除通知之前依法完成听取意见程序,即完全略过了该程序、②该程序未结束即发出了解雇或者听取意见程序有重大瑕疵,那么将导致该解雇无效。③

对于雇员而言更为重要的可能是《企业组织法》第一百零二条第三款针对正常解雇所规定的企业职工委员会的异议权。如果存在该条款所列举的五种情形之一,即"雇主在选择雇员时没有顾及或者充分顾及社会因素的;解雇违反了《企业组织法》第九十五条的人员甄选规则的;可以在企业内或者同一公司的另一企业内的其他岗位上继续雇用雇员的;可以在进行合理的培训后继续雇佣雇员的;可以通过变更其他的劳动条件继续雇用雇员而且雇员也表示同意的",④那么企业职工委员会可以在一个星期以内以书面

---

① BAG, DB 1987, 1050.

② 雇主解雇之前没有听取企业职工委员会意见的,即使企业职工委员会事后表示支持解雇,也不能"治愈"该无效的解雇,BAG 16.9.1993, AP Nr. 62 zu §12 BetrVG 1972;BAG 18.9.1975, AP Nr. 6 zu §102 BetrVG 1972。

③ 雇主未等程序结束过早发出解雇是指企业职工委员会还没有就解雇发表意见或者发表意见的期限还没有届满。另外,德国联邦劳动法院指出,第一百零二条的程序主要分成两个阶段,第一步是雇主告知企业职工委员会解除通知期、解雇理由和被解雇雇员的情况等信息,第二阶段就轮到企业职工委员会来作出回应了,所以只有来自第一阶段的重大瑕疵才会导致解雇无效,比如雇主没有告知完整的、真实的解雇理由,相反,如果是企业职工委员会的决策程序有问题,则不会影响解雇的效力。BAG 4.8.1975, AP Nr. 4 zu §102 BetrVG 1972;BAG 16.1.2003, AP Nr. 129 zu §102 BetrVG 1972.

④ 实践中,企业职工委员会的行动空间相当有限:按照第一项主张雇主没有正确进行社会性挑选相对比较容易成功,但是假设企业职工委员会不想把其他雇员"拖下水",就只能主张雇主进行挑选时没有正确地应用挑选标准;第二项的适用前提是在企业中存在《企业组织法》第九十五条意义上的人员甄选规则;第三项、第四项和第五项的规定都涉及在另一工作岗位上继续雇用雇员,但是在规模性裁员的时候往往并没有多少空缺的岗位。详见[德]沃尔夫冈-多伊普勒:《德国劳动法》,王倩译,上海人民出版社2016年版,第280页。

形式表示反对该解雇。此举虽然不能阻止解雇，但是雇员提起解雇保护之诉的，且雇员明确要求雇主继续雇用自己的，雇主有义务在解除通知期届满之后和法院作出有效判决之前的这段时间内按照之前的劳动条件继续雇用该雇员。该"继续劳动权"（Weiterbeschäftigungsanspruch）对于希望维持劳动关系的雇员意义重大，因为解雇保护之诉完全可能耗时数年，假设雇员离开劳动岗位和工作环境太久，即使雇员最后胜诉，想要再次融入往往困难重重，不得不选择"拿钱走人"，①所以如果没有继续劳动权，就算解雇明显违法，最后用人单位也可以达到"事实上"赶走劳动者的目的。

## 第四节　现行劳资协商制度的改进

### 一、《企业裁减人员规定》（征求意见稿）的相关规定

2014 年 12 月 31 日，我国人力资源和社会保障部公开发布了《企业裁减人员规定（征求意见稿）》（以下简称为《征求意见稿》），其规定相对于现行规定有了明显的进步。②

第一，按照《征求意见稿》第五条，企业出现可以裁员的情形时，可以在裁员前与工会或者职工代表协商，采取措施尽量不裁员或者少裁员。此规定不仅体现了最后手段原则的精神，要求用人单位采取在岗培训、减少工作时间、调整工资、轮流上岗等措施来减少裁员，而且扩展了集体协商的事项，

①　KDZ/Deinert，9.Auflage，§ 102 BetrVG Rn. 262.
②　《征求意见稿》的规定基本已经符合了国际劳工组织设定的标准。根据《国际劳工组织第158 号公约（劳动契约的终止）》第十三条，"1.雇主因经济、技术、结果或其他类似理由而解雇雇员时，雇主应为下列行为：a.适时向劳工代表提供相关资讯，包括解雇原因、解雇人数、可能受到影响的员工的种类和数量、预计实施解雇的时间等信息；b.依照国家法律与惯例，尽早与劳工代表协商，讨论避免或者减少解雇的办法、寻求减少解雇对雇员带来的不利影响的措施，例如寻找新的工作。2.本条第一项的适用范围，得依照本公约第一条所指方式，限定于解雇人数达到一定人数或者员工总数的一定百分比的情形。3.依本条之宗旨，本条所称的劳工代表指的是国家法律与惯例所承认的劳工代表，且应符合 1971 年劳工代表公约的规定"。

使得集体协商开始的时间有所提前,使得工会或职工代表能够在未完全确定是否裁员以及裁员规模之时介入,影响用人单位的决策。但是,该条款的表述为企业"可以"与工会或者职工代表就不裁员或者少裁员的措施协商,然而《征求意见稿》第七条又表述为"企业采取第五条规定措施后仍需裁减人员的",似乎采取不裁员、少裁员措施为必经程序,所以,这些规定究竟是任意性规定还是强制性规定,设定了法律义务还是属于企业社会责任的范畴,并不清楚。①

第二,《征求意见稿》第七条规定,用人单位应当提前30日向本企业工会或者全体职工说明下列情况:(1)企业出现《劳动合同法》第四十一条第一款规定的具体情形、产生的原因,并提供有关生产经营状况资料或者相关证明;(2)所出现的情形对企业生产经营的影响程度、影响范围(部门、岗位等情况);(3)企业已经采取的减少裁员的措施。与现行规定仅要求"说明情况,并提供有关生产经营状况的资料"相比,该规定大大丰富、充实了用人单位的告知义务,有助于实现职工方在裁员中的知情权。不过,该规定并未说明用人单位告知义务的限度,比如用人单位是否能够以保护商业秘密为由拒绝提供相关资料?

第三,根据《征求意见稿》第八条和第九条,企业向本企业工会或者全体职工说明情况后应当提出裁员的初步方案,初步的裁员方案应当包括以下内容:(1)裁员依据的法定情形;(2)裁员范围、裁员数量和比例;(3)被裁减人员的选择标准;(4)裁员时间及实施步骤;(5)被裁减人员经济补偿方式和标准,然后企业应当听取工会或者职工对裁员初步方案的合理意见,修改完善后确定企业裁员方案和被裁减人员名单并予以公布。与现行规定不同,按照《征求意见稿》的设想,裁员初步方案中不应包括被裁减人员名单,而是先确定"裁员范围、裁员数量和比例、被裁减人员的选择标准",就此与职工方协商后再确定包含具体裁员名单的裁员方案。此举无疑更为科学,在职

---

① 董保华、田思路、李干等:《从法理情审视〈企业裁减人员规定(征求意见稿)〉》,《中国劳动》2015年第3期。

工方的参与之下,不仅更能确保裁员范围、裁员数量等与裁员事由相适应,比如外包只涉及特定的部门,此裁员事由的影响范围有限,用人单位就不能够打着外包的旗号,将裁员扩大到无关部门,而且有职工方的监督,被裁减人员的选择标准也会更加合法、合理,比如涉及优先留用的问题,用人单位和职工方可以在法定框架内协商确定优先留用的标准适用权重。

最后,按照《征求意见稿》第十条,企业裁减人员未履行提前三十日向工会或者全体职工说明情况或者未听取工会或者职工意见的程序的,工会或者职工有权要求企业重新处理。这一仅仅"要求重新处理"的法律后果显然是很单薄无力的,要求重新处理并不产生任何实质性的效果,如果用人单位对于职工方提出的重新处理的要求置之不理,那么职工方怎么办? 再次要求重新处理? 实践中,用人单位在裁员时完全略过"说明情况、听取意见"的程序的,基本上都会被认定为违法裁员,劳动者可以按照《劳动合同法》第四十八条的规定主张赔偿金或者继续履行劳动合同,但是,用人单位履行了该程序、该程序却存在重大瑕疵的,是否会导致裁员违法? 就此没有明确的规定。

## 二、裁员与单个解雇在程序上的协调

经济性裁员是成规模的、多个解雇构成的,那么,组成裁员的单个解雇,还需要遵循特定的程序性规定吗? 前面已经提到,现行法就此规定并不明确,导致了众多疑问,比如,用人单位在公布裁员名单之后是否还需要向单个被解雇的劳动者发出解除劳动合同的通知?[①]又比如,《劳动合同法》第四十三条所规定的"用人单位解雇之前必须通知工会,工会有权要求用人单位纠正违法、违约行为"还适用吗? 要回答这些疑问,需要思考一个基本的问题,那就是,针对经济性裁员的程序性规定在功能作用上能够完全替代单个

---

① 有观点认为,用人单位按照《劳动合同法》第四十一条规定实施经济性裁员的,无须提前逐个通知劳动者。胡燕来:《解雇:人力资源法律实务指引》,法律出版社 2016 年版,第 331 页。

解雇的程序性要求吗？答案是否定的。

首先，用人单位公布裁员名单之后，真正实施裁员时解雇的劳动者未必完全与裁员名单一致，人数有可能增加①或减少，比如用人单位在采取培训转岗、停止加班、退回劳务派遣工等措施之后，发现需要裁减的人数比预估的少，可见裁员名单并不是确定的，所以，用人单位之后需要向每个特定的劳动者发出明确的解除劳动合同的意思表示。

其次，虽然我国现在的解除通知期制度很单薄，《劳动合同法》第四十一条所规定的三十天是用来履行说明情况、听取意见、报告政府这些程序的，并非解除通知期，只有《劳动合同法》第四十条针对无过错解雇规定了为期三十天的解除通知期，还可以用"额外支付一个月工资"的代通金的办法来替代，但是将来我们应该模仿德国《民法典》第六百二十二条第二款的规定，根据劳动者企业工龄的长短来针对无过错解雇设定相应的解除通知期，企业工龄越长的劳动者享受越长的解除通知期，从而保障企业工龄较长的劳动者能够用更长的缓冲期去适应变化。因此，我们不能将裁员中劳资协商程序的耗时与解除通知期混同，否则就会剥夺劳动者相应的权益。

最后，涉及《劳动合同法》第四十三条所规定的事先通知工会的规定的适用，需要先完善该制度本身，因为该制度的实践可谓相当混乱，常常有"走过场"之嫌。按照《最高人民法院关于审理劳动争议案件适用法律若干问题的解释（四）》第十二条，"建立了工会组织的用人单位解除劳动合同符合劳动合同法第三十九条、第四十条规定，但未按照劳动合同法第四十三条规定事先通知工会，劳动者以用人单位违法解除劳动合同为由请求用人单位支付赔偿金的，人民法院应予支持，但起诉前用人单位已经补正有关程序的除

---

① 值得思考的还有，对于劳动者没有出现在裁员名单上，却以经济性裁员的名义被解雇的，是不是应该推定解雇违法，除非用人单位能够证明基于裁员事由、按照优先留用的规则该劳动者也的确是应该被解雇的，只是出于疏忽而被遗漏。

外"。也就是说,对于建立了工会组织的用人单位,①即使用人单位在解除劳动合同之前没有通知工会,但是只要用人单位在起诉到法院之前"补正"了该程序,就不会导致解雇违法。《劳动合同法》第四十三条只要求用人单位"事先将理由通知工会",对于工会的知情权保障不够,由于获取信息有限,工会很难作出正确的判断,也无法给予面临解雇的劳动者在信息资讯方面的支持。工会认为用人单位违法的,按照该规定工会也只能"要求用人单位纠正",用人单位也只需要"研究工会的意见并将处理结果书面通知工会",即工会提出的异议不会引起任何实质性的后果,用人单位完全可以"我行我素",只要给工会一个反馈即可。所以,将来修法应该借鉴德国《企业组织法》第一百零二条的规定对"事先通知工会程序"进行改造,比如工会提出异议的应该赋予劳动者"继续劳动权"。由于改造以后的规定将承担其特有的功能,所以显然也不能简单地认为裁员中的"劳资协商程序"可以替代单个解雇中的"事先通知工会程序"。

### 三、经济性裁员中劳资协商制度的重塑

虽然《企业裁减人员规定(征求意见稿)》与《企业经济性裁减人员规定》相比有明显的改进,但是《征求意见稿》毕竟属于人力资源和社会保障部计划出台的部门规章,从《立法法》所规定的不同法律文件的层级上看,其效力层级是比较低的,不能违反上位法,所以不可能突破《劳动合同法》第四十一条所规定的"说明情况、听取意见"的框架。即使是《征求意见稿》所规定的

---

① 对于没有建立基层工会的用人单位,是否或者如何履行《劳动合同法》第四十三条的程序,存在不同看法和做法,部分意见认为未建立工会就不需要履行该程序,比如,部分意见认为此时应该通知用人单位所在地的地方工会,比如《江苏省劳动合同条例》第三十一条的规定,还有部分意见认为此时应该通过告知并听取职工代表意见或者向当地工会组织(行业工会组织)征求意见等变通方式来履行告知义务,比如浙江省宁波市中级人民法院《关于审理劳动争议案件若干疑难问题的解答(三)》第五条的规定,持该意见的还有王林清:《劳动争议裁诉标准与规范》,人民法院出版社2014年版,第406页。

工会或者职工在经济性裁员中的参与程度,与前述德国企业职工委员会在裁员中所拥有的权限相比,应该说还有相当大的差距,还不是真正意义上的劳资协商。当然,之所以德国在企业重大变动、裁员中设置这样的劳资协商的规则,相关规则在实践中也运行良好,与德国深厚的产业民主传统、强大的劳资自治体系是分不开的,比如企业职工委员会的专业性和独立性、作为职工集体利益代表在雇员中的认可度,都是我国的企业工会所不能比拟的。另外,德国采取的是单行法的立法模式,相关规定散布在不同的法律当中,其规制目的、适用对象、应用顺序等都有不同,所以相互之间不能替代或者免除,比如规模性裁员本身构成企业重大变动的,或者企业重大变动导致规模性裁员的,雇主基于德国《解雇保护法》第十七条负有告知企业职工委员会相关信息并就裁员进行协商的义务,与德国《企业组织法》第一百一十一条和第一百一十二条规定的针对利益平衡约定和/或社会计划的告知和协商义务有重合的地方,但两者不能相互免除,不过实践中雇主可以把两者的程序结合起来、同步进行。对我国而言,这样的安排太过复杂,程序操作上有重复之嫌,没有必要照搬。所以,笔者认为,可以在立足我国国情的基础上借鉴德国经验对经济性裁员中的劳资协商作出以下制度安排。

特别需要明确的是,经济性裁员中的劳资协商在我国究竟属于集体协商的范畴,还是应该归入职工民主管理的项下? 因为这不仅涉及基本的机制和理念问题,而且关系到具体的路径和操作事项。当然,这需要从根本上理顺和厘清工会和职工代表大会两者之间的关系,正如有学者指出,我国基层工会是企业工会,设置在企业中,但企业中同时还存在职工代表大会;工会可以代表劳动者进行集体协商,职工代表大会制度作为劳动者民主管理的形式也包含着平等协商的元素;工会可以代表劳动者签订集体合同,用人单位也可以通过职工代表大会这种民主形式制定用人单位规章,并且集体合同和用人单位规章的调整事项具有重合性,二者都可以调整"劳动报酬、工作时间、休息休假、劳动安全卫生、保险福利"等事项;尽管现行法通过"工会委员会是职工代表大会的工作机构","集体合同草案需要职工代表大会通过"等安排来协调二者的关系,但这种协调本身也不是逻辑自洽的,比如会员制的工会如何成为非会员制的职工代表大会的工作机构,工会签订完集体合同之后,为何不是通过会员代表大会通过集体合同,而是职工代表大会通过集体合同?①所以,首先需要完成的任务是在规则和理论上协调好我国集体协商与职工民主管理之间的关系。不过,可以明确的是,集体协商是指"职工代表与企业代表依法就劳动报酬、工作时间、休息休假、劳动安全卫生、保险福利等事项进行平等协商,并在协商一致的基础上签订集体协议的行为"。②不管是否允许采取产业行动,集体协议的达成都必须有劳资双方的合意,相反,职工民主管理的基本框架还是就某些重要事项"劳方有权了解相关情况,提出建议意见,但是资方保留最终决定权",③这是两者的关键区别。

笔者认为,在我国就导致经济性裁员的根源本身,例如停产、搬迁、重大技术革新等用人单位在经济上、技术上、结构上的重大变化,一方面应该要求用人单位向职工方说明情况、听取意见,并通过相关制度安排确保此程序的严肃性;另一方面还是应该尊重用人单位的经营自主权,在用人单位与职工方诚信磋商之后允许用人单位作出最后的决策。那么,裁员是否完全属于集体协商的对象,即是否所有裁员事项均需要双方协商一致呢?答案是否定的,因为,经济性裁员本身原则上还是属于用人单位的经营决策,只是由于解雇保护制度受到实体和程序上的诸多限制,不可能要求用人单位必须获得职工方的许可才能裁员。所以,在合法的基础上,只能要求用人单位

---

① 沈建峰:《个人自治、国家强制与集体自治在劳动关系协调中的互动——基于对德国劳动关系协调机制的梳理》,《中国人力资源开发》2015年第9期。

② 《劳动与社会保障法学》编写组:《马克思主义理论研究和建设工程重点教材——劳动与社会保障法学》,高等教育出版社2017年版,第167页。

③ 在计划经济时代,职工代表大会制度曾经是具有决策、管理和监督职能的企业权力机构,经过系列变迁,目前我国职代会的职权主要包括对集体合同草案的审议通过权、对职工董事、监事的选举权、对规章制度和重大事项的审议建议权、对企业职工保护的监督权,其主要功能可以归纳为"协商"与"监督",这里的"协商"更多的是指"获取信息、提出意见建议"。参见谢增毅:《职代会的定位与功能重塑》,《法学研究》2013年第3期。

就避免、减少、延迟裁员等事项与职工方进行诚信磋商,但是最后还是由用人单位来确定裁员范围、裁员数量和比例、裁员时间及实施步骤等问题。不过,借鉴德国法经验,按照德国《企业组织法》第一百一十二条雇主有义务和企业职工委员会就"补偿或者减轻企业重大变动给雇员带来的经济损失"的社会计划达成一致,无法达成一致时由劳资协调处作出替代裁决,企业职工委员会也可以就基于经营原因的解雇中的人员甄选与雇主共同制定人员甄选规则。①如果我国立法者将来能够给劳资协商带来更多空间,比如只确定"优先留用"的基本框架,允许劳资双方自行博弈确定挑选被裁减人员的具体标准、权重、例外情形等,又比如在重构失业保险制度的基础上,取消法定经济补偿金,允许劳资双方就经济补偿金的额度、计算方法、上限等各方面进行集体协商,那么应该考虑在被裁减人员的挑选、被裁减人员的补偿问题上赋予职工方共决权。

厘清集体协商与职工民主管理之间的分工、理顺工会与职工代表大会之间的关系属于系统性的大工程。在这个目标实现之前,可能更为务实的办法是进行"局部手术",就经济性裁员中的劳资协商作出特别规定。

第一,涉及劳资协商的机制,有学者提出应该适用三方协商机制,即协商机构由劳方代表、资方代表和劳动行政部门代表共同构成,劳资双方代表人数相等,由劳动行政部门的代表担任主席,其职责一是负责召集与主持协商会议,二是敦促劳资双方严格执行法律。②笔者不赞同这一看法,经济性裁员中的劳资协商原则上还是应该本着劳资自治的原则由劳方、资方自行博弈,劳资双方作为当事人更为熟悉相关情况,劳资博弈的结果也更贴近其

---

① 德国《企业组织法》第九十五条赋予了企业职工委员会一项比较重要的共决权,即企业职工委员会可以参与制定关于招聘、调岗、变更分组和解雇的人员甄选的规则。在用工规模不超过500名雇员的企业中,雇主在制定人员甄选规则的时候必须获得企业职工委员会的同意,但是雇主可以独自决定是否制定这种规则。在用工规模超过500名雇员的企业中,企业职工委员会则可以主动采取行动,必要时即使违反雇主的意愿也可以借助劳资协调处强行设立这种规则。详见[德]沃尔夫冈-多伊普勒:《德国劳动法》,王倩译,上海人民出版社2016年版,第104页。

② 张在范:《劳资协商的引入与我国经济性裁员制度的重塑》,《江苏社会科学》2009年第2期。

自身利益诉求,相应地协商结果的接受度也更高,政府不宜介入过深,否则处理不当可能导致某一方或者双方的不满,容易"引火上身",也可能遭到"政企不分"的质疑。不过,不妨借鉴德国《解雇保护法》第十七条第三款的规定,该条款有利于保障企业职工委员会与劳动事务所之间的信息互通,使得劳动事务所尽早了解到相关情况并做好相应的准备工作,所以也可以规定在启动劳资协商之时用人单位就应该通知劳动行政部门,而不是等到裁员方案确定之后才报告。

　　第二,对于劳资协商的主体,用人单位方可以由其法定代表人指定,关键问题在于职工方的协商代表的确定,此问题需由立法明确,避免产生代表权的"先后顺序""正当性"的争议。《征求意见稿》提到的是"工会或职工代表",与《集体合同规定》第二十条基本相符,即"职工一方的协商代表由本单位工会选派。未建立工会的,由本单位职工民主推荐,并经本单位半数以上职工同意"。我国是一元制的工会国家,在已经建立了基层工会的用人单位中,工会应当有优先代表权,而且一般情况下工会在专业知识、谈判经验、组织力量、责任能力上也更胜一筹,当然,为了减少基层工会对于资方的各种依赖、增加基层工会在职工群众中的威望,首要任务应该是继续推进工会改革,比如通过"工会直选"等方式来促使工会委员真正成为"职工代言人"。对于没有建立基层工会的用人单位,笔者认为在经济性裁员中参与协商的不应该是上一级的集团工会或者地方性工会,[①]而应该是本单位职工民主

---

　　① 实践中有法院持这种观点。例如江苏省南京市中级人民法院(2017)苏 01 民终 3988 号,"顾某与中粮食品营销有限公司南京分公司劳动合同纠纷上诉案",案例源自北大法宝数据库。该案中法院认定,公司将休闲食品品类业务资产(即金帝巧克力生产部门)整体出售给第三方,终止自营休闲品类业务,撤销休闲食品品类管理所属部门,因而进行经济性裁员,符合《中华人民共和国劳动合同法》第四十一条第一款第四项的情形。虽然劳动者指出,中粮南京分公司未成立工会,而作为总公司的中粮食品营销有限公司也未成立工会,该经济性裁员只向中国食品有限公司的工会说明了情况,并在中国食品有限公司召开了职工代表大会,即使中国食品有限公司和中粮食品营销有限公司之间存在着控股关系,两个公司也分别属于独立的法人,中国食品有限公司的有关规定以及工会管理也并不能当然地适用于中粮南京分公司。然而法院认为,中粮食品营销有限公司没有设立工会的情况下,应向当地工会或上级公司工会或全体职工说明情况,而中国食品有限公司与中粮食品营销有限公司之间存在着全资控股关系,中国食品有限公司工会实际上也行使着"中粮食品营销有限公司工会"的权利与义务及相关职能,之前并无人提出异议,所以该程序并无不当。

选举产生的职工代表,经济性裁员发生在用人单位,受到影响的是该用人单位的劳动者,所以有权代表职工方就相关事宜进行协商的也应该是该用人单位内部的职工集体利益代表,上一级工会没有代表该用人单位职工的权限,往往不了解用人单位和劳动者的实际情况,也缺乏与用人单位博弈、尽量为相关职工争取利益的决心。

第三,至于劳资协商的内容,不管是德国《解雇保护法》第十七条,还是德国《企业组织法》第一百一十二条,都没有规定劳资双方必须商谈的事项,然而,我国劳资协商机制尚不成熟,实践经验也比较缺乏,所以有必要明文规定协商事项有哪些,范围上至少应该覆盖裁员方案的各项内容。不过法律只需要提及大概的要点,无需规定得过细,具体事项应该由劳资双方自行确定:一方面,协商应该关注裁员的事由,即停产、搬迁、重大技术革新等用人单位在经济上、技术上、结构上的重大变化,因为归根到底是这些重大变化决定了用人单位是否、何时、如何裁员,也关系到是否可能采取避免、减少、延缓裁员的对策;另一方面,对于已成定局的裁员,其具体的细节安排,即裁员范围、裁员数量和比例、裁员时间及实施步骤、被裁减人员的挑选和补偿方案等,也是劳资协商的对象;只不过前面已经讨论过,对于被裁减人员的挑选规则和补偿方案则需要劳资协商达成一致,职工方拥有真正的共决权,而涉及其他事项,则用人单位只是负有与职工方诚信磋商的义务,但是保留最后的决策权。笔者认为,不同于被裁减人员的挑选规则,被裁减人员的名单还是应该由用人单位自行确定,否则会将工会或者职工代表推入"不得不共同决定牺牲某些同事的工作岗位"的尴尬境地。

第四,劳资协商的程序应该是规制的重心,只有程序设计合理,才能实现让劳资双方充分沟通、化解矛盾、平衡利益的目的。

首先,应该规定劳资协商程序启动的时间,即"用人单位应该在出现法定裁员事由之时将裁员方案草案通知全体职工和劳动行政部门,最迟不得晚于向第一位计划解雇的劳动者发出解除通知前六十天",如此规定将大大提前劳资协商启动的时间,使得职工方在用人单位出现经济上、技术上、结构上的重大变化而可能裁员之时及时介入,尽量对用人单位的经营决策施加影响,比如阻止裁员或者尽量减少裁员给劳动者带来的不良影响。之所以用"最迟不得晚于向第一位计划解雇的劳动者发出解除通知前六十天"①来兜底,主要是因为实践中往往难以确定出现裁员事由的时间点,适用明确的天数有利于增加法律确定性,减少关于"用人单位是否遵守提前通知期限"引发的争议。

其次,知情权是职工方实现参与权的前提条件,职工方只有掌握相关信息,才能够评估是否真实存在用人单位所主张的裁员事由、用人单位所作出经营决策会产生怎样的影响、是否存在替代方案等,从而在理性评估之后作出适当的选择和应对。劳动行政部门也需要尽早得到预警,从而掌控劳资协商的动态信息,并且在协商遭遇障碍时及时介入。所以,笔者建议规定劳资协商的第一步就是要求用人单位"在出现法定裁员事由之时将裁员方案草案告知全体职工②和劳动行政部门",虽然裁员方案的草案应该向全体职工公布,但是为了避免"人多眼杂"、威胁到商业秘密,应该限定只有进行具体劳资协商的工会或者职工代表才有权查阅用人单位的订单合同、财务账目等相关生产经营资料,同时明确职工方代表负有保密义务。

再次,对于协商的方式,为了保障充分的沟通,应该采取召开会议的方式,而不能采取建立意见箱、由主管收集意见等方式,对此有学者提出有益的建议,③即应该学习法国法的经验规定召开劳资协商会议的最少次数和

---

① 此期限不宜太短,否则难以保证劳资双方的充分协商,也不宜太长,否则可能由于长期人心浮动而干扰生产经营,由于目前我国的解除通知较短,统一为三十天,所以暂定劳资协商至少六十天比较合适,不会过度拖延用人单位实现人力资源调整的计划。

② 全体职工得知裁员方案草案,代表职工进行劳资协商的工会或者职工代表自然也得知。

③ 张在范:《劳资协商的引入与我国经济性裁员制度的重塑》,《江苏社会科学》2009 年第2 期。

每次会议之间最短的间隔时间。①由于我国职工方代表在谈判能力等各方面较为弱势,而政府又相当强势,所以设置有劳动行政部门介入的辅助性的强制协商制度还是有必要的。②

最后,对于协商程序的结果,除非用人单位放弃裁员,否则不管是自由协商还是强制协商,无非面临两种结果,一种是劳资双方通过协商就裁员问题达成了一致,一种是双方通过协商仍然无法达成一致。对于用人单位保留最后决策权的部分事项,用人单位只要尽到了诚信磋商的义务即可,即使是启动了强制协商程序,劳动行政部门也不能强迫用人单位和职工方达成一致,当然用人单位能够自愿地和职工方达成协议③是最理想的结果。对于职工方拥有真正共决权的部分事项,如果劳资双方能够自行达成一致签订协议当然最好,假设不能,则应该由协商委员会作出裁决,替代双方协议。需要强调的一点是,用人单位必须要在所有的劳资协商与政府报告程序结束之后,才能发出解除劳动合同的通知。

第五,法律还必须明确用人单位违反劳资协商义务的行为及其对应的后果。用人单位违反劳资协商义务的行为基本上可以分为几类:完全没有

①　在法国,关于劳资协商的规定,立法者针对裁员人数的多少与用工规模的大小进行了细分:如果企业雇用人数不到 50 人,企业在三十天内裁减人数 10 人以上,或者企业雇用人数在 50 人以上,但是在三十天内裁减不到 10 人,那么雇主必须与劳工代表或员工代表会协商,在协商后提出所谓的"职业训练契约"即向雇员提供为期六个月的职业训练措施,并且由雇主协助员工寻找新的工作机会,培训和谋职的费用由雇主、政府和失业保险机构共同承担,雇员在收到该契约的要约之日起 21 日内必须表明是否承诺,承诺的就溯及既往地将解雇转变为双方协商一致解除合同,在六个月的职业训练期内,雇员头两个月可以拿到原工资 84.4% 的补贴,后四个月可以拿到原工资 70.4% 的补贴;如果企业雇用人数在 50 人以上,在三十天内解雇 10 人以上,那么雇主必须和员工代表会就社会计划进行协商,德国的社会计划类似,内容不再赘述;就协商的次数,对于三十天内裁减不到 10 人的轻微的裁员,劳资双方至少需要协商一次,对于三十天内裁减 10 人以上的重大裁员,劳资双方至少需要协商两次,如果有邀请专家鉴定人出席,则至少需要协商三次,每次协商会议之间必须至少间隔二到四个星期;雇主必须在劳资协商程序以及通知劳动行政机关的程序结束以后才能发出解雇的意思表示。详见林佳和:《自由、管制与协商的辩证:台湾地区大量解雇劳工保护法的法政策选择分析》,载《劳动与法论文集Ⅲ》,元照出版公司 2014 年版,第 69—71 页。

②　一方面,在双方自由协商无法达成一致或者用人单位拒绝协商时,排除障碍,为走出僵局提供出路,另一方面,也给用人单位制造压力,倒逼其尽量与劳方自由协商从而避免公权力介入。

③　该协议可以与裁员方案融合在一起,也可以是单独的文件。

进行劳资协商;省略了某个步骤或者颠倒了步骤之间的顺序;未遵守相关的法定期间;拒绝提供信息、提供信息不完整或不真实。用人单位在不同环节可能有不同的违反劳资协商义务的行为,违反行为的严重程度也可能有所不同。比如在启动协商环节,用人单位有可能根本不启动协商而径直开始裁员,也可能启动劳资协商的时间太晚,没有遵守最晚在发出第一个解雇前六十天的底线规定,甚至未遵守期限规定的程度不同影响也不一样,解雇前五十天开启还有可能充分协商,解雇前五天开启就基本上是走过场了。所以,针对某个违反劳资协商义务的行为,究竟应该安排由劳动行政部门责令限期改正或者罚款,还是直接认定裁员违法? 就此可能比较合适的解决办法,是由法院在个案中判断该违反行为是否实质上妨碍到了劳资协商程序的进行,对于实质上妨碍到了劳资协商程序进行的严重违反行为,应该直接认定裁员无效,对于轻微违反行为就应该由劳动行政部门责令限期改正或者罚款。用人单位违反裁员方案或者不遵守达成的协议的,实际上此时劳资协商程序已经完成了,所以严格意义上讲并不属于违反劳资协商的义务。如果用人单位"出尔反尔"违反了裁员方案,可以考虑仿照德国《企业组织法》一百一十三(a)条的规定,允许劳动者要求用人单位赔偿劳动者因此而遭受的损失,而劳资双方达成的协议中约定了用人单位支付经济补偿金的义务的,劳动者可以直接基于该协议主张经济补偿金。

对于劳资协商过程中发生的群体性劳动争议,应该怎么处理? 笔者认为对这些群体性劳动争议不能一概而论,而是需要严格区分成两种:一种实质上是多人的个体劳动争议,比如多个劳动者因为劳动合同解除而与用人单位发生的争议,属于权利争议,应该通过现有的劳动争议的调解、仲裁、诉讼的途径解决;另一种才是真正的集体争议,比如在劳资协商中劳资双方就被裁减人员的额外的经济补偿金而发生的争议,属于利益争议,其争议解决机制还有待理顺。[1]那么,对于后一种争议,职工方是否可以采取集体行动

---

① 详见沈建峰:《论处理群体性劳动争议的中国法律框架》,《中国劳动》2013 年第 5 期。

呢？目前看来答案似乎是否定的，比如，根据《上海市集体合同条例》第十五条的规定，经济性裁员属于必须进行集体协商的事项，其第二十一条规定，"在进行集体协商期间，企业及其职工应当维护本企业正常的生产、工作秩序，不得采取任何影响生产、工作秩序或者社会稳定的行为……职工不得采取下列行为：……（二）违反劳动合同约定，不完成劳动任务，或者以各种方式迫使企业其他员工离开工作岗位……"其第三十四条又规定："职工一方或者企业一方无正当理由拒绝或者拖延另一方的集体协商要求，或者双方在集体协商过程中不能达成一致或者签订集体合同的，职工一方可以提请上级工会、企业一方可以提请企业方面代表进行指导。经指导仍未能达成一致的，集体协商的任何一方可以提请人力资源社会保障部门协调处理。集体协商双方未提请协调处理的，人力资源社会保障部门认为必要时，也可以进行协调处理。"实际上，在我国"罢工"本身的合法性并不明确，现行法并没有明确禁止也没有明确保护，虽然学界的主流观点认为劳动者的集体行动是合法的，要求明确赋予劳动者"罢工权"的呼声也不少，但是司法实践中法院对于劳动者的集体行动基本上持否定态度，法院只有在很小的比例下才会将罢工行为界定为集体协商，而在绝大多数情况下，法院会将罢工行为认定为违反用人单位规章制度的行为。[①]所以，此问题还有待将来予以明确。

---

① 王天玉：《劳动者集体行动治理的司法逻辑：基于 2008—2014 年已公开的 308 件罢工案件判决》，《法制与社会发展》2015 年第 2 期。

# 第五章　经济性裁员中的政府参与

## 第一节　"向劳动行政部门报告"的含义

《劳动合同法》第四十一条规定："裁减人员方案经向劳动行政部门报告,可以裁减人员。"《劳动法》第二十七条规定："经向劳动行政部门报告,可以裁减人员。"就如何理解此处的"报告",法学界一直存在着疑问。原劳动部1994年9月5日颁布的《关于〈中华人民共和国劳动法〉若干条文的说明》第二十七条指出,"报告"仅指说明情况,无批准含义。但是,各地似乎并没有因此而统一意见。

部分地区要求裁员方案必须经过劳动行政部门审核批准,比如天津市原劳动和社会保障局2001年8月1日颁布的《天津市企业经济性裁减人员暂行规定》第八条规定："企业裁减人员应当按照下列程序进行:……(四)报告裁员方案,听取劳动保障行政部门的意见。区县属和无主管部门企业裁减人员的,其裁员方案由企业所在地劳动保障行政部门审核后,报市劳动保障行政部门核准;其他企业的裁员方案报企业主管部门初步审核后,报市劳动保障行政部门核准……"

部分地区则只要求向劳动行政部门报告备案,比如,无锡市原劳动局2001年2月16日颁布的《企业经济性裁减人员实施办法》第五条:"用人单位实施经济性裁减人员,应按下列程序进行:……(四)按现行劳动管理管辖范围,经用人单位主管部门确认后分别向市或市(县)、区劳动行政部门报告备案。报告备案时须提交以下材料:……劳动行政部门对材料齐全的企业裁员报告,给予登记备案,并出具回执。"

还有部分地区的"报告"究竟意味着审批还是备案,并不清楚,比如北京市原劳动局1995年6月13日颁布的《关于执行北京市企业经济性裁减人员规定的补充通知》第四条:"市、区、县劳动局自接到企业报告后,十五日内须作出书面答复,企业收到复函后,方可组织实施经济性裁减人员工作。市、区、县劳动局超过十五日未作答复的,企业可视为同意。"类似的还有南京市原劳动和社会保障局2001年7月6日颁布的《南京市企业经济性裁减人员试行办法》第五条。

在《劳动合同法》生效之后,①也伴随着简政放权的深化、政府职能转变、行政审批改革的推进,大多数地区都不要求裁员方案经劳动行政部门许可,只需备案即可,但是仍有辽宁②、天津③等少部分地区仍然坚持要求裁员需经批准,比如在"梁某诉沈阳市人力资源和社会保障局行政诉讼案"中,原告梁某原系第三人沈阳新兴服装开发有限公司璟星大酒店职工,2014年10月28日第三人向被告提交《用人单位经济性裁减人员报告审核单》,以"长期亏损,将酒店出租于第三方经营,致使劳动合同无法履行"为由依据《劳动合同法》第四十一条第一款第四项申请裁减人员57人,原告在被裁减人员之列,2014年10月31日,被告沈阳市人力资源和社会保障局在上述《用人单位经济性裁减人员报告审核单》中出具意见,即"经对你单位《经济

---

① 立法者指出,用人单位应该向劳动行政部门报告,从而使得劳动行政部门了解裁员情况,必要时采取相应措施,防止出现意外,监督裁员的合法进行,此处的报告性质上属于事后告知,而不是事前许可或者审批。全国人大常委会法制工作委员会行政法室编著:《中华人民共和国劳动合同法解读与案例》,人民出版社2013年版,第171页。

② 根据《辽宁省人民政府关于取消和下放一批行政审批项目的决定》(辽政发〔2014〕30号),自2014年11月21日起取消和下放行政审批项目等事项325项,其中包括了取消省人力资源和社会保障厅对企业裁减人员方案的审查权,所以在此之后经济性裁员才由行政许可事项变成了行政备案事项。

③ 胡燕来:《解雇:人力资源法律实务指引》,法律出版社2016年版,第219页。

性裁减人员方案》及相关材料审核,同意你单位裁减人员57人,请按相关政策及程序规定做好各项工作"。2015年5月18日原告梁某以第三人提交虚假材料、被告审批行为违法为由提起行政诉讼。法院认为,被告作为劳动行政部门应当对企业的裁减程序及第三人提交的材料是否符合法律规定进行审核,以确保劳动者的合法权益不受侵害。"首先,作为独立核算的分支机构,第三人向被告提出经济性裁员,应当依法提交其自身经营亏损的证明材料。被告提出的第三人与其隶属企财务并表的主张没有事实依据,其根据第三人隶属企业的亏损情况同意第三人经济性裁员明显不当。其次,被告提供的证据不能证明第三人在裁减人员前三十日依法向工会或全体职工说明了情况,听取了工会或者职工的意见,其同意第三人经济性裁员亦属不当。"所以法院确认被告沈阳市人力资源和社会保障局作出的经济性裁员审核意见违法。[①]另外,据笔者了解,在名义上只要求备案的地区,也有劳动行政部门实行变相许可的情形,[②]或者在收到备案材料以后不予出具回执,而当地的裁审机关也以没有备案回执为由,认定用人单位没有依法履行"报告政府"程序,从而认定裁员违法。

另外,对于报告裁员的地域管辖问题,实践中也存在争议,比如在"顾某与中粮食品营销有限公司南京分公司劳动合同纠纷案"中,中粮食品营销有限公司注册地位于天津市某区,因此该案中用人单位是向天津市该区人力资源和社会保障局通过中国邮政寄送了《经济性裁员实施方案》等材料,对于顾某所主张的中粮南京分公司应向分公司当地劳动行政部门备案并依《企业经济性裁减人员的实施意见》听取劳动行政部门意见的主张,法院认为缺乏法律依据,不予支持。[③]就此,部分地区有明确规定,比如宁波市原劳

---

① 详见辽宁省沈阳市皇姑区人民法院(2015)皇行初字第114号,"梁某诉沈阳市人力资源和社会保障局行政诉讼案",案例源自北大法宝数据库。

② 实践中部分地区的劳动行政部门不希望企业裁员,往往找各种理由不接受报告资料,用人单位承办人员要反复说明反复提交才可能成功。胡燕来:《解雇:人力资源法律实务指引》,法律出版社2016年版,第223页。

③ 详见江苏省南京市中级人民法院(2017)苏01民终3988号,"顾某与中粮食品营销有限公司南京分公司劳动合同纠纷案",案例源自威科先行数据库。

动与社会保障局等单位 2009 年 5 月 25 日公布的《企业裁员操作指引》中规定，"企业裁员方案的报送原则上按其参加社会保险登记地确定，即在县（市）区社保经办机构办理社保登记的，报送相应的县（市）区劳动保障行政部门。在市社保经办机构办理社保登记的，以及在市外参保登记但生产经营在我市的企业，报送市劳动保障行政部门；未办理社保登记的企业，报送其主要经营所在地的劳动保障行政部门，报送地有争议的，由市劳动保障行政部门指定受理"。笔者认为从设定"向政府报告"程序的目的来看，应当由劳动合同履行地的劳动行政部门管辖，因为当地的劳动行政机关更方便充分了解情况、更及时地对经济性裁员履行监管职责，并且针对可能的大规模失业作好准备、提供培训、职业介绍等公共服务。

## 第二节　德国法模式与法国法模式的对比

由于德国产业民主的传统比较悠久，企业层面上的劳资共决机制设计得很完善，实际运行状态也良好，企业职工委员会对企业的社会事务、人事事务和经济事务有着较大的话语权，所以对于规模性裁员，[1]德国立法者并没有让政府介入过深：一方面立法者非常强调劳资协商的程序的遵守，旨在促使雇主与企业职工委员会通过内部的、自行的、双方的协商来充分沟通、相互博弈，从而降低裁员带来的负面影响、减少劳资冲突和纠纷，另一方面立法者要求雇主在实施裁员之前向劳动事务所报告，使得劳动事务所对可能的规模性失业作好准备，例如提供转岗培训、职业介绍或者失业待遇，减少规模性裁员对于外部劳动力市场的冲击，此处的报告只是事前的告知，而不是事前的审批。[2]

---

[1]　所谓规模性裁员，是指雇主在三十天内裁减人数达到一定门槛的，就此德国《解雇保护法》第十七条第一款又针对不同用工规模进行了细分，即"雇员总数在 21 人至 59 人之间的，裁减至少 6 人；雇员总数在 60 人至 499 人之间的，裁减至少 10% 的比例，绝对人数至少 25 人；雇员总数至少 500 人的，裁减至少 30 人"。

[2]　ErfurterK/Kiel, 13. Auflage, §17 KSchG Rn.2.

按照德国《解雇保护法》第十七条的规定，雇主应该以书面形式向企业所在地的劳动事务所报告裁员计划，报告必须提供的信息包括雇主的名称、企业的所在地和种类、裁员事由、拟裁减人员的数量与所属职业种类、企业中正常情况下雇用的员工人数与所属职业种类、拟进行裁员的时间段、挑选拟裁减人员的标准，与企业职工委员会协商一致的情况下雇主还可以向劳动事务所提供拟裁减人员的性别、年龄、职业、国籍信息，方便劳动事务所进行职业介绍。[①]另外，该报告还应该同时附上企业职工委员会的意见，如果没有附上企业职工委员会的意见，那么雇主应该证明自己至少提早两个星期通知了企业职工委员会并与它就相关事宜进行了协商，所以雇主应该在协商程序完成后、发出解除通知前正式向劳动事务所报告。如果雇主未依法履行报告程序，即雇主完全没有履行报告程序或者履行了报告程序但是有重大瑕疵的，比如既没有附上职工委员会的意见也没有证明已经告知企业职工委员会并与之协商，又比如在雇主发出解除通知之后才向劳动事务所报告，那么报告无效，相应的解雇违法。[②]雇主在向劳动事务所报告之后即可发出解除劳动合同的通知，劳动事务所既没有许可或者不许可裁员的权限，也不对雇主报告的信息进行实质性审查。

不过，为了使劳动事务所有较为充足的时间做好职业介绍等准备工作，也为了让将失业的雇员有一段过渡期重新寻找工作或者自行创业，从而减少规模性裁员对劳动力市场的冲击，德国《解雇保护法》第十八条规定了所谓"解除阻滞期"，该解除阻滞期正常为期一个月，但是劳动事务所可以在个案中将其延长为两个月，在解除阻滞期届满之前，即使解除通知期届满，也

---

① 报告中"应该"包含的信息缺乏或者错误将导致报告无效，从而导致解雇违法，见 BAG 8.6.1989，EzA Nr. 4 zu §17 KSchG，实际裁减人数与拟裁减人数稍有出入的，一般没有影响，报告中"可以"包含的信息缺失或者错误则不会导致报告无效，见 KDZ/Deinert，9. Auflage，§17 KSchG Rn. 54。

② BAG 23.3.2006，NZA 2006，971；BAG 21.5.2008，NZA 2008，753；BAG 22.11.2012，DB 2012，939.

不会发生劳动关系实际解除的效力,①除非劳动事务所明确同意,即劳动事务所决定针对雇主的某些解雇行为排除解除阻滞期的效力。根据德国《解雇保护法》第二十条,不管劳动事务所是要作出延长解除阻滞期的决定,还是作出允许解雇不受解除阻滞期的影响、在解除通知期满时即发生效力的决定,都需要事先听取雇主和企业职工委员会两方面的意见,兼顾资方、劳方、公共利益、劳动力市场和相关产业的状况。由于雇主在进行规模性裁员时可能已经陷入了困境,无力在解除阻滞期内正常经营、正常开工,从而也无法维持以前那样的工作时间和工资水平,因此德国《解雇保护法》第十九条规定,此时雇主经德国联邦劳动事务所同意可以实施短时工作制,从而相应地减少雇员的工作时间、降低工资水平。②

法国与德国有所不同,是一个非常强调公权力传统的国家,政府在裁员中的介入方式和程度在过去几十年曾经发生过比较大的转折。法国于 1975 年 1 月 3 日颁布的《修正法》针对雇主基于企业经营事由的解雇创设了行政机关介入的机制,即雇主基于经营原因的解雇必须事前得到劳动行政机构的许可:如果基于经营原因的解雇数量较少,未达到三十天内裁减 10 人以上的裁员门槛,那么行政机关应该在七日内审查雇主所主张的经济事由是否真实;对于三十天内裁减 10 人以上的裁员,行政机关则应该在三十天内审查是否存在雇主所主张的经济事由,雇主是否遵循了劳资协商程序的要求,雇主是否采取了降薪调岗等减少解雇的措施;只有获得行政机关的许可的,或是法定审查期满后

---

① 需要指出的是,实践中该解除阻滞期的作用不大,因为有相当多雇员原本享受的解除通知期就等于或者长于一个月,所以雇主在报告之后发出解除通知的,原本解除通知期就要在至少一个月后届满。虽然德国《民法典》第六百二十二条第一款规定的基础的解除通知期是四周,但是该条第二款针对雇主单方解除劳动合同规定了较长的解除通知期:劳动关系已存续二年的,解除通知期为一个月;劳动关系已存续五年的,解除通知期为二个月;劳动关系已存续八年的,解除通知期为三个月;劳动关系已存续十年的,解除通知期为四个月;劳动关系已存续十二年的,解除通知期为五个月;劳动关系已存续十五年的,解除通知期为六个月;劳动关系已存续二十年的,解除通知期为七个月。

② 德国联邦劳动事务所可以根据个案情况决定,允许雇主针对解除阻滞期的整个期间或者部分期间、针对所有雇员或者部分雇员实施短时工作制。关于短时工作制,详见[德]沃尔夫冈-多伊普勒:《德国劳动法》,王倩译,上海人民出版社 2016 年版,第 311 页及以下。

行政机关未作出决定的,雇主才能行使解雇权;雇主未遵守该规定的,并不会导致解雇无效,而是会被课以高额罚金,并需要对雇员承担损害赔偿责任。

对《修正法》的此项规定,来自企业主一方的批评声音没有中断过,主要是认为此举妨碍了企业的经营自主权,不利于竞争力的提升,甚至影响到整体经济的发展,工会一方对此也有抱怨,主要是认为政府的管制缺乏效率,而且经过行政机关许可的裁员有了"国家背书",被赋予了某种正当性,学者则指出此制度设计相当程度地混淆了公法与私法的界限,使得民事法院与行政法院审判权的体系大为混乱。在各方攻击之下,法国的立法者开始逐步废除行政机关的许可权限:立法者首先在 1986 年 7 月 3 日废除了三十天内裁减不到 10 人的事前许可义务,但是同时也寄希望于劳资双方的协商,扩大了劳动代表在基于经营原因解雇中的参与权,①并规定了行政机关的程序控制权限;在劳资双方通过集体代表博弈签订了覆盖法国全国、各个产业职业的集体合同以后,立法者在 1986 年 12 月 30 日正式废除了行政机关对于三十天内裁减 10 人以上的实质审查权;在此之后,法国的行政机关对于裁员的介入只限于监督企业内部劳资协商程序的遵循和采取相关的劳动力市场以及社会辅助辅导的措施。②

## 第三节　行政许可还是行政备案?

### 一、行政许可

按照我国《行政许可法》第二条,行政许可是指行政机关根据公民、法人

---

① 与德国相比,法国的产业民主贯彻得没有那么好,企业层面上劳方代表的力量没有那么强,所以法国法对于劳资协商的规定相当详尽,不论是对于协商代表的组成、协商的方式、协商的必要内容,还是协商与解雇权行使之间的关联、雇主未尽协商义务的法律责任等,都有明确规定,详见本书关于劳资协商的部分。

② 详见林佳和:《自由、管制与协商的辩证:台湾地区大量解雇劳工保护法的法政策选择分析》,载《劳动与法论文集 III》,元照出版公司 2014 年版,第 58—63 页。

或者其他组织的申请,经依法审查,准予其从事特定活动的行为。此概念有三层含义:一是存在着法律上的一般禁止;二是行政主体对相对人予以一般禁止的解除;三是行政相对人因此获得了从事某种活动或实施某种行为的资格或权利。①虽然对于行政许可的性质存在着"特许说""赋权说""解禁说""折中说"等多种学说,但是行政法学界的通说认为行政许可的性质是"解禁",也就是说,许可是对禁令的解除、自由的恢复,而不是权利的授予。行政许可主要能够起到控制危险、配置资源、提供公信力证明这三方面的作用,其中最为重要的就是行政许可起到的"无害性审查"的作用,即行政许可通过事前监督管理的方式,能够将那些对社会及公民来说是必要的或者是有益的,但同时有可能对社会或者公民带来某些不利甚至危害的活动纳入规范化的管理当中,将其置于行政部门的直接监控之下,通过严格的审查来排除其对社会和个人的危害,维护社会的正常秩序和社会成员的合法权益。②

由于行政许可的设定事关国家对公民自由的干预和限制,需要格外慎重,我国《行政许可法》第十二条和第十三条从正反两方面规定了这一问题,第十二条首先划出了可以设定行政许可的基本范围,分为一般许可、特许、认可、核准、登记五类,此处主要涉及一般许可,即"直接涉及国家安全、公共安全、经济宏观调控、生态环境保护以及直接关系人身健康、生命财产安全等特定活动,需要按照法定条件予以批准的事项",第十三条又明确,并非所有符合第十二条规定的事项都必然要设定行政许可,因为尽管这些问题关涉公共利益或者他人重大利益,但是可以通过其他方式来规范,即:公民、法人或者其他组织能够自主决定的事项;市场竞争机制能够有效调节的事项;行业组织或者中介机构能够自律管理的事项;行政机关采用事后监督等其他行政管理方式能够解决的事项。③

---

① 罗豪才、湛中乐主编:《行政法学》,北京大学出版社 2016 年版,第 187 页。
② 罗豪才、湛中乐主编:《行政法学》,北京大学出版社 2016 年版,第 187—192 页。
③ 林鸿潮:《行政法与行政诉讼法》,中国政法大学出版社 2017 年版,第 78 页。

所以,设定行政许可需要厘清政府与市场、社会之间的关系,也就是有必要回答三个问题:其一,该问题能否通过自主决定、市场调解、社会自律等方式解决?其二,个体、市场、社会无法自行解决的问题需要政府介入,但是这种介入只能通过行政许可来实现吗?其三,设定行政许可能否真正有效地解决问题,其成本效益如何,是否会导致其他的副作用?具体到一个行政许可事项的实施,往往要经历申请、受理、审查、决策四个环节,对于行政机关的决策,相对人可以提起行政复议或者行政诉讼予以救济。

## 二、行政备案

对于行政许可已经有专项立法,相关的理论研究和实践运行也很成熟。相比之下,虽然在我国简政放权的过程中,全面清理减少行政许可事项,行政备案作为一种相对柔性的管理手段在实践中被应用得越来越多,但是立法方面还存在大面积空白,广州市政府在 2010 年 12 月 31 日颁布的《广州市行政备案管理办法》是目前国内唯一对行政备案作出法律界定的立法。对于行政备案的概念性质、制度功能、设定条件、程序规则、救济途径等方方面面的问题,学界的研究成果还相当有限,实践运行也被描述为"乱象丛生"。[1]上述广州规定将"行政备案"界定为"行政机关为了加强行政监督管理,依法要求公民、法人和其他组织报送其从事特定活动的有关材料,并将报送材料存档备查的行为"。上海市人民政府法制办公室《行政备案制度研究》

---

① 朱最新、曹延亮:《行政备案的法理界说》,《法学杂志》2010 年第 4 期,该文指出我国现行法规范体系中存在着行政许可意义上的备案、行政确认意义上的备案、告知意义上的备案和监督意义上的备案;朱宝丽:《行政备案制度的实践偏差及其矫正》,《山东大学学报(哲学社会科学版)》2018 年第 5 期,该文指出了行政备案制度实施过程中出现的四大问题:第一,审批改革原本旨在减少政府对于市场的无序干预,但是改革过程中产生了大量不必要的备案,而且其管制不仅管得宽,而且管得深,并未实现对市场放松监管的初衷;第二,备案的设定带有相当大的随意性,在需要提交的材料、程序方式、公开程度方面都相当不规范;第三,不少需要调整或取消的审批事项都是由法律、行政法规规定的,本来应该修改或废止相关法律,但实践中都是以发布政策文件方式推进的;第四,以备案代替许可的改革出现了反复,目前仍然有部分名为备案、实为许可的现象。

课题组对"行政备案"的定义是,"行政相对人依法向行政主体报送与行政管理有关的信息情况,行政主体进行整理、归档、备查的一种外部行政行为"。①

较多观点认为,行政备案属于程序性的事实行为,无论是信息收集、披露还是存档备查,行政备案都不以产生特定法律效果为目的,主要是为行政决策或行政执法提供信息基础,比如通过备案来监督相对人的相关行为是否合法,不合法就可能产生行政处罚等行政行为,对于相对人而言这种行政备案行为的结果并不对相对人权利义务产生直接影响,可能只是行政处罚等其他行政行为的前置性程序行为,所以,相对人也无法直接对行政备案行为提起行政复议或者行政诉讼。②上海市人民政府法制办公室《行政备案制度研究》课题组认为,按照功能不同,行政备案分为告知性行政备案和监督性行政备案:告知性行政备案是以向有关行政主体提供相关信息为目的、由报送人报告相关事由和材料的一种备案形式,其目的在于向有关行政主体传递相关信息,为行政机关实施行政管理和服务、开展行政决策等提供信息基础,对这种告知性备案,行政机关实行的是形式审查,也就是指审查申请材料是否齐全、是否符合法定形式;监督性行政备案是指以实现有关行政主体监督检查为目的、报送人报告相关事由和材料的一种备案形式,这类行政备案目的在于监督检查,即行政机关通过对公民、法人或其他组织的相关事务进行审查,排除其潜在危险或对不利后果进行补救,此类备案实行的是实质审查,也就是行政机关需要对备案事项的客观情况进行调查核实,审查申请材料的真实性、合法性。③该课题组还提出,可以依据时间先后分为事前

---

① 李平等:《行政备案制度研究:以本市地方性法规、政府规章为样本》,《政府法制研究》2017 年第 12 期。

② 持该意见的有朱最新、曹延亮:《行政备案的法理界说》,《法学杂志》2010 年第 4 期;张红:《论行政备案的边界》,《国家行政学院学报》2016 年第 3 期;李平等:《行政备案制度研究:以本市地方性法规、政府规章为样本》,《政府法制研究》2017 年第 12 期。但是,对于行政备案中的相对人又应该提供什么救济渠道呢,对此仍然没有回答,马博:《行政备案的制度问题及其改进》,《大连海事大学学报(社会科学版)》2017 年第 6 期。

③ 也有部分学者认为行政备案主要起到信息功能和监督功能,徐景波:《完善我国行政备案制度的构想》,《江汉大学学报(社会科学版)》2015 年第 1 期;张红:《论行政备案的边界》,《国家行政学院学报》2016 年第 3 期。

行政备案和事后行政备案:事前行政备案是指行政相对人在实施某项活动前将相关事由和材料报送有关行政主体备案,目的在于使有关行政主体提前获取相关信息,以便采取应对措施,这是一种积极的、预防性的事前监督,具有防患于未然的意义;事后行政备案则是指行政相对人在实施某项活动后将相关事由、材料报送有关行政主体备案,便于行政机关获得有关事项全面客观的信息。①

### 三、我国不宜对裁员设定行政许可

从前面德国法、法国法的经验来看,特别是参考法国法的曲折变化,也许我们会得出结论,即将裁员中报告政府的环节设定为行政许可不是一个合适的选择,②当然,设定为行政备案也不意味着行政机关对裁员放任不管,相反,行政机关获取了相关信息材料之后,应该积极地履行监管职责,提供更有针对性的公共服务。不过,由于行政备案也还没有"模式化、标准化",所以对于经济性裁员中的行政备案如何进行具体安排设计也值得进一步研究。比如,该行政备案应设定为事前行政备案,才能起到积极的、预防性的作用,当无疑义,我国《企业裁减人员规定(征求意见稿)》(以下简称《征求意见稿》)第十三条也是这么规定的,即"收到人力资源社会保障部门的收讫回执十日后,企业可以实施裁员",但是根据《征求意见稿》第十二条,即"人力资源社会保障行政部门收到企业裁员报告后,对报告材料齐全的,应当当场向企业出具收讫回执并予以备案;对报告材料不齐全的,应当告知企

---

① 前述《广州市行政备案管理办法》第十四条也区分了事前与事后行政备案,即"对依法需要进行行政备案的事项,公民、法人或者其他组织应当在其行为结束之日起二十个工作日内报送备案;需要进行事前行政备案的,公民、法人或者其他组织应当在作出相应行为五个工作日前报送备案"。

② 也有学者提出,究竟应该设定行政许可还是行政备案,就此并没有绝对的对错,更多的是一个结合本国国情进行政策选择的问题,也取决于各种社会力量的实力对比变化,详见林佳和:《自由、管制与协商的辩证:台湾地区大量解雇劳工保护法的法政策选择分析》,载《劳动与法论文集Ⅲ》,元照出版公司 2014 年版,第 66 页。

业限期补正"。该行政备案似乎属于告知性行政备案,劳动行政部门只进行形式审查,在我国劳资协商尚不发达、用人单位违法行为较为普遍的背景下如此规定是否合理,是否应该改成监督性行政备案,由劳动行政部门进行实质审查,①才能达到避免用人单位滥用裁员的危险的目的,同时又该如何防止行政备案成为变相的行政许可呢?该问题有待深入讨论。

无论如何,笔者认为目前在我国不宜对裁员设定行政许可,主要基于以下三点考量。

第一,不设定行政许可符合"使市场在资源配置中起决定性作用"的要求。习近平总书记 2013 年 11 月 9 日在《关于〈中共中央关于全面深化改革若干重大问题的决定〉的说明》中指出,"进一步处理好政府和市场关系,实际上就是要处理好在资源配置中市场起决定性作用还是政府起决定性作用这个问题。经济发展就是要提高资源尤其是稀缺资源的配置效率,以尽可能少的资源投入生产尽可能多的产品、获得尽可能大的效益。理论和实践都证明,市场配置资源是最有效率的形式。市场决定资源配置是市场经济的一般规律,市场经济本质上就是市场决定资源配置的经济。健全社会主义市场经济体制必须遵循这条规律,着力解决市场体系不完善、政府干预过多和监管不到位问题"。中共中央、国务院 2015 年 3 月发布的《关于构建和谐劳动关系的意见》中也提到,应该"优化企业发展环境,加强和改进政府的管理服务,减少和规范涉企行政审批事项"。用人单位进行经济性裁员,究其本质,就是从质的方面或者量的方面对人力资源进行重新配置,立法者可以对经济性裁员设定各种实体性和程序性条件,但是不应该由政府来决定

---

① 宁波市原劳动与社会保障局等单位 2009 年 5 月 25 日联合发布的《关于稳定我市企业劳动关系规范企业裁员有关问题的通知》中规定的明显属于实质审查,即"劳动保障行政部门在收到企业报送的裁员方案及相关资料后,应当场向企业出具《〈企业裁减人员报告〉受理通知书》(附件 3),并在五个工作日内出具《〈企业裁减人员报告〉审核意见书》(附件 4)。劳动保障部门要认真审核裁员方案及相关材料(包括与裁员条件、裁员程序相关的资料,如提前三十日向全体职工说明情况、听取意见并与工会共同协商、修改完善裁员方案的会议纪要和相关材料),重点审核裁员条件、裁员程序、裁员对象及留用人员是否符合《劳动合同法》的规定"。

是否允许用人单位裁员,不应该由政府从微观层面上直接介入劳动力资源的配置,否则就可能阻碍正常的优胜劣汰和结构调整。

第二,不设定行政许可符合国家简政放权的大趋势。由于我国曾经长期实行计划经济体制,习惯了用审批、许可等方式进行管理,在广泛的领域中存在着非常多的行政许可事项,随着市场经济体制的建立和完善,为了理顺政府与社会、市场之间的关系,真正打造现代型法治政府、转变政府职能,从 2001 年 9 月 24 日国务院下发《关于成立国务院行政审批制度改革工作领导小组的通知》启动行政审批制度改革开始,国家已经分八个批次取消和调整了几千项行政审批项目。我国《行政许可法》第二章的规定集中体现了立法者对行政许可的设定的态度,具体到经济性裁员这一事项,经济性裁员可能导致规模性失业、引发大量劳资冲突和争议,从而冲击劳动力市场,甚至扰乱社会秩序,对公共利益和劳动者的重大利益造成不利影响,按照《行政许可法》第十二条属于可以设定行政许可的事项。但是,根据《行政许可法》第十三条的精神,经济性裁员又并非必须设定行政许可的事项,可以通过其他方式来规范:由于劳动力供需关系的变化、"招工难"等问题,正常情况下用人单位一般不会随意裁减人员;劳资协商机制日渐完善后,也能在一定程度上起到防止滥用裁员的作用;用行政备案替代行政许可,也能够起到政府对经济性裁员加强监督管理,向相关方提供公共服务的作用;设定行政许可,是否允许裁员由政府说了算,容易导致权力寻租、腐败蔓延;政府许可同意裁员,相当于给予"国家背书",可能导致被解雇的劳动者将怒火和矛头指向政府,引发上访或者行政复议、诉讼。

第三,不设定行政许可更加符合国际惯例。根据《国际劳工组织第158 号公约(劳动契约的终止)》第十四条,"1.雇主考虑以经济、技术、结构或其他类似理由解雇时,应该依照国家法律与惯例将相关资讯尽早通知主管机关,并以书面形式告知其解雇原因、解雇人数、可能受到影响的员工的种类和数量、预计实施解雇的时间等信息。2.国家法律可以将本条第一项规定的适用范围限定于解雇人数达到一定人数或者员工总数的一定百分比的情形。3.国家法律与惯例规定了雇主从通知主管机关到实施本条第一项所规定的解雇之间的最短期限的,应当遵守之"。该规定只要求事先通知主管机关,并规定了告知的书面形式和必备内容。另外,根据学者的统计,在其统计的 85 个国家中,有 62 个国家要求雇主将裁员信息通知主管机关,而在这 62 个国家中,只有刚果、埃及、加蓬、约旦、墨西哥、荷兰、巴拿马、斯里兰卡、叙利亚、西班牙、希腊和摩洛哥这 12 个国家要求裁员必须经过行政机关或者司法机关的批准。[①]

## 第四节　政府在经济性裁员中的其他角色

《劳动合同法》只要求用人单位在裁员之前向劳动行政部门报告,然而政府在经济性裁员中扮演的角色、发挥的作用却不限于此,对于经济性裁员,政府往往还要做好指导、监督和服务工作,甚至可以说,报告本身并非最终目的,只是报告有利于政府发挥这些作用。就此,除了应遵守我国《就业促进法》的相关规定以外,中央和地方的各种政策和做法也值得注意。

所谓指导工作,主要指日常的相关法规政策宣传、出台类似《企业裁员操作指引》的指导性文件等工作,此项工作往往在经济性裁员频发的困难时期得到特别的重视。比如,在国际金融危机的背景下,宁波市原劳动与社会保障局等单位在 2009 年 5 月 25 日公布的《关于稳定我市企业劳动关系、规范企业裁员有关问题的通知》中提出,"要充分发挥三方机制的独特作用和各自优势,深入企业开展调研,增强工作的预见性和针对性,并采取积极有效的措施,确保中央、省、市出台的有关保企业、保就业、保稳定的政策措施落到实处,见到实效。要引导企业自觉履行社会责任,通过采取积极有效的措施,稳定就业岗位和劳动关系。切实规范企业裁员行为,指导督促企业依

---

① 钱叶芳:《裁员保护立法的国际比较及其启示》,《法商研究》2012 年第 2 期。

法制定裁员方案,并履行法定程序"。①宁波的《企业裁员操作指引》还规定:"如果企业无法自我确认是否符合裁员情形的,不得贸然裁员,要及时与企业所在地劳动保障部门沟通,得到劳动保障部门确认后再启动裁员程序。"

所谓监督工作,主要是指宏观上对失业的监测、预警和防控,还包括微观上对裁员中的违法行为进行纠正处罚等。我国《就业促进法》第四十二条明确要求,"县级以上人民政府建立失业预警制度,对可能出现的较大规模的失业,实施预防、调节和控制"。有学者指出,目前各地政府正在积极建立本地的失业预警系统,已经有北京、山东、甘肃、天津等地建立了失业预警系统,但是应用上还不够成熟,仍然需要进一步完善。②比如,山东省人力资源和社会保障厅 2016 年 3 月 28 日公布了《山东省失业动态监测工作等 3 个实施方案的通知》,内容主要有三:一是实施动态监测,每月对企业就业岗位增减变化数量、原因、类型等,实施及时跟踪监测,随时掌握变化情况;二是开展分类分级预警,建立了对行业企业的规模性、区域性失业监测预警调控应急制度,建立了以趋势特征和指标特征为主的黄、橙、红 3 级预警等级;三是实施分级应急响应,对不同级别的预警,制定了相应的调控应急方案。对于裁员中用人单位的违法行为,2014 年 12 月 31 日公布的《企业裁减人员规定(征求意见稿)》第二十二条规定,"企业有下列情形之一的,按照《劳动保障监察条例》第三十条第一款第三项的规定执行:(一)违反本规定第十一条规定,提交裁员报告材料不真实的;(二)违反本规定第十八条规定,未提前 30 日向本企业工会或者全体职工告知有关情况的;(三)违反本规定第十八

---

① 在供给侧结构性改革的背景下,宁波市人力资源和社会保障局在 2016 年 5 月 4 日公布的《关于做好企业转型升级过程中劳资纠纷预防处理工作的意见》又有类似意见,"人力资源和社会保障部门要对实行转型升级可能引发群体性事件的企业实行重点监控,并根据本地区企业实行转型升级需要,通过召开企业座谈会、约谈或派员上门等形式开展法规政策宣传,指导企业规范运作,引导职工理性维权,促进劳资双方沟通对话"。

② 朱莉莉:《国内失业预防问题研究历程与文献评述》,《北京劳动保障职业学院学报》2018 年第 2 期。

条规定,未将拟解除劳动合同人数报告当地人力资源社会保障行政部门的"。《劳动保障监察条例》规定的处罚是"处 2 000 元以上 2 万元以下的罚款",将来还可以考虑增加处罚的情况和处罚的方式。

所谓服务功能,主要是指政府提供的稳岗补贴、转岗培训、职业介绍、公益岗位、失业待遇和最低生活保障等公共服务。政府对于已经因为裁员而失业的人员应该提供哪些帮助,《就业促进法》与《失业保险条例》等都有较为详细的规定,此处不再赘述。①值得特别讨论的是稳岗补贴的问题,根据2014 年 12 月 31 日公布的《企业裁减人员规定(征求意见稿)》第六条,"对采取有效措施不裁员、少裁员,稳定就业岗位的企业,人力资源社会保障部门按照国家有关规定给予稳定岗位补贴,用于职工生活补助、缴纳社会保险费、转岗培训、技能提升培训等相关支出。人力资源社会保障部门应当为符合条件的企业申请享受有关扶持政策提供指导和服务"。相应地,2017 年11 月 10 日公布的《失业保险条例(修订草案征求意见稿)》第二十条也规定,即"用人单位依法参加失业保险并缴纳失业保险费的,当出现劳动合同法第四十一条规定情形,或者因重大突发事件、自然灾害等原因造成阶段性停工停产时,采取措施稳定岗位,不裁员或者少裁员的,可以享受稳定岗位补贴,具体办法由省、自治区、直辖市人民政府规定"。

对于由人社部门向不裁员、少裁员的用人单位发放稳岗补贴的规定,有学者表达了质疑,主要基于两点理由:稳岗补贴作为一种行政给付,其设定需要上位法依据;出现"可以裁减人员"情形时,可供企业调整从而不裁员或者少裁员的空间与可能性都比较小,与其通过提供补贴鼓励企业违背客观

---

① 比如《就业促进法》第四十九条规定:"地方各级人民政府鼓励和支持开展就业培训,帮助失业人员提高职业技能,增强其就业能力和创业能力。失业人员参加就业培训的,按照有关规定享受政府培训补贴。"又比如《失业保险条例》第二十五条规定:"社会保险经办机构具体承办失业保险工作,履行下列职责:(一)负责失业人员的登记、调查、统计;(二)按照规定负责失业保险基金的管理;(三)按照规定核定失业保险待遇,开具失业人员在指定银行领取失业保险金和其他补助金的单证;(四)拨付失业人员职业培训、职业介绍补贴费用;(五)为失业人员提供免费咨询服务;(六)国家规定由其履行的其他职责。"

的裁员需求不裁员或者少裁员,不如直接补贴给被裁减的人员,作为额外的失业金或就业帮助金。①笔者认为上述观点有待商榷:其一,我国现行行政法并没有规定"只有法律和行政法规才可以设定行政给付",行政给付作为一种典型的授益性行政行为,似乎没有必要对其设定进行立法层级上的严格限制,由《企业裁减人员规定》这一部门规章来设定稳岗补贴似乎并无不妥,而且假设将来《失业保险条例》这一行政法规也规定了稳岗补贴,那么就更不缺乏上位法依据了;其二,出现"可以裁减人员"的情形,不代表必须裁员,虽然用人单位不裁员、少裁员的空间不大,但是并非完全没有调整空间,总是有可能采取一些补救措施和替代方案的,这也体现了"最后手段原则"的要求,稳岗补贴一方面可以用减少用工成本的方式帮助用人单位渡过困难时期,另一方面也能够帮助劳动者尽量保留其工作岗位,所以,它更多的是起到预防失业的作用,与额外的失业金或者就业帮助金发挥的保障失业人员生活的作用不同,两者相互之间不能替代,设定稳岗补贴也和我国失业保险制度的改革方向相符,即"增强失业保险制度预防失业、促进就业功能"。不过,笔者也认为,为了避免财政资金被滥用,应该进一步明确规定稳岗补贴的申请条件和审核程序等细节。

---

① 董保华、田思路、李干等:《从法理情审视〈企业裁减人员规定(征求意见稿)〉》,《中国劳动》2015 年第 3 期。

# 第六章　避免或减少裁员的措施

## 第一节　"最后手段原则"的初步体现

### 一、域外法中的最后手段原则

"最后手段原则"(Ultima Ratio Prinzip)或者"比例原则"(Verhältnismä-ßigkeitsprinzip)是指,雇主应该考虑哪些措施有助于达成排除合同履行的障碍的目的,并且在可以达成这一目的的几种措施中选择对雇员权利侵害最小的措施,该措施对所造成的对雇员权利的侵害和所欲达成之目的间应该有相当的平衡。由于在雇主能够合法采取的措施中对于雇员而言最为严厉、影响最大的就是解雇,所以雇主只有穷尽了其他可能的、更为温和的手段之后迫不得已才能解雇。该原则是德国解雇保护三大基本原则之一,得到了德国理论界和实务界的普遍认可,①也体现在了立法当中。根据德国《解雇保护法》第一条第二款第二句和第三句,如果雇主可以通过调整工作岗位、培训或者和雇员协商一致变更其他的劳动条件来继续履行劳动合同,并且企业工人委员会因此提出异议的,解雇不符合社会正当性。然而,德国联邦劳动法院在 1973 年 9 月 13 日的判决中特别强调,这种情形下解雇肯

---

① 详见 Ascheid-Preis-Schmidt/Preis, Kündigungsrecht, 4. Auflage, Grundlagen H. Rn. 55ff.；BAG 30.5.1978, AP Nr. 70 zu § 626 BGB。

定不符合社会正当性,无需再进行利益衡量等步骤,可以直接判定解雇违法,但是个案中雇主有义务事先采用的更为温和的手段却不限于此,"最后手段原则"的适用也不以企业工人委员会的异议为前提。①

日本法也承认最后手段原则,虽然缺乏明文规定,但是其学界和司法界针对所谓的"整理解雇"(也就是基于经营原因的解雇)发展出来了判定解雇权滥用的"四要件说",核心要件就是"雇主是否履行了回避解雇的努力义务",法院在审判中必须审查雇主是否通过停止招聘新员工、限制加班加点、内部调动、募集提前退休员工等解雇以外的其他手段,如果雇主没有进行回避解雇的尝试,那么可以判定解雇违法。②

## 二、我国的相关规定分析

我国《劳动合同法》的规定初步体现了最后手段原则的精神。该法第四十条针对不同的无过错解雇类型有不同的安排:对于"因病解雇",用人单位需要为劳动者另行安排工作;对于"不胜任解雇",用人单位有义务给劳动者"第二次机会",在解雇前需向劳动者提供培训或者调整工作岗位;对于"基于客观情况发生重大变化的解雇",用人单位应该与劳动者就劳动合同的变更进行协商。该法第四十一条却只针对四种裁员情形之中的第三种,即"转产、重大技术革新或者经营方式调整",要求用人单位在裁员之前必须先行"变更劳动合同",对于其他三种裁员情形并无采取某种避免裁员措施的明

---

① 德国联邦劳动法院在判决中指出,这一新规定源于 1972 年德国《企业组织法》第一百零二条第三款,立法者赋予企业工人委员会异议权的目的在于通过雇员集体利益代表的介入增强对雇员个体的解雇保护(因为企业工人委员会比雇员拥有更多信息、更加了解企业的情况,比如是否存在空缺岗位)。而在这项立法之前学界和司法界就已经普遍要求解雇之前穷尽可能的、更为温和的手段,如果立法之后将解雇前有义务采取的手段限定于法律明确列举的这几种并且以企业工人委员会提出异议作为适用前提,那么起到的效果是削弱了解雇保护,将和立法目的相矛盾。详见 BAG 13.9.1973,AP Nr. 2 zu §1 KSchG 1969;Erfurter Kommentar zum Arbeitsrecht/Oekter,14. Aufl.,§1 KSchG Rn. 61。

② 参见[日]荒木尚志:《雇佣体系与劳动条件变更法理》,田思路译,上海人民出版社 2016 年版,第 145 页;田思路,《日本劳动法研究》,中国社会科学出版社 2013 年版,第 220—222 页。

确要求。

司法实践中对于此法律条文的解释和适用也比较保守,基本只依据上述法律规定的表述要求用人单位采取该解雇类型或情形所对应的、特定的那种"更为温和的手段"。比如,在"顾某与中粮食品营销有限公司南京分公司劳动合同纠纷案"中,顾某就职于中粮食品营销有限公司南京分公司从事休闲食品营销,因中国食品有限公司将金帝巧克力生产部门剥离且决定终止自营休闲类业务,撤销休闲食品品类管理部所属部门,中粮食品营销有限公司南京分公司负责营销金帝巧克力的部门无法继续从事原有工作,法院认为构成《劳动合同法》第四十一条第一款第四项的"客观经济情况发生重大变化",虽然顾某提出裁员之前应该先"变更劳动合同",但是法院并未采纳其意见,认定裁员合法。① 虽然在地方层面上也有一些相关规定,比如福建省原劳动与社会保障厅 2008 年 12 月 11 日公布的《福建省企业经济性裁减人员实施办法》第十一条规定,"用人单位有条件的,应为被裁减的人员提供培训或就业帮助"。然而,从其表述上就可以看出提供培训或就业帮助并非"硬性要求",事实上劳动仲裁和法院基本不会在判断裁员合法性时审查用人单位是否采取了不裁员、少裁员的措施,更加不会以用人单位能够采取而未采取避免或减少裁员的措施而认定裁员违法。

另外,往往是在国际金融危机来临等特殊困难时期,政府才阶段性地较为重视此事项,比如福建省原劳动与社会保障厅 2009 年 3 月 12 日公布的《关于应对当前经济形势稳定劳动关系的指导意见》中指出,"各级协调劳动关系三方要积极鼓励遇到暂时困难的企业围绕保障就业、稳定劳动关系,通过缩短工时、轮岗休息、适时安排年休假、轮岗培训、协商薪酬等办法妥善处理劳动关系,尽最大努力不裁员或少裁员。对于困难企业开展职工在岗培训的,可按照国家和我省有关规定享受培训补贴;对于困难企业经与职工协商、签订变更劳动合同协议后,可以采用定期放假的办法,让部分职工暂时

---

① 江苏省南京市中级人民法院(2017)苏 01 民终 3988 号,"顾某与中粮食品营销有限公司南京分公司劳动合同纠纷案",案例源自威科先行数据库。

离岗休息，企业发放基本生活费，生活费发放标准参照《省政府批转省劳动保障厅〈关于进一步理顺国有企业劳动关系及用人单位做好劳动合同管理工作的意见〉的通知》（闽政〔2000〕266号）执行".①可见，在我国最后手段原则并没有成为适用于所有解雇类型和情形的共通的原则，这是将来修法应该改善的地方。

## 第二节 减少裁员之策的德国经验

涉及具体的避免或减少裁员的措施，德国的经验也是值得借鉴的。在2008年美国次贷危机所引发的那场全球性的金融危机当中，德国的表现称得上是相当不错的，虽然德国的经济属于出口外向型经济，原本有人预测其经济将受到严重冲击，但是其经济状况和就业水平整体表现都还算平稳，失业率并没有大幅攀升，某种程度上也可以归结于那些行之有效的避免或减少裁员的措施，②包括放弃加班、预支年休假、减少使用劳务派遣、消耗工作时间账户的盈余、实行短时工作制或者减时减薪等，其中前三种措施操作起来比较简单，对我国而言也并无多少新意，所以下面将对后三种措施进行简要介绍。

### 一、消耗工作时间账户

首先，消耗工作时间账户的盈余这种方法在实践中意义重大。所谓的工作时间账户（Arbeitszeitkonto）制度并非德国立法设定，而是在用工管理

---

① 类似的还有宁波市原劳动与社会保障局等单位在2009年5月25日公布的《关于稳定我市企业劳动关系、规范企业裁员有关问题的通知》中提出，"全市各类企业应主动承担社会责任。当前生产经营遇到暂时困难的企业，要采取轮岗工作、在岗培训、短期放假、弹性工时、协商薪酬等有效措施，稳定职工就业岗位，尽可能避免裁减人员，稳定职工队伍。国有企业、国有控股企业以及各类规模以上企业更要带头承担社会责任，尽最大努力不裁员或少裁员"。

② 当然，保经济才是保就业的根本途径，德国政府也推出了一系列"救市计划""经济振兴计划"等帮助经济复苏、企业脱困的措施。详见［德］赖纳-克伦普、拉尔斯-皮尔茨:《德国应对世界经济危机的措施》，王程乐译，《德国研究》2009年第2期。

实务中发展起来的弹性工时模式,从 20 世纪 70 年代开始发展,目前已经通过集体合同、企业协议或者劳动合同等机制得到普遍应用,①据统计,2000 年德国已经有 65％的德国企业实施工作时间账户制度。在实施工作时间账户的企业中,每个雇员都有一个工作时间账户,只要某天的实际工作时间超出了约定的工作时间,那么就向工作时间账户中存入相应的"时间存款",相反,如果实际工作时间少于约定的工作时间,那么就计入相应的"时间负债",或者直接抵扣之前的"时间存款",一般半年或者一年会进行账户结算。如此一来,对于旺季或者工作量比较大的阶段积累的加班时间,不是支付加班费,而是将加班时间像存款一样存起来,从而可以在之后淡季或者有需要时消耗它,获得双赢局面:一方面雇主不用为加班时间付出额外的费用,节省了用工成本,也能较好地配合企业、季节和市场的变动;另一方面雇员也可以较为灵活地调配时间,方便安排自己的生活。一般而言,雇员可以自行决定什么时候来使用这些时间盈余,但是特定情况下可以由雇主和企业职工委员会达成一致,统一安排消耗时间账户的盈余,从而应对工作量的减少,让双方都能安稳地渡过困难时期。比如,某企业的常规工作时间是每周 38 小时,在危机来临之前,雇员每个星期工作 45 个小时,他的工作时间账户每个星期都会存入 7 个小时的盈余,在积累 26 个星期以后,他的工作时间账户上有 182 个小时的盈余,现在危机来临,工作量减少了,他可以休息 4 个星期零 4 天,工资照发。②在 2008 年的经济危机当中,戴姆勒公司的管理层和企业职工委员会就曾经共同决定于 2008 年 12 月 15 日至 2009 年 1 月 15 日统一消耗时间账户盈余一个月。③

---

① 需要注意的是,由于每周工作时间的总长度属于"由集体合同规制或者通常由集体合同规制的事项",所以以每周工时总额不会成为企业协议的调整对象,但是企业职工委员会按照德国《企业组织法》第八十七条第二项,就"每天工作时间的起止、休息时间、每周各天工作时间的具体分配"拥有共决权,所以引入灵活工作时间模式属于企业中劳资共决的事项。

② 〔德〕沃尔夫冈-多伊普勒、王倩:《金融危机中避免失业减少裁员之策》,《中国劳动关系学院学报》2009 年第 3 期。

③ 林佳和:《企业需求与劳动保护的拉扯:弹性工时的理论与实践》,载《劳动与法论文集 III》,元照出版公司 2014 年版,第 116—158 页。

## 二、短时工作制

再来看"短时工作制"（Kurzarbeit），这是在德国实践中非常重要的、普遍适用的避免裁员的手段，特别是在 2008 年的经济危机中短时工作制真正起到了帮助劳资双方同舟共济、共渡难关的作用。实行短时工作制意味着缩短每周的工作时间，比如劳动者不再是每周工作 36 小时，而是工作 20 小时、10 小时甚至 0 小时。一方面，这属于劳动关系的重大变更，所以需要有相关依据。集体合同中往往包含着对短时工作制的相关约定，集体合同没有调整此事项或者不适用于某企业的，可以通过企业协议来调整。如果这条途径也走不通，比如该企业中未设立企业职工委员会，那么就必须修改劳动合同了，大多数情况下雇主和雇员可以协商达成一致，否则也可以就此发出变更解雇。另一方面，实行短时工作制属于"临时缩短企业的工作时间"，在设立了企业职工委员会的企业中这是典型的"社会事务"，企业职工委员会按照德国《企业组织法》第八十七条第三项就"是否"和"如何"实行短时工作制拥有共决权。雇主和企业职工委员会都不能够单方决定实施短时工作制，如果雇主不想实施短时工作制，企业职工委员会却认为符合引入短时工作制的条件，那么企业职工委员会也可以通过劳资协调处来达到目的，反之亦然。对于实施短时工作制的细节，也需要双方协商一致，比如何时开始实施，实施多久，每周工作时长等，企业职工委员会还会尝试为雇员争取额外的权益，比如在短时工工作津贴之外让雇主向雇员支付一定的补贴。①

能够获得短时工作津贴虽然不是法定的实施短时工作制的前提条件，但实践中劳资双方往往是在可以申请到由劳动事务所支付的短时工作津贴时才会实施短时工作制，就此德国《社会保险法典（第三部）》第九十五条及以下条款有较为详细的规定。想要获得短时工作津贴，必须同时满足以下

---

① 详见［德］沃尔夫冈-多伊普勒、王倩：《金融危机中避免失业减少裁员之策》，《中国劳动关系学院学报》2009 年第 3 期；［德］沃尔夫冈-多伊普勒：《德国劳动法》，王倩译，上海人民出版社 2016 年版，第 311—314 页。

条件:工作量的减少需要达到一定的严重程度,即至少有三分之一的员工的工作时间减少,以至于他们的正常工资将减少 10％以上;该工作量的减少是暂时性的,可以预期之后状况会好转;工作量的减少是因为整体经济形势不好或者不可抗力导致的,单纯的企业经营困难导致的工作量减少不能得到补贴;实施短时工作制是不可避免的,即先采取预支年休假、消耗时间账户盈余等方法仍不奏效。实施短时工作制的,雇主只需要向雇员支付与实际工作时间相对应的劳动报酬,除此之外雇员会获得由劳动事务所负担的短时工作津贴,短时工作津贴的额度等于减少的工作时间所对应的净工资的 67％(有小孩的雇员)或者 60％(无小孩的雇员),一般情况下短时工作津贴最多发放六个月,但是特殊情况下经联邦劳动部的决定可以延长至二十四个月。不过,雇主就减少的工作时间还是有义务支付社会保险费,只不过此时的缴费基数为报酬减少部分的 80％,然而,为了减轻雇主的负担,已经于 2012 年 3 月被废除的《社会保险法典(第三部)》第四百二十一(t)条曾经规定,实施短时工作制的头六个月,雇主只需要承担社会保险费用的一半,另一半由劳动事务所负担,六个月之后则全部由雇主支付,该条款甚至规定,如果实行短时工作制期间雇主资助雇员参加了转岗培训或者进修培训,那么在此期间社保费用完全由劳动事务所承担,这一免除社保费用的举措鼓励了大量雇主在 2008 年的经济危机当中实施短时工作制,确实起到了避免或减少裁员的作用。[1]

## 三、减时减薪

最后,所谓减时减薪是指减少雇员工作时间的同时相应减少雇主支付的工资,德国部分集体合同中有约定此类途径来应对经营困难。相对于短

---

[1] 详见[德]沃尔夫冈-多伊普勒:《德国劳动法》,王倩译,上海人民出版社 2016 年版,第 311—314 页;林佳和《提升能力、不要解雇:金融危机下的德国劳动力市场对策》,载《劳动与法论文集 III》,元照出版公司 2014 年版,第 83—114 页。

时工作制,该措施的适用并不限于暂时性的工作量减少,即使生产经营出现较长时间的困难,也可以用减时减薪的方法来应对工作量的减少,实行减时减薪期间雇员无法得到短时工作津贴,只能承受工资的损失,而且雇主也不用承担全部的社会保险费。该措施整体上对于雇主更有利,作为雇员方付出牺牲的对价,雇主方会承诺在实行减时减薪期间不得发出基于经营原因的解雇,即使经营状况进一步恶化,雇主也不得裁员。曾经德国大众汽车在1985年遭遇经营困难,工作量严重不足,从而实行减时减薪,整个年度每周只工作28.8小时,因此才得以渡过难关。[①]

## 第三节　我国相关制度的完善

### 一、《企业裁减人员规定(征求意见稿)》的相关规定

值得肯定的是,我国《企业裁减人员规定(征求意见稿)》(以下简称为《征求意见稿》)第五条规定,企业出现可以裁员的情形时,可以在裁员前与工会或者职工代表协商,采取措施尽量不裁员或者少裁员,然后针对不同的裁员情形规定了不同种类的措施,即"企业因转产、重大技术革新或者经营方式调整等情形导致职工不适应岗位要求的,可以采取转岗培训、技能提升培训等措施促使职工提高或者转换技能,适应岗位需要,减少裁员。企业因依照企业破产法规定进行重整或者生产经营发生严重困难以及其他客观经济情况发生重大变化,致使劳动合同无法履行的,经与工会或者职工代表协商一致,可以采取一定期限的在岗培训、减少工作时间、调整工资、轮流上岗等措施减少裁员"。但是,《征求意见稿》第五条的表述适用的是"可以"采取措施尽量不裁员或者少裁员,似乎是任意性规范,《征求意见稿》第七条却又表述为"企业采取第五条规定措施后仍需裁减人员的",似乎采取不裁员、少

---

① 详见[德]沃尔夫冈-多伊普勒、王倩:《金融危机中避免失业减少裁员之策》,《中国劳动关系学院学报》2009年第3期。

裁员措施为必经程序,所以,这些规定似乎有点自相矛盾,究竟设定了法律义务还是属于企业社会责任的范畴也不清楚。[①]笔者认为,本着最后手段原则的精神,修改为"企业出现可以裁员的情形时,应该在裁员前与工会或者职工代表协商,采取措施尽量不裁员或者少裁员",后面仍然表述为"可以采取……措施",也就是表明:用人单位在裁员之前应该尽力采取某种或数种避免或者减少裁员的措施,但是并不僵化地由法律规定必须是哪种,而是允许用人单位根据实际情况与职工方协商确定,法院应尊重其协商结果。

**二、整体思路和具体措施**

**(一)整体思路**

除了应该将最后手段原则提升为适用于所有解雇类型和情形的共通的原则以外,从德国经验中还可以得出两点启示:其一,避免或减少裁员应该充分利用各种途径,而不是拘泥于有限的法律规定,集体合同、企业协议等创设的博弈和协商空间往往能够带来更多的弹性和灵活,比如通过弹性工作制、减时减薪等措施增加了内部的调整空间,使得劳动关系更加有韧性,不那么容易破碎,当然这也有赖于劳方集体利益代表组织的独立和强大;其二,为了促进就业安定、减少裁员,不仅需要劳动法得以贯彻执行,设定雇主的相关义务,也需要社会保障法配合,通过社保基金,甚至国家财政的补贴来避免规模性失业,以短时工作制为例,正是因为存在由劳动事务所支付的短时工作津贴,才能够达到雇员得以保住工作岗位且减少工资损失、雇主得以保住人力资源且减轻经济负担的双赢局面。

**(二)减少加班和预支年休假**

就避免或减少裁员的具体措施,我国的相关规定也存在诸多值得改进

---

① 董保华、田思路、李干等:《从法理情审视〈企业裁减人员规定(征求意见稿)〉》,《中国劳动》2015年第3期。

之处。①首先,在我国现行法律框架下放弃加班,即回到劳动合同约定的工作时间框架之内,没有任何法律障碍,由于我国加班费的计算倍数较高,通过减少加班也能够节省加班费,实实在在地减少一大笔用工成本。按照《职工带薪年休假条例》第五条规定,"单位根据生产、工作的具体情况,并考虑职工本人意愿,统筹安排职工年休假。"所以预支年休假这种方法也是可行的,但是可能作用不大,因为我国职工可以享受的年休假的长度原本就有限,只有五天到十五天,而且实践中也没有得到很好的贯彻实施。

(三) 退回劳务派遣工

在工作量下降之时,减少使用劳务派遣工,从而保住与用人单位直接建立劳动关系的劳动者的工作岗位,此做法也是有明确法律依据的。虽然《劳动合同法》在 2012 年 12 月 28 日修改前后其第六十五条第二款的表述都是,"被派遣劳动者有本法第三十九条和第四十条第一项、第二项规定情形的,用工单位可以将劳动者退回劳务派遣单位,劳务派遣单位依照本法有关规定,可以与劳动者解除劳动合同"。但是,笔者认为,不能狭隘地理解为只有在该条款明确列举的情形下才允许用工单位退回劳动者,在《劳动合同法》第四十条第三项规定基于"客观情况发生重大变化"的解雇和第四十一条规定的经济性裁员的情形下反而禁止退回,明显是有违常理的,作为一种灵活用工的方式,退回的门槛不可能比解雇还要高,立法者的目的应该是要明确用工单位退回劳动者与派遣单位解雇劳动者之间的关系,即用工单位出现严重亏损、搬迁、转产等情况而退回劳动者的,属于派遣单位的日常经营风险,派遣单位不能因此解除与被派遣劳动者之间的劳动合同。②

值得肯定的是,人力资源和社会保障部 2013 年 12 月 20 日公布的《劳务派遣暂行规定》第十二条第一款明确规定,用工单位有《劳动合同法》第四十条第三项、第四十一条规定情形的,可以将被派遣劳动者退回派遣单位。

---

① 关于培训、调岗这两种措施的讨论,见第三章。
② 王倩:《劳务派遣中退回制度的解读和重塑》,《中国劳动》2017 年第 7 期。

实践中对此存在不同观点,比如,"马某与迅达(中国)电梯有限公司苏州制造分公司劳动争议案"中,迅达公司将马某所在的电子车间电梯生产线设备及生产由苏州转移至上海市嘉定区的经营场所,导致马某的工作岗位随之转移至上海市嘉定区,迅达公司表示,原生产线已经全部停线,原岗位已不复存在,苏州工厂没有空余岗位安置马某,可就变更劳动合同履行地至上海进行协商,单位可提供上下班班车及奖金、津贴等激励措施或双方协商解除劳动关系,但是马某提出,其在迅达公司工作了三十多年,其间曾在厅门装配线车间、安全部件部门、生产现场车间工作,能够胜任多种岗位而且愿意接受岗位变更,这些岗位仍然存在,实际上迅达公司内部现在还有很多的劳务派遣工,这些劳务派遣工的工作时间都超过了六个月,甚至有超过两年的情况,并且都是在固定的生产线、固定的工作岗位上工作,公司恶意回避《劳务派遣暂行规定》第十二条的规定,并没有将劳务派遣工退回劳务派遣单位,所以迅达公司适用《劳动合同法》第四十条第三项解雇违法,然而,法院认为,马某主张迅达公司在其他工作岗位使用劳务派遣工而不安排其转岗违法,此理由不成立,劳务派遣工与劳动合同工具有平等的就业权,马某认为迅达公司应当将被派遣劳动者退回劳务派遣单位而安排其工作岗位并无法律依据。[1]

笔者不同意该观点,在发生经济性裁员时通过退回劳务派遣工而保住直接用工的劳动者的岗位,此举并未歧视劳务派遣工,而是归结于劳务派遣本身作为灵活用工的用工方式,正如2012年12月28日修改以后的《劳动合同法》第六十六条第一款所强调的那样,"劳动合同用工是我国的企业基本用工形式。劳务派遣用工是补充形式,只能在临时性、辅助性或者替代性的工作岗位上实施"。更何况,退回并不会导致被派遣劳动者失业,因为用

---

[1] 另外,马某提到,迅达公司在劳动仲裁庭陈述时确认此次裁员人数已达38人,而迅达公司并未履行《劳动合同法》第四十一条关于经济性裁员的程序,应当认定裁员违法,但是法院对此并无回应,仍然是按照迅达公司所主张的按照《劳动合同法》第四十条第三项的解雇路径来审理案件。江苏省苏州市姑苏区人民法院(2017)苏0508民初1518号,"马某与迅达(中国)电梯有限公司苏州制造分公司劳动争议案",案例源自北大法宝数据库。

工单位出现《劳动合同法》第四十条第三项或第四十一条的情形而退回劳务派遣工的,派遣单位不能因此解除与劳务派遣工的劳动合同,而是应该将劳务派遣工另行派遣至其他用工单位,无工可派的则应该按照《劳动合同法》第五十八条第二款的规定向劳务派遣工支付最低工资。

(四) 缩短工时或短期放假

比较有问题的是实践中"缩短工时、短期放假、发生活费"的做法,就此国家层面只有原劳动部 1994 年 12 月 6 日公布的《工资支付暂行规定》第十二条规定了,"非因劳动者原因造成单位停工、停产在一个工资支付周期内的,用人单位应按劳动合同规定的标准支付劳动者工资。超过一个工资支付周期的,若劳动者提供了正常劳动,则支付给劳动者的劳动报酬不得低于当地的最低工资标准;若劳动者没有提供正常劳动,应按国家有关规定办理"。各地的工资支付规定也有类似表述,比如根据北京市人民政府 2003 年 12 月 22 日公布的《北京市工资支付》第二十七条,"非因劳动者本人原因造成用人单位停工、停业的,在一个工资支付周期内,用人单位应当按照提供正常劳动支付劳动者工资;超过一个工资支付周期的,可以根据劳动者提供的劳动,按照双方新约定的标准支付工资,但不得低于本市最低工资标准;用人单位没有安排劳动者工作的,应当按照不低于本市最低工资标准的 70% 支付劳动者基本生活费。国家或者本市另有规定的从其规定"。

另外,部分地区针对国际金融危机来临等特殊困难时期所发出的"指导意见"或者"工作指引"中对此也有所涉及,比如,前述福建省原劳动与社会保障厅 2009 年 3 月 12 日公布的《关于应对当前经济形势稳定劳动关系的指导意见》曾经提出,"对于困难企业经与职工协商、签订变更劳动合同协议后,可以采用定期放假的办法,让部分职工暂时离岗休息,企业发放基本生活费,生活费发放标准参照《省政府批转省劳动保障厅〈关于进一步理顺国有企业劳动关系及用人单位做好劳动合同管理工作的意见〉的通知》(闽政〔2000〕266 号)执行"。又比如,广东省劳动和社会保障厅 2008 年 12 月 8 日公布了《关于印发企业裁员、停产、倒闭及职工后续处理工作指引》,其中规定,"企业决定停工停产时,首先应当向职工说明情况。企业非因劳动者原因而停工停产的,应当采取会议等方式向职工说明停工停产原因、期限、停工停产期间拟安排的工作任务情况和拟执行的工资支付标准等相关情况,听取职工意见,并依法作出解释答复。企业在可能或已经出现停工停产情形时,请及时向所在地劳动保障部门反映情况,在劳动保障部门指引下做好预案,并将职工异常情况随时报告劳动保障部门,共同确保停工停产期间的企业秩序与社会秩序的和谐安定"。

总体上看,相关文件的效力层级较低,作用相当有限,有的甚至属于特殊时期暂时性的应急措施。而且规定本身不系统,留下以下问题有待解决:首先,什么情况属于"非劳动者原因造成单位停产、停工"? 如果不能界定清楚何为"(部分)停工停产",也就不清楚在哪种情况下可以适用本条,那么就可能会有用人单位借此机会降低员工工资,从而达到逼迫员工自行辞职、节省经济补偿金的目的;其次,减少或者停止工作、同时减少工资,这属于劳动合同的变更,用人单位就此有单方变更权还是需要和劳动者协商一致?[1]用人单位采取此重大措施需要经过什么程序,比如是否应该进行集体协商或者召开职工代表大会?[2]或者该事项至少属于《劳动合同法》第四条意义上

---

[1] 胡燕来律师认为,用人单位只有在符合《劳动合同法》第四十一条第一款第三项的情形时,即企业转产、重大技术革新或者经营方式调整时,才拥有单方决定劳动者待岗并发放生活费的权利,其他情况下则无权,比如在生产经营发生严重困难的情形下,用人单位只能直接实施经济性裁员,而无权单方决定待岗降薪,详见胡燕来:《解雇:人力资源法律实务指引》,法律出版社 2016 年版,第 227—229 页。笔者不同意此观点,立法者只针对四种裁员情形之中的第三种情形要求用人单位在裁员之前必须先行"变更劳动合同",是因为"转产、重大技术革新或者经营方式调整"并不必然导致用人单位需要裁员,"如企业转产的,从事原工作岗位的劳动者可以转到转产后的工作岗位",全国人大常委会法制工作委员会行政法室编著:《中华人民共和国劳动合同法解读与案例》,人民出版社 2013 年版,第 170 页,所以立法者更多的是从设定用人单位义务的角度出发,初步体现了最后手段原则。从常理出发也可以得知,用人单位在适用第三项进行裁员时往往是为了提高竞争力、寻求更大的发展空间,未必陷入了困境,此时反而允许用人单位停产降薪,明显不是合适的、必要的更为温和的手段,因此不具备正当性。《征求意见稿》第五条的规定针对不同情形设定了不同的措施,也验证了这一点。

[2] 《上海市职工代表大会条例》第十条规定,"企事业单位决定改制、合并、分立、搬迁、停产、解散、申请破产等重大问题,应当依照法律的规定,通过职工代表大会审议或者其他形式听取职工的意见和建议"。

的"直接涉及劳动者切身利益的重大事项",应当经职工代表大会或者全体职工讨论,提出方案和意见,与工会或者职工代表平等协商确定;最后,按照现有规定,停产停工超过一个周期以后,部分停产的新工资以最低工资标准为底线,而完全停产的则只能拿到不超过最低工资的生活费,即使假设劳动者此前正常工作时的工资水平是社会平均水平,也会出现收入水平大幅下降的局面,那么为了避免给用人单位"减了负"却让劳动者"吃了亏",是否应该考虑由社保基金,甚至国家财政向劳动者发放某种补贴? 综上所述,我们应该学习德国的短时工作制,对(部分)停工停产的前提条件、必经程序、法律后果、相关补贴等方面作出明确规定。

# 第七章　经济性裁员中的解雇禁令

## 第一节　《劳动合同法》第四十二条的解释与适用

### 一、法条的变化：与《劳动法》第二十九条相比较

《劳动法》第二十九条规定的不得解雇的四种情形为：（1）患职业病或者因工负伤并被确认丧失或者部分丧失劳动能力的；（2）患病或者负伤，在规定的医疗期内的；（3）女职工在孕期、产期、哺乳期内的；（4）法律、行政法规规定的其他情形。《劳动合同法》第四十二条则列举了六种情形：（1）从事接触职业病危害作业的劳动者未进行离岗前职业健康检查，或者疑似职业病病人在诊断或者医学观察期间的；（2）在本单位患职业病或者因工负伤并被确认丧失或者部分丧失劳动能力的；（3）患病或者非因工负伤，在规定的医疗期内的；（4）女职工在孕期、产期、哺乳期的；（5）在本单位连续工作满十五年，且距法定退休年龄不足五年的；（6）法律、行政法规规定的其他情形。两相比较，对"医疗期员工"和"三期女员工"的保护都没有变，对于工伤员工则缩小了范围，精确到"在本单位"患职业病和工伤并被确认（部分）丧失劳动能力的，对于用人单位而言更为公平。第一种情形和第五种情形是新增的，由于"受到职业病威胁的劳动者以及职业病人是社会弱势群体，非常需要国家的关怀和法律的保障"，2001 年 10 月 27 日公布的《职业病防治法》规定，

从事接触职业病危害的作业的劳动者未进行离岗前职业健康检查的，或者疑似职业病病人诊断或者医学观察期间的，用人单位不得解雇，①《劳动合同法》需与其保持一致，而对于工龄较长且临近退休的老员工，"考虑到老职工对企业的贡献较大，再就业能力较低"，立法者将他们纳入了特殊解雇保护的范围内。②

### 二、该解雇禁令是否适用于协商一致解除？

"劳动者有下列情形之一的，用人单位不得依照本法第四十条、第四十一条的规定解除劳动合同"，《劳动合同法》第四十二条的条文已经很明确地划定了该解雇禁令的适用范围，即针对用人单位行使单方解除权，且排除了第三十九条的过错性解雇。所以，即使存在第四十二条的情形，法律也不禁止用人单位与劳动者协商一致解除劳动合同。

实务中比较容易起争议的问题在于，如果劳动者在签订协商一致解除劳动合同的协议时存在第四十二条的情形，劳动者当时并不知情，那么之后劳动者是否能够以重大误解为由主张撤销该解除协议？比如，劳动者在签订解除协议之时已经怀有身孕，但是当时并不知情，发现之后主张存在重大误解，要求撤销解除协议，继续履行劳动合同，是否应该得到支持？撤销这条路径无疑是存在的，正如《最高人民法院关于审理劳动争议案件适用法律

---

① 《职业病防治法》分别在 2011 年 12 月 31 日、2016 年 7 月 2 日、2017 年 11 月 4 日经历过三次修改，目前相关条文分别为第三十五条和第五十五条。典型案例比如山东省潍坊市中级人民法院(2015)潍民一终字第 615 号，"卡特彼勒(青州)有限公司与郑某劳动争议案"，案例源自北大法宝数据库，该案中卡特彼勒公司由于组织机构和人员重组进行经济性裁员，郑某属于被裁减人员，但是郑某在卡特彼勒公司工作期间于 1992 年至 1994 年在钣金车间从事下料清砂工作、1994 年至 2003 年在总装车间从事 30 桥装配工作、2003 年至 2008 年在桥箱车间从事 60 桥装配工作，以上工作岗位均接触噪声，在劳动仲裁过程中鉴定结论为郑某患有职业性中度噪声聋，在法院庭审过程中被认定工伤，法院认为，卡特彼勒公司在未组织其进行离岗前职业健康检查的情况下，依法不得解除双方之间的劳动关系，因此该裁员违法。

② 全国人大常委会法制工作委员会行政法室编著：《中华人民共和国劳动合同法解读与案例》，人民出版社 2013 年版。

若干问题的解释（三）》第十条规定，"劳动者与用人单位就解除或者终止劳动合同办理相关手续、支付工资报酬、加班费、经济补偿或者赔偿金等达成的协议，不违反法律、行政法规的强制性规定，且不存在欺诈、胁迫或者乘人之危情形的，应当认定有效。前款协议存在重大误解或者显失公平情形，当事人请求撤销的，人民法院应予支持"。焦点在于重大误解的认定，女职工不知道自己怀孕的状态下与用人单位协商一致解除了劳动合同，是否属于重大误解？

以"朱某与广州精工电子有限公司劳动合同纠纷案"为例，2016年12月28日，精工电子召开会议并发布通告，以公司经营困难为由，决定对其下属的LCD事业部实施经济性裁员，因此精工电子发出通知，称："……属本次裁员范围的员工可自愿申请在2017年1月11日前与公司签订《协商解除劳动合同协议书》，签订后，公司将向员工发放2017年1月份全月工资、按工作年限计算（以劳动合同解除前十二个月的平均工资为计算基数）的经济补偿金，2016年年终奖，同时额外发放一个月工资作为提前申请离职的代通知金。员工在办理完离职手续后可立即离开公司……"精工电子与朱某确认于2016年12月29日签订《协商解除劳动合同协议书》，其中载明"公司与你（朱某）协商一致，于2017年1月31日与你正式协商解除劳动关系……公司将根据协商结果支付经济补偿金212 521.4元、2017年1月份工资6 784元、2016年年终奖11 058元、代通知金10 875.86元……公司向员工支付以上金额的款项后，员工保证不向公司提出任何要求（包括但不限于工资、补偿金、社保、住房公积金）"。同日，朱某在《不在孕产期确认表》上签字确认自己不处于怀孕状态。该表格备注部分内容为"在以下表格签名等于确认本人在签订《协商解除劳动合同协议书》及离职时并没有怀孕或待产的事实"。朱某称因身体原因，其生理周期并不规律，2017年1月21日，朱某经广州市妇女儿童医疗中心诊断为早期妊娠，2017年1月22日，朱某向精工电子邮寄送达《申请函》和《怀孕诊断证明》，提出对解除劳动合同事宜进行重新协商或继续履行劳动合同，并于2017年1月23日向南沙区黄阁镇劳动部门投诉,2017年2月6日,精工电子向劳动部门提交《关于对朱某提出重新协商解除劳动合同的答复》,明确表示不同意撤销《协商解除劳动合同协议书》。

就此法院认为,"虽然本案的起因是由于精工电子经营问题导致经济性裁员而引发,但根据双方提交的证据及陈述可知,精工电子并未采取裁员方式解除与朱某的劳动关系,而是根据《中华人民共和国劳动合同法》第三十六条的规定与劳动者协商一致解除劳动合同,法律未规定女员工怀孕期间不能与用人单位进行协商解除劳动关系,无论朱某当时是否妊娠状态,该解除行为不违反《中华人民共和国劳动合同法》第四十二条……朱某主张该协议书存在重大误解的情形,应予撤销。根据《最高人民法院关于贯彻执行〈中华人民共和国民法通则〉若干问题的意见(试行)》第七十一条的规定,行为人因对行为的性质、对方当事人、标的物的品种、质量、规格和数量等的错误认识,使行为的后果与自己的意思相悖,并造成较大损失的,可以认定为重大误解。重大误解必须是基于行为性质、对方当事人等错误认识,使自己的行为后果与本意相悖。本案中,朱某在与精工电子签署《协商解除劳动合同协议书》时,应当知道协商解除劳动合同以及签名确认其无怀孕情况的法律后果,对于如此重要的行为需经过谨慎的确认。朱某在合同解除后发现怀孕属于对自身客观情况判断有误,精工电子更无法预知这一情况,因此朱某主张重大误解的理由不能成立"。[1]

笔者认为,女职工不知道自己怀孕的状态下与用人单位协商一致解除了劳动合同,应该认定存在重大误解。本案中,法院引用的是《最高人民法院关于贯彻执行〈中华人民共和国民法通则〉若干问题的意见》第七十一条对于重大误解的定义,全国人大常委会法工委民法室2015年8月28日的《民法总则》(草案)的第一百零六条第二款有类似表述,但是不知道出于何种原因之后该条款就被删除了,最后定稿的《民法总则》第一百四十七条并

---

① 广东省广州市南沙区人民法院(2017)粤0115民初2087号,"朱某与广州精工电子有限公司劳动合同纠纷案",案例源自威科先行数据库。

没有采纳该定义,只表述为"基于重大误解实施的民事法律行为,行为人有权请求人民法院或者仲裁机构予以撤销"。一般认为,重大误解包括意思表示内容错误和意思表示行为错误,意思表示内容错误是指表意人对其意思表示的内容发生了与其内心真意不一致的错误认识,典型者例如法律行为性质错误、当事人同一性错误、标的物同一性错误等,而意思表示行为错误是指表意人对内心所意欲的内容虽无错误认识,但在对外为表示行为时,该表示行为有错误,典型者例如误说、误写、误取等,然而,需要注意的是,例外情况下动机误解可视为重大误解,典型者例如当事人资格错误和标的物性质错误。①德国《民法典》第一百一十九条第二款对此有明文规定,"有关人或者物的属性之错误,交易上认为重要者,视为意思表示内容错误"。所谓人或者物的属性,包括自然属性,也包括事实上或者法律上的属性,交易上是否重要主要根据具体的交易类型进行判断,该属性根据交易观念是否意义重大,比如艺术品的真假、建筑用地的位置对其市场估值、效用影响很大。②本案中,显然不存在意思表示内容错误和意思表示行为错误,但是却存在着应当视为重大误解的动机错误,即女职工在签订解除协议时不知道自己怀有身孕,而劳动者怀孕与否这种属性对于劳动合同的解除意义重大。劳动法针对怀孕女员工给予了全面的特殊保护,生育保险和医疗保险的诸多待遇也是和劳动关系的存续挂钩的,相反,怀孕的劳动者离职以后再就业的难度较大,能够享受的社保待遇也相当有限。所以,女职工因为不知道自己怀孕而与用人单位签订协商一致解除劳动合同,遭受较大的损失,假设女职工知道自己怀有身孕,则很有可能拒绝与用人单位协商一致解除合同或者索要更多的额外的补偿金,实践中用人单位在离职管理中一般都会将三期女员工与普通员工区别对待,本案中精工电子让朱某在《不在孕产期确认表》上签字也正好说明了该属性的重要性。

因此,有律师就此对用人单位提出了建议,即用人单位在与特殊员工签

---

① 详见李宇:《民法总则要义:规范释论与判解集注》,法律出版社 2017 年版,第 542—553 页。
② Palandt/Ellenberger, 73. Auflage, §119 BGB, Rn. 23ff.

订解除协议时要注意以下几点:一是要将正常补偿和给特殊员工的额外补偿分开,表达用人单位出于对特殊员工的关心已经给予额外照顾,从而体现用人单位并没有规避法律的意图;二是在协商中要列明该员工存在的特殊情况,员工本人也清楚特殊情况存在,以体现协商解除时的客观真实性,说明其双方是在平等的、自由的状态下表达了真实的意思;三是涉及可能丧失民事行为能力的员工时,应当要求监护人参与共同协商,并在协商解除协议上签字;四是将协商解除的背景情况列明,比如生产经营严重困难、破产整顿期间、企业转产、重大技术革新或经营方式调整等,以体现协商解除有其客观原因,用人单位并没有歧视三期女职工等特殊人员。[1]

### 三、地方层面上规定的扩展适用

《劳动法》第二十九条和《劳动合同法》第四十二条采取的都是开放式列举,其最后一项都是"法律、行政法规规定的其他情形"。也就是说立法者允许其他法律、行政法规规定该法未明确列举的、其他的禁止无过错解雇的情形。然而,实践中出现的其他的禁止无过错解雇的情形往往是由更低层次的法律文件所规定的,有的甚至只是规范性文件,不属于《立法法》意义上广义的法律。比如北京市原劳动局 1995 年 3 月 22 日公布的《北京市企业经济性裁减人员规定》第六条曾经规定,"企业不得裁减下列人员:(1)患职业病或因工负伤丧失或部分丧失劳动能力的;(2)患病或非因工负伤在规定的医疗期内的;(3)女工在孕期、产期、哺乳期内的;(4)男职工年满 50 周岁,女职工年满 45 周岁的;(5)残疾职工;(6)夫妻双方在同一企业的,只允许裁减一人;(7)法律、法规、规章规定的其他不得裁减人员"。又比如,根据山东省淄博市人力资源与社会保障局 2018 年 6 月 30 日公布的《关于进一步规范用人单位裁减人员有关问题的通知》第二条,"符合以下条件的人员不得裁

---

[1] 胡燕来:《裁员时与三期女职工协商解除是违法解除?》,载观韬中略律师事务所网 http://www.guantao.com/sv_view.aspx?TypeId=219&Id=1375&Fid=t8;219;8。

减：1.从事接触职业病危害作业的劳动者未进行离岗前职业健康检查，或者疑似职业病病人在诊断或者医学观察期间的；2.在本单位患职业病或者因工负伤并被确认丧失或者部分丧失劳动能力的；3.患病或者非因工负伤，在规定的医疗期内的；4.女职工在孕期、产期、哺乳期的；5.在本单位连续工作满十五年，且距法定退休年龄不足五年的；6.现役军人配偶、烈士遗属（配偶）、残疾人、省级及以上劳模；7.法律、行政法规规定的其他情形"。各地的这些规定基本都是把裁员禁令扩大适用到了一些当地认为需要特别保护或者值得特别表彰的群体，比如残疾人、劳模等，但是立法者已经明确指出，只能够由"法律、行政法规"另行规定其他禁止无过错解雇的情形，地方上却用一纸红头文件来剥夺用人单位的权利，笔者难以认同。

## 第二节　德国特殊解雇保护制度

德国的解雇禁令制度也被称为"特殊解雇保护"（Sonderkündigungsschutz），所谓"特殊"是相对适用于大多数人的"一般"解雇保护而言的，即雇主要解雇此类雇员将受到更多的限制。能够享受这种特殊解雇保护的主要有雇员集体利益代表和特殊的雇员个体这两类，因为德国法对这两类雇员进行特殊解雇保护所要实现的功能不同，所以具体到特殊解雇保护的覆盖人群、保护期间、解除事由、必经程序等环节，制度安排方面也各自有所区别，下面将分别予以介绍。①

### 一、雇员集体利益代表

### （一）覆盖人群

第一类雇员主要是雇员的集体利益代表。其中最为典型的要数企业职

---

① 本章内容已部分作为阶段性成果发表，详见王倩：《德国特殊解雇制度及其启示》，《德国研究》2014年第2期。

工委员会①的正式委员和候补委员。根据我国的《工会法》，在中华全国总工会领导下的各级工会组织代表着职工的利益，比如企业层面上的基层工会，德国则有所不同，各个层面上设立有不同的雇员的集体利益代表机构。工会只存在于产业和地方层面上，负责在这个层面上和资方谈判，签订关于工资、工时等方面的集体合同，有权在谈判破裂的时候组织罢工，比如在2013年5月新一轮的工资谈判中，五金工会在巴登-符腾堡州发起了警告性罢工。企业层面上的雇员集体利益代表是企业职工委员会，企业职工委员会和工会之间没有上下级领导关系。根据德国《企业组织法》(BetrVG)，只要企业中有选举权的雇员超过5人，有被选举权的雇员超过3人，雇员就可以组建企业职工委员会。企业职工委员会由雇员直接选举产生，代表所有雇员的利益，在企业经济、人事、社会事务各方面具有强弱不同的知情权、参与权和共决权。②另外，如果在同一个企业内存在某种弱势职工群体，那么他们也可以选出自己的群体利益代表，比如青少年雇员和学徒工代表③，他们享受和企业职工委员会委员同等的待遇。

　　法律规定了雇员组建集体利益代表机构的权利，但实践中并不是所有的雇员都会去运用这种权利，比如企业职工委员会往往只存在于大中型企业里面。根据汉斯伯克勒基金会(Hans-Boeckler-Stiftung)在2011年公布的数据，雇员总数在20人以下的小型企业设立企业职工委员会的仅占4.9％，雇员总数在100人以上200人以下的中型企业里面有企业职工委员会的比例为14.7％，这个比例在雇员总数在1 000人以上的大型企业

---

　　①　公职机关的雇员利益代表机构是人事委员会，在悬挂德国国旗的商船上船员的利益代表机构是船员理事会。这两者的职权和地位和企业职工委员会类似，其委员受到的特殊保护也类似。下文中关于企业职工委员的阐述同样适用于人事委员会和船员理事会。

　　②　详见［德］沃尔夫冈-多伊普勒：《德国劳动法》，王倩译，上海人民出版社2016年版，第85页及以下。

　　③　如果企业中至少有5个未满18周岁的职工或者未满25周岁的学徒工，就可以选出青少年职工和学徒工代表，这些代表应该站在青少年职工和学徒工的立场上提出工资福利、工作时间、培训措施方面的建议，并监督企业严格执行青少年劳动保护的法律规定，但其职权行使基本依附于企业职工委员会。具体规定于《企业组织法》第六十条及以下条款。

则高达 33.5%。①为了鼓励职工联合起来,积极设立自己的集体利益代表机构,特殊解雇保护不仅覆盖了已经当选了的雇员集体利益代表,还把发起选举的职工、选举委员会的成员以及参加选举的所有候选人放在了自己的羽翼之下。上面列举的这些雇员或者将要成为、担任着、曾经是雇员的集体利益代表,或者致力于雇员集体利益代表机构的设立。②他们容易在履行职责、为雇员争取权益的时候和雇主发生冲突,可能受到雇主的打击报复,所以,德国《解雇保护法》第十五条和《企业组织法》第一百零三条向他们提供特殊解雇保护,打消他们的后顾之忧,减轻他们对雇主的人身依附性,从而确保雇员集体利益代表机构的独立性。另外,如果雇员集体利益代表机构的成员频繁变更,也会影响机构组成的稳定性,不利于机构的正常运转。

需要强调的是,监事会中的职工代表③并不享受特殊解雇保护。虽然监事会中也存在着一定程度上的劳资共决,但是根据法律要求,监事会中的职工代表作为监事会成员对企业负有忠诚义务,在行使职权时应该以企业的整体利益为先,并且应该严格遵守保密义务。由于现行法律框架下职工监事的权限和活动空间受到诸多限制,所以他们不像企业职工委员会的委员那样明确站在职工一方,没那么容易和雇主发生冲突,相应也没有那么强烈的保护需求。

(二) 保护期间

雇员集体利益代表在任职期间一直享有特殊解雇保护。雇员利益代表的任期结束以后一年内,雇主还是只能在雇员有重大违约行为或者企业关

---

① 详见 Greifenstein/Kißler/Lange,"Trendreport Betriebsratswahlen 2010"(2010 年企业职工委员会选举趋势报告),载汉斯伯克勒基金会官网 http://www.boeckler.de/pdf/p_arbp_231.pdf。

② 详见 KDZ/Deinert, 9. Auflage,§ 15 KSchG Rn. 7ff 和 DKKW/Bachner, 14. Auflage,§ 103 BetrVfG Rn.10ff。

③ 根据《劳资共决法》《三分之一参与法》和《煤钢企业共决法》,在职工人数超过两千人的资合公司、职工人数超过五百人但不到两千人的资合公司、职工人数超过一千人的煤钢行业的企业中,监事会中要有一定比例的职工代表,但是这几种企业中职工监事的比例以及监事会主席的产生方式有差异。

闭的时候才能辞退他,但雇主此时不再需要获得企业职工委员的同意了,之所以设置这种"延后效应"(Nachwirkung),一方面是为了让委员能够有一段"冷却期"来缓和他担任委员时产生的与雇主的冲突,另一方面,不管他担任委员期间是专职的还是兼职的,对本职工作肯定会有或多或少的生疏,所以也有必要给他一个"过渡期",重新熟悉自己的工作岗位和业务,回归到正常的职业轨道中。①候补委员一般情况下不享受特殊解雇保护,但是在正式委员因为某种原因比如生病、休假而不能行使其职权的时候,候补委员将代替其行使职权,此时他享受和正式委员相同的待遇。②

另外,雇员发起建立集体利益代表机构的,从发出筹备大会的邀请之日到选举结果公布之日的期间享受特殊解雇保护,发起选举不成功的,对发起人的保护期间持续到邀请发出后三个月。选举委员会的成员从被任命开始、雇员集体利益代表的候选人③从获得有效提名开始到选举结果公布之日的期间享受特殊解雇保护,这一段保护期间过后的六个月内,雇员的单方解除权在解除事由方面仍然受到限制,但是在程序上无需获得企业职工委员会的首肯,也就是说这种情况下特殊保护的"延后效应"能维持六个月。④

(三) 解除事由

特殊解雇保护制度针对的是雇主的单方解除权,所以并不涉及雇员辞职、固定期限劳动合同到期终止或者双方协商一致解除合同等其他导致劳动关系终止的情形。对于以上列举的人群,雇主的解除事由仅限于企业关闭和雇员严重违约行为这两种情形。

在判断某雇员集体利益代表是否严重违约的时候,需要根据具体情况进行分析。如果该雇员违反的仅仅是基于劳动合同的义务,那么对他的衡

---

① APS/Linck, 4. Auflage, §15 KSchG Rn.136.
② KDZ/Deinert, 9. Auflage, §15 KSchG Rn. 23.
③ 如果候选人当选了雇员集体利益代表,则适用上一段介绍的规则。
④ KDZ/Deinert, 9. Auflage, §15 KSchG Rn. 17ff.

量尺度应该和对普通雇员一样，不能够对他优待或者苛待。①如果雇员仅仅是违反了他作为集体利益代表的义务，并不同时构成对劳动合同的严重违反，例如某企业职工委员会的委员在工作的过程中了解到其他雇员的健康问题、家庭状况、工资等级等信息，之后在和别人闲聊的时候透露了这些信息，那么雇主可以申请法院撤销其代表职务，但不能因此解除其劳动合同。雇员的行为既违反了他作为集体利益代表的义务又同时违反了劳动合同义务时，比较难以处理。此时尤其不能因为他集体利益代表的身份而对他提出过高的要求，反而应该考虑到由于他身份特殊性可能受到雇主的刁难，也就是说法院在审查的时候对于解除事由的要求应该更高更严格。比如，某企业职工委员会委员在和雇主就劳资共决事项进行协商时发生激烈争吵，或者为了完成委员会的工作而屡次拖延本职工作算不上严重违约，但是如果委员为了骗取加班工资而号称自己在完成企业职工委员会的工作并且在打卡记录上做手脚就完全够得着重大事由的级别了。②

企业关闭是指企业非暂时性地放弃经营目的、解散经营组织，相反，暂时停业、转产、搬迁或者企业并购都不能构成解除雇员集体利益代表的理由。只有当企业关闭的时候，所有的雇员都要被解雇，所谓"皮之不存毛将焉附"，企业职工委员会等雇员集体利益代表机构也没有了存在的基础。此时的解除属于预告解除，不同于基于雇员严重违约行为的即时解除，雇主必须遵守法定或者约定的期限发出解雇通知，但是劳动关系不能早于企业最终关闭的时间终止。如果雇主在关闭企业的过程中是分批辞退雇员的，那么应该在最后一批解雇他们。假设不是关闭整个企业，而只是某个企业部门，那么企业职工委员会的存续并不会受到影响。雇员集体利益代表正好在这个部门工作的，雇主有义务给他在其他部门安排工作，而且应该是尽量相同或者稍微差一点的岗位。假设其他部门有这样的岗位，但已经被别的雇员

---

① BAG 17.3.2005，NZA 2005，949.

② 详见 ErfurterK/Kiel，13. Auflage，§ 15 KSchG Rn. 21ff.

占了,那么雇主通过重新安排、调岗,甚至辞退别的雇员的方式,也要把这个位置给他空出来。实在没有合适的工作可以安排时,雇主才能辞退他。①

(四) 必要程序:企业职工委员会的同意或者法院的替代裁决

以上列举的人群有严重违约行为构成即时解除的重大事由的,雇主在知情后两周内必须通知企业职工委员会并要求其表态。如果企业职工委员会在三天内表示同意,雇主可以马上发出解雇通知。②如果企业职工委员会明确表示不同意,或者三天过后仍保持沉默被视为不同意,或者企业里没有成立企业职工委员会,雇主应该立即向法院提出申请,要求法院作出裁决替代企业职工委员会的表态。法院应该对雇员的行为是否构成即时解除的重大事由进行判断,作出相应裁决,法院此时作出的判断对以后的解雇保护之诉有约束力。雇主未获得企业职工委员会同意或者法院的替代性裁决就发出解雇通知的,导致解雇无效,雇员可以在原岗位上继续工作且在一般情况下可以正常行使他作为集体利益代表的职权。③这和企业职工委员会在雇主辞退一般雇员时拥有的异议权不同,后者仅可以推迟解雇决定生效的时间。之所以要设定这样的程序,不仅是为了防止雇主对雇员利益代表个人的打击报复,也是因为雇主有可能滥用解除权,通过辞退其成员的方式来阻碍雇员集体利益代表机构的正常运转,所以有必要赋予雇员集体利益代表机构相当的防御武器。④

## 二、特殊的雇员个体

### (一) 覆盖人群

能够享受特殊解雇保护还有一些特别弱势的雇员,比如怀孕期间的女

---

① 详见 KDZ/Deinert, 9. Auflage, §15 KSchG Rn. 67ff。
② 雇主打算辞退企业职工委员会正式委员的,该委员不能参与委员会关于此事项的会议,由候补委员替代他参会。
③ DKKW/Bachner, 14. Auflage, §103 BetrVfG Rn.1ff.
④ ErfurterK/Kanis, 13. Auflage, §103 BetrVG Rn.1.

性雇员、身患重度残疾的雇员、年老的雇员,这些雇员的劳动能力由于各种原因暂时或者永远地受到了影响,在劳动力市场上缺乏竞争力,他们一旦失去工作,就可能没有了经济来源、陷入生活困境。还有一些雇员由于履行某种对家庭、国家的义务而暂时不能工作,比如享受育儿假、护理假的雇员,服兵役或者从事替代兵役的社区服务的雇员,为了促进家庭生活与职业发展之间的和谐、回馈公民对国家的贡献,有必要在这个阶段保障他们的就业岗位免除其后顾之忧。相应的规定散见于德国《母亲保护法》(MuSchG)、《联邦育儿补贴与育儿假法》(BEEG)、《护理假法》(PflegeZG)、《社会法典第九部》(SGB IX)、《就业岗位保留法》(ArbPlSchG)等法律中。[1]需要强调的是,在德国对年老雇员的保护不是通过法律规定实现的,在某些集体合同和劳动合同中有约定:雇员达到一定年龄、或者在企业服务满一定年限或者两者兼备的情况下雇主不再拥有预告解除劳动合同的权利。另外,由于学徒工不是严格意义上的雇员,《职业教育法》(BBiG)对于学徒工和培训者之间的培训关系的解除和终止有特别的规定,在度过最长四个月的试用期之后,为了保障学徒工能够顺利完成职业培训,避免之前的时间投入因为培训者的解雇而白费,培训者一般不得解除双方之间的培训关系。[2]

(二) 保护期间

不同的雇员受到保护的期间有长有短。重度残疾人从向残疾人管理机构提交残疾认定申请并告知雇主之时、年老的雇员从满足了年龄条件和/或服务年限条件之时起,一直都享受特殊解雇保护。针对女性雇员的解雇禁令适用于整个怀孕期间到生产后四个月内,但是以女性雇员及时通知雇主其怀孕或者生产的事实为前提。在小孩出生之后到满三周岁之前,以亲自照顾小孩为目的,父母双方或者一方可以申请育儿假。[3]雇员提出书面申请

---

① 详见 SPV/Preis, 11 Auflage, Rn. 1332ff。

② ErfurterK/Schlachter, 13. Auflage, § 22 BBiG Rn.3.

③ 小孩满八周岁以前,与雇主协商一致的情况下,雇员还可以将育儿假中不超过一年的时段转移到之后再用。另外,雇员要照顾的不必是自己的亲生子女,也可以是和自己一起生活的继子女、养子女,特定条件下甚至可以是亲戚的小孩。

不得晚于育儿假开始前七个星期,从申请提交之日到育儿假结束之日都属于特殊解雇保护的期间。近亲属部分或者完全不能生活自理的,雇员可以主张不超过六个月的护理假,解雇禁令从提出主张开始适用,到护理假结束时终止。对于服兵役或者从事替代兵役的社区服务的雇员而言,保护期间从收到服役通知之日开始到服兵役或者社区服务结束。①学徒工则是从试用期满到职业培训结束之日受到特殊解雇保护。

(三) 解除事由和必经程序

正如前面已经提到的那样,特殊解雇保护限制的只是雇主的单方解除权,而且针对不同保护对象,这种限制的程度和方式也大相径庭。怀孕或者产后不满四个月的女性雇员、享受育儿假或护理假中的雇员受到的保护最为严密,一般情况下不允许解雇,只有在企业关闭、雇员严重违约行为这种例外情形下,雇主才有辞退雇员的可能性,而且此时雇主还得向联邦州这一级的劳动保护监管机构提出申请。监管机构审核申请后认为解除事由成立的,雇主才能发出解除劳动合同的通知,监管机构不批准的,雇主只能提起行政复议以及行政诉讼,未经批准就解雇的一律无效。雇主解雇重度残疾人之前,也必须获得当地残疾人救济署的同意,但是在解除事由方面雇主并不受任何限制,既可以是由于雇员个人的原因,也可以是企业经营的必要。相反,法律规定的对服兵役或者从事替代兵役的社区服务的雇员的保护、集体合同和劳动合同约定的对年老的雇员的保护并不包含任何机构的批准程序,只是排除了雇主预告解除的权利,也就是说解除事由限于雇员的严重违约行为和企业关闭等无法继续雇用的情形。②培训者解除和学徒工的职业培训关系也不需要获得任何机构的批准,但是必须具备比德国《民法典》(BGB)第六百二十六条意义上的重大事由更为严重的解除理由,之所以要求更高,是因为学徒工一般还未成年,心智还不是很成熟,而且职业培训关系被解除往往意味着断绝了他将来从事该职业的可能性,对学徒工的职业

---

①② 　详见 SPV/Preis, 11Auflage, Rn. 1332ff。

生涯和人生规划影响极大,有必要慎重对待。①

## 第三节　我国解雇禁令规定的不足和改进

综上所述,德国特殊解雇保护制度保护的对象主要是两类,一类是特别弱势的雇员,另一类是雇员的集体利益代表。相应地,特殊解雇保护制度实现了两个层面上的功能,对于第一类雇员基于其特别弱势的地位而保护其个体利益,实现社会正义,而对于第二类雇员则是通过对成员的保护促进雇员集体利益代表机构的设立和正常运转。德国特殊解雇保护的方式也分为两种,一种是限制解除的事由,只有在雇员有重大违约行为或者企业关闭的情况下允许解除,一种是要求解除前必须获得主管机关或者雇员集体利益代表机构的同意。

我国《劳动合同法》第四十二条针对"老弱病残孕"的单个劳动者排除了非过错解除和经济性裁员的可能性,②但是劳动者的集体利益代表并没有被覆盖在《劳动合同法》第四十二条的保护范围内。虽然《工会法》在第五十二条规定了"工会工作人员因履行本法规定的职责而被解除劳动合同的",由劳动行政部门责令用人单位恢复其工作,并补发被解除劳动合同期间应得的报酬,或者责令给予本人年收入二倍的赔偿,不过这条规定没有像《劳动合同法》第四十二条那样直接排除预告解除的可能性,保护力度比较弱,而且在实践中很难真正发挥作用,因为工会委员很难举证证明自己"被解除劳动合同"与"履行职责"之间的因果关系,用人单位则是"欲加之罪、何患无

---

① ErfurterK/Schlachter, 13. Auflage, §22 BBiG Rn.4.

② 根据《劳动合同法》第四十五条,劳动合同期满时有第四十二条规定情形之一的,劳动合同应当续延至相应的情形消失时终止。也就是说,我国出现第四十二条列举的情况时,除非劳动者有过错行为,用人单位既不能解除劳动合同也不能宣告劳动合同到期终止。另外《工会法》第十八条也规定工会委员的劳动合同期限不得短于任期,避免了他们的劳动合同在任期内终止,这一点与德国不同,在德国固定期限劳动合同到期终止方面,即使受到特殊解雇保护的雇员也无例外。究其原因,主要是由于中国固定期限劳动合同是主流,而德国大部分劳动合同都是无固定期限的。

辞"。《集体合同规定》第二十八条倒是明确了"职工方的集体协商代表在其履行协商代表职责期间,除非有过错行为,用人单位不得解除合同",但是工会委员不一定担任或者不会一直担任集体协商代表,而且《集体合同规定》属于部门规章,法律效力偏低。在解除劳动合同的程序方面,上述劳动者也并不享受特殊待遇,对于所有劳动者,《劳动合同法》第四十三条都要求用人单位事先将理由通知工会,并且在工会认为解雇违法时提出其意见。但是,工会也只享有"了解信息和提出意见"的权利,即使提出意见也不产生任何阻碍或者延缓解雇生效的作用,在实践中也往往是走个过场而已。

工会民主选举只是第一步,工会改革还需要其他配套步骤。直选出来的工会主席、副主席、其他委员也是受雇于企业的,他们的"饭碗"还是捏在资方的手里。如果不对工会委员进行特别保护,也就是说,如果企业在解除或者终止他们的劳动关系时不受到特别的限制,他们就有可能因为履行职责的行为而被辞退,而留下的人也将迫于形势不敢代表劳方说话,甚至有可能被资方收买。另外,假设工会委员会的成员随时可能因为劳动合同解除或者终止而离开企业,工会委员会作为一个机构的整体稳定性也会受到影响,将很难持续地展开工作。所以,为了进一步深化工会改革,鼓励劳动者组建自己的利益代表机构并保障其顺利运转,很有必要加强对工人集体利益代表的保护。

目前较为迫切的是借鉴德国经验对我国的特殊解雇保护制度进行以下修改:首先,把工会直选发起人、组织者、候选人、当选委员纳入《劳动合同法》的第四十二条的覆盖范围,只有他们有严重过错行为时,也就是出现《劳动合同法》第三十九条规定的情况时,用人单位才能解除劳动合同。其次,工会委员在履行其委员职责时有不当行为的,比如在参与集体协商时与企业方代表发生争吵的,一般不得视为严重过错行为,用人单位不得因此解除劳动合同。最后,用人单位要解除上述人员的劳动合同的,需要事先获得企业工会委员会或者上级工会的同意,被拒绝的情况下用人单位可以申请劳动仲裁裁决来替代工会的同意,未获得同意或者生效裁决而解雇的无效。

另外,德国有部分学者提出,现行法律对单个弱势雇员的保护过度导致了雇主不愿意雇用这类雇员,比如对怀孕女职工的解雇禁令导致这部分妇女就业困难,属于好心办坏事,由于这种观点缺乏有力的实证调查数据支持,所以并未获得德国主流意见的认可。①但不可否认的是,在我国"三期女员工",甚至仅仅处于结婚生子年龄段的女性遭遇就业歧视的现象屡见不鲜,这当然和我国就业歧视方面的立法落后相关,但也从侧面给我们一些警示。比如某企业因为某工程项目和某女性劳动者签订了为期一年的劳动合同,在劳动合同即将到期之前劳动者怀孕了,那么根据我国《劳动合同法》第四十二条和第四十五条,用人单位有义务将劳动合同延续至哺乳期满,也就是说该企业即使没有合适的工作任务可以指派给她,也可能要继续雇用她超出原计划一年多,可以预见该企业将来招聘女性的时候会慎之又慎。企业作为用工主体对于职工负有一定的照顾义务,在盈利的同时应该承担一定的社会责任,但是这种义务不能夸大、这种责任不应过重,否则就可能出现"物极必反"的情形。当然,上述《劳动合同法》的规定在目前也是无奈之举,因为现阶段我国社会保险还很不发达,不仅覆盖范围很有限,而且很多社会保险待遇的享受还以劳动关系的存续为前提,2011年7月1日生效的《社会保险法》也仍需完善。以生育保险为例,部分地方的生育保险还没有覆盖农村户口的女职工,城镇户口的女职工能够在领取失业金期间获得生育津贴和医疗费补贴的也只是少数,也就是说很多"三期女职工"一旦失业,就会丧失生活来源,生产医疗费用也要自行负担,因此法律只好禁止企业把她们"推向社会"。可见,要把对弱势劳动者的保护落到实处,仅仅在劳动法上强调用人单位的责任是不够的,还需要大力发展社会保险,增加国家财政在社会保障事业中的投入。

最后,现行法中将试用期员工"免疫于"经济性裁员和基于"客观情况发生重大变化"的解雇,这一错误应予纠正。由于《劳动法》时代实践中用人单

---

① Von Stebut, RdA 1997, 293ff.

位滥用试用期侵犯劳动者权益的情形较为普遍，所以《劳动合同法》针对试用期条款设定了相当严格的限制，但是也有矫枉过正之嫌。按照《劳动合同法》第二十一条，"在试用期中，除劳动者有本法第三十九条和第四十条第一项、第二项规定的情形外，用人单位不得解除劳动合同。用人单位在试用期解除劳动合同的，应当向劳动者说明理由"。根据该条款的表述，劳动者在试用期内的，用人单位只能按照《劳动合同法》第三十九条、第四十条第一款和第二款行使单方解除权，第四十条第三款所规定的基于"客观情况发生重大变化"的解雇和第四十一条所规定的经济性裁员都是不被允许的。然而，为什么立法者不允许用人单位裁减试用期内的劳动者呢？笔者难以理解，试用期有利于用人单位和劳动者互相了解、双向选择，对试用期条款予以限制的目的应该是避免其被滥用，而不是给予试用期内的劳动者以特别的优待。[1]这样的做法也是不符合常理的，用人单位可以解雇多年工龄的老职工，反而不能辞退处于试用期内的新员工，然而明显老职工更值得保护，因为劳动者在用人单位工作的时间越长，知识技能越固定化，和企业的相关度越高，越容易影响他在劳动力市场上的竞争力，随着劳动关系的存续时间增加，劳动者的人际关系和社会圈子也和工作的相关性越大，要割舍他熟悉的环境也越困难。[2]所以，笔者认为，《劳动合同法》第二十一条有待完善，将来修法时应当予以纠正。

---

① 《解雇保护法》的适用前提之一是劳动关系必须已经存续了至少六个月，所以在劳动关系建立后最初的六个月中雇员不享受一般解雇保护，在此期间雇主解雇几乎不受任何限制，只要不违反善良风俗、诚信原则，不构成歧视即可，所以这六个月被称为"等待期"（Wartezeit）。

② 王倩：《我国过错解雇制度的不足及其改进——兼论〈劳动合同法〉第三十九条的修改》，《华东政法大学学报》2017 年第 4 期。

# 第八章　经济性裁员中的优先留用

## 第一节　优先留用制度的现行规定与司法实践

### 一、新增规定的立法意图

相对于《劳动法》第二十七条,《劳动合同法》第四十一条第二款新增了优先留用制度的规定,[①]立法者指出,"在裁减一部分劳动者时,就涉及裁减哪些劳动者的问题。有些意见认为,用人单位进行经济性裁员时,除了出于削减人员工资费用的目的外,有时还要达到一个对员工结构进行调整以增强经营能力的目的,因此建议裁减人员名单由用人单位根据实际需要确定。这种观点有其合理的一面,但经济性裁员不能只考虑用人单位的需求,很多国家都规定经济性裁员必须遵循社会福利原则,[②]即经济性裁员中还要考虑社会因素,优先保护对用人单位贡献较大、再就业能力较差的劳动者"。

---

① 就优先招用的问题,已经有学者进行了较为深入的分析,而且司法实践中相关争议非常少,所以本书不再讨论,详见冯彦君:《论劳动者录用优先权》,《吉林大学社会科学学报》2000 年第 6 期。

② 根据学者统计,在 75 个国家中法律明确了被裁减人员的挑选标准的有 30 个,另外还有部分国家授权集体协议就此协商,原则上挑选被裁减人员时考虑的因素包括雇员的服务年限、职业技能、家庭责任、再就业能力等,我国《劳动合同法》第四十一条第二款设定的家庭责任标准符合国际共性,但是劳动合同期限标准独具特色,详见钱叶芳:《裁员保护立法的国际比较及其启示》,《法商研究》2012 年第 2 期。

相应地，"主要从劳动合同期限和保护社会弱势群体角度出发，规定了三类优先留用人员。其中与本单位订立较长期限的固定期限劳动合同和订立无固定期限劳动合同的人员，主要是考虑劳动者对劳动合同有较长期限的预期，法律应对这种预期予以相应保护。规定优先留用家庭无其他就业人员、有需要抚养的老人或者未成年人的劳动者，主要是考虑这类劳动者对工作的依赖性非常强，一份工作关系到一个家庭的基本生活，不能将其随意推向社会，对这类社会弱势群体法律应给予相应保护"。[1]

## 二、司法实践中的诸多疑问

根据笔者对关于经济性裁员的司法判决的数据统计，仅有 7 个案件中经济性裁员被认定违法是由于用人单位违反了优先留用的要求，其中有 6 个案件是因为用人单位没有优先留用签订了无固定期限劳动合同的劳动者而认定裁员违法，只有 1 个案件中劳动者是与本单位签订了较长期限的固定期限劳动合同，没有 1 个案件中裁员被认定违法是因为用人单位未优先留用家庭无其他就业人员且有需要抚养的老人或者未成年人的劳动者。相对于《劳动合同法》第四十二条的解雇禁令，似乎裁审实践中对《劳动合同法》第四十一条第二款所规定的优先留用制度重视度不够，几乎没有法官在判定裁员合法性时主动审查用人单位是否遵守了优先留用义务，有的法官在劳动者提出用人单位违反了优先留用的义务之后也不予回应，甚至有法官明确提出优先留用的要求不具有强制性。比如，"谭某与东莞厚街赤岭通用电器制造有限公司劳动争议案"中，自 2007 年起谭某与通用公司之间签订无固定期限劳动合同，但法院认为，《劳动合同法》第四十一条第二款所列明的情况属于裁员时对员工在同等情况下的优先留用，并非对用人单位用工自主权的绝对禁止，而谭某并未提交任何证据证明自己符合《中华人民共和

---

[1] 全国人大常委会法制工作委员会行政法室编著：《中华人民共和国劳动合同法解读与案例》，人民出版社 2013 年版，第 172 页。

国劳动合同法》第四十二条所列明的禁止解雇的情形,所以通用公司根据谭某的工资标准、工作情况以及公司自身发展经营等方面考虑将其列为被裁员对象,属于通用公司用工自主权的合理行使,并未违反法律的强制性规定。①

优先留用制度在实践中并未发挥相应的作用,部分可以归因于现行规定的解释和适用中存在诸多不明之处。

第一,优先留用是指在多大范围内进行被裁减人员的挑选,是在整个用人单位的范围内,还是限于裁员事由直接涉及的部门或项目?比如,在"欧某与艺莱创电子元器件(深圳)有限公司劳动合同纠纷案"中,艺莱创公司称出于市场战略考虑及资源整合的考虑,集团决定进行经营范围和生产地点的调整,将甲产品线全部转移到集团的突尼斯工厂生产,同时逐步扩大中国工厂中乙产品的生产规模,所以需要裁员,虽然欧某和艺莱创公司之间签订的是无固定期限劳动合同,而且公司在辞退他的同时仍然保留有大量固定期限劳动合同员工,但是法院认为,此次裁员是对欧某所在的生产部门的整体裁员,所以不存在需要优先留用的情形。②

第二,优先留用是否以"同等条件下"为前提,同等条件又如何理解?比如,"鲁某与上海航星机械(集团)有限公司劳动合同纠纷案"中,鲁某从事干洗车间调度工作,2007年鲁某与该机械公司签订无固定期限劳动合同,2008年航星公司因生产经营发生严重困难实行经济性裁员,决定缩减干洗车间的人员编制,留用范某等11人,鲁某等11人不再留用,留用的11人中与航星公司签订固定期限劳动合同的有3人,其中曹某有维修电工操作证书、高某有电焊工操作证书、王某有电工高级证书,且高某、王某还在2007年度公司技能秀比赛中获奖,另外8人均签订无固定期限劳动合同。法院认为,根据裁减方案,第一期裁员工作在干洗机项目进行,虽然鲁某与

① 广东省东莞市第二人民法院(2014)东二法厚民一初字第219号,"谭某与东莞厚街赤岭通用电器制造有限公司劳动争议案",案例源自北大法宝数据库。
② 广东省深圳市中级人民法院(2014)深中法劳终字第1736号,"欧某与艺莱创电子元器件(深圳)有限公司劳动合同纠纷案",案例源自北大法宝数据库。

航星公司签订了无固定期限的劳动合同,属于经济性裁员时优先留用人员,但所谓"优先"应当是在同等条件下的"优先",现航星公司留用人员中8人也与航星公司签订了无固定期限劳动合同,而另外的曹某等3人虽然签订的是固定期限劳动合同,但是此3人具有鲁某所不具有的专业技术操作证书,所以航星公司未留用鲁某并无不当。[①]

第三,优先留用的三类标准怎么理解?是否签订了无固定期限劳动合同,较为明确,但是在劳动合同承继时可能出现纠纷,另外,订立了较长期限的固定期限劳动合同的标准如何适用,多少年才算"较长期限"?又怎么认定家庭无其他就业人员且有需要扶养的老人或者未成年人呢?比如,"甲与乙公司劳动合同纠纷上诉案"中,劳动者甲与原用人单位自2002年起签订无固定期限劳动合同,2009年1月原用人单位被合并入乙公司,甲被原用人单位安排到乙公司工作,2009年5月乙公司以受经济危机影响订单严重下滑,较上年度业务量减少20%至30%左右为由,进行经济性裁员,裁减21人中包括甲。就甲和乙公司之间是否存在无固定期限劳动合同的问题,法院认为,除法定情形外,劳动关系因劳动者和用人单位各自的意思表示达成一致而确立,劳动合同期限的确定亦遵循此规则,甲系被安排到乙公司工作,同时劳动合同关系亦转移,乙公司虽然实际向甲发放了工资和为甲缴纳了社会保险费,即承担了用人单位的法定义务,但是乙公司既没有与甲签订无固定期限的劳动合同,也没有向甲作出过建立无固定期限劳动合同关系的意思表示,因此应认定甲在乙公司的工作年限依法合并计算入乙公司的工作年限,甲与乙公司之间新建立了劳动关系,但该劳动关系并非甲主张的无固定期限劳动合同关系。[②]针对甲提出自己属于家庭唯一收入来源且有

---

① 上海市第一中级人民法院(2010)沪一中民三(民)终字第218号,"鲁某与上海航星机械(集团)有限公司劳动合同纠纷案",案例源自北大法宝数据库。

② 笔者认为该法院适用法律错误,《劳动合同法》第三十四条有明确规定,"用人单位发生合并或者分立等情况,原劳动合同继续有效,劳动合同由承继其权利义务的用人单位继续履行"。本案中,原用人单位已经和甲签订了无固定期限劳动合同,所以在原用人单位被合并入乙公司以后,乙公司应该与甲继续履行原无固定期限劳动合同。

需要抚养的老人的问题,法院提出,虽然甲的妻子目前失业,但是甲的儿子已婚,母亲有镇保收入,父亲已经过世,因此甲的家庭只是没有其他就业人员,不符合有需要扶养的老人或者未成年人的要求,所以甲不得主张优先留用。[1]

第四,三类优先留用的劳动者在适用时是否有先后顺序?就此,立法者的意见是,三类优先留用的劳动者之间并没有谁优先的顺序,用人单位可以根据实际需要予以留用。[2]那么,如果同时满足两种情形,是否应该比只符合一种情形的更加优先?比如,"孙某诉苏州维信电子有限公司劳动争议案"中,维信公司以生产经营发生严重困难为由进行经济性裁员,孙某属于被裁减的人员之一,孙某自2009年起与维信公司签订了无固定期限劳动合同,孙某还提交了孙某丈夫的失业证明、户口簿、其父亲徐某的残疾人证等证据,证明其丈夫于2012年12月下岗无固定工作,其父亲为残疾人需要照顾,家庭无稳定的经济来源,也就是说孙某同时符合两种优先留用的标准,但是法院仍然认为,维信公司留用了与原告同岗位的员工吴某,而吴某与维信公司之间签订的也是无固定期限劳动合同,所以维信公司并没有违反优先留用的法律规定。[3]另外,除了《劳动合同法》第四十一条第二款所列举的三类人员,是否还有别的人员应该被优先留用,用人单位在优先留用时是否还可以考虑别的因素?实际上,按照2011年7月26日颁布的《烈士褒扬条例》第十九条,"烈士遗属已经就业,用人单位经济性裁员时,应当优先留用"。而2011年10月29日颁布的《退役士兵安置条例》第三十六条也明确规定,"接收退役士兵的单位裁减人员的,应当优先留用退役士兵"。这些规定颁布在《劳动合同法》之后,是否应该适用?在"唐某诉维美德造纸机械技

---

① 上海市第一中级人民法院(2010)沪一中民三(民)终字第397号,"甲与乙公司劳动合同纠纷上诉案",案例源自北大法宝数据库。

② 全国人大常委会法制工作委员会行政法室编著:《中华人民共和国劳动合同法解读与案例》,人民出版社2013年版,第172页。

③ 江苏省苏州市吴中区人民法院(2014)吴民初字第1022号,"孙某诉苏州维信电子有限公司劳动争议案",案例源自北大法宝数据库。

术(西安)有限公司劳动争议案"中,民政部门在唐某 1985 年复员安排他进入国营西安造纸机械厂(维美德公司前身)工作,并且双方于 2005 年签订了书面的无固定期限劳动合同,2013 年 1 月维美德公司进行经济性裁员,唐某认为自己属于退役士兵应该被优先留用,但是法院对此并无回应,而是指出唐某不属于《劳动合同法》第四十二条规定的不得解除劳动合同的人员范畴,认定裁员合法。①

第五,涉及优先留用的证明责任应该如何分配? 是应该由用人单位主动证明自己已经按照《劳动合同法》第四十一条第二款的要求对相关人员进行了挑选,并且优先留用了特定员工,还是由劳动者就用人单位违反了优先留用的规定举证? 就此司法实践中有不同意见。比如,"顾某与常州武进大众钢铁有限公司劳动合同纠纷案"中,顾某与大众公司签订了无固定期限劳动合同,顾某指出自己符合优先留用的标准,但是大众公司没有履行优先留用的程序也没有举证说明为什么不需要进行优先留用,然而法院却提出,顾某既没有证明自己符合优先留用的条件,也没有证明被留用的职工不符合优先留用条件。②相反,"威旭电子(上海)有限公司诉吴某经济性裁员案"中,法院提出,我国劳动法规定了用人单位在裁员时不应仅考虑岗位需要,而是应优先留用三类劳动者,对于用人单位在经济性裁员中是否遵守了优先留用的法律规定,应由用人单位承担举证责任,本案中吴某与威旭公司之间签订了较长期限的劳动合同,而威旭公司又不能够证明其他被留用的劳动者的条件均优于吴某,属于违法解除。③

另外,就优先留用所涉及的员工信息,究竟是应该由用人单位主动收集,还是应该由劳动者自行披露? 比如,"曹某与中国惠普有限公司劳动争

---

① 陕西高级人民法院(2015)陕民一申字第 00365 号,"唐某诉维美德造纸机械技术(西安)有限公司劳动争议案",案例源自北大法宝数据库。
② 江苏省常州市中级人民法院(2014)常民终字第 726 号,"顾某与常州武进大众钢铁有限公司劳动合同纠纷案",案例源自北大法宝数据库。
③ 上海市第一中级人民法院(2009)沪一中民一(民)终字第 4887 号至 4902 号,"威旭电子(上海)有限公司诉吴某经济性裁员案",案例源自北大法宝数据库。

议案"中，惠普公司以生产经营发生严重困难为由进行经济性裁员，曹某在一审庭审中提交了结婚证、其妻子的学生证、其儿子的出生医学证明来证明自己属于应该被优先留用的第三类人员。一审法院认为，从曹某提供的相关证据来看，曹某的工作确实属于家庭唯一收入来源，也有未成年人需要抚养，但是曹某并未在裁员时向公司提出此情况，故这一理由亦不构成对抗惠普公司违法解除劳动关系的合法事由。曹某提起上诉称，曹某是惠普公司的员工，所以惠普公司有责任了解曹某家庭情况后再进行裁员，惠普公司则在二审时提供了员工登记表，证明曹某入职时曾称其妻子有工作而且曹某同意将家庭情况的变更及时告知惠普公司，但是曹某在职期间并未告知惠普公司其妻子离职读书的情况，所以惠普公司尽到了信息采集的义务。二审法院支持了惠普公司的理由，认为既然曹某在入职时曾称其妻子有工作而且也同意将会通知惠普公司其家庭情况的变更，那么后来曹某没有及时向惠普公司披露相关信息，惠普公司在不知情的情况下解雇曹某，是不违反法律规定的。①

## 第二节　德国法中的"社会性挑选"

需要明确的是，与我国只适用于经济性裁员的优先留用制度不同，德国《解雇保护法》第一条第三款至第五款所规定的"社会性挑选"的规则针对的是基于经营原因的解雇，也就是说社会性挑选并不是只适用于《解雇保护法》第十七条意义上的规模性裁员，即使雇主基于经营原因只解雇一个雇员，也要进行社会性挑选。如果已经确定了存在"紧迫的经营需求"，也无法通过短时工作制、减时减薪、调动工作岗位等更为温和的措施来避免解雇，那么剩下的问题就是，在多个有可比性的雇员当中应该解雇哪一个？②比如

---

① 北京市第三中级人民法院（2015）三中民终字第 03674 号，"曹某与中国惠普有限公司劳动争议案"，案件源自北大法宝数据库。

② 关于社会性挑选的问题，可以阅读［德］沃尔夫冈-多伊普勒：《德国劳动法》，王倩译，上海人民出版社 2016 年版，第 264—268 页。

某贸易公司原有三名文秘,因为引入自动化办公设备,只需要留下两名文秘即可完成工作,又比如某制造厂减产40%,相关的制造、物流、客服和销售岗位都要相应削减,应该谁去谁留?按照德国立法者的社会理念,这个将要被解雇的人选不是雇主可以随意决定的,而是应该按照法定标准和程序找出那个"社会保护需求"(Sozialschutzbedürftigkeit)最弱的雇员,社会性挑选的任务就在于将"抽象的劳动力的过剩"与"具体的将被解雇的雇员"联系起来,①经过社会性挑选的过程,最后被辞退的可能不是那个因为经营决策的影响而直接丧失工作岗位的雇员,而是那个社会保护需求最弱从而对工作岗位依赖最少的雇员。②

## 一、社会性挑选范围的确定

雇主首先应该确定因为经营决策的影响而直接丧失工作岗位的雇员,以他为圆心在企业范围内找出与他有可比性的其他雇员,从而划定进行社会性挑选的范围。

社会性挑选(Sozialauswahl)应当以"企业"(Betrieb)为界,既不是以"公司"(Unternehmen)③为界,也不是以"企业部分"(Betriebsteil)或者"企业部门"(Betriebsabteilung)为界。按照德国联邦劳动法院的理解,所谓企业是

---

① APS/Kiel, 4. Auflage, §1 KSchG Rn. 654.

② 如果雇主"停止经营"(Betriebsstilllegung)从而需要解雇所有员工,那么自然不用进行社会性挑选,BAG 7.3.2002, NZA 2002, 111。

③ 请注意区分"Betrieb"与"Unternehmen",德国劳动法意义上的"企业"(Betrieb)是指一个追求劳动技术意义上的目的的组织,从事具体的生产或者服务活动,比如生产鞋子、提供膳食、提供旅游服务,它跟通常意义上的企业(Unternehmen)不同,通常意义上的企业追求的是经济或者公益的目的,是一个经济实体。"Unternehmen"和"Betrieb"可能会重合,比如某个从事家具制造的公司所有的生产经营都在一处,并无分支,"Unternehmen"也可能由多个"Betrieb"构成,比如一个经营百货商店的有限责任公司(通常意义上的企业)在十个城市设有分店,即十个生产经营单位(劳动法意义上的企业),那么每一个分店都可以选举产生自己的企业职工委员会。为了避免引起误解,此处用"公司"来指代通常意义上的企业。[德]沃尔夫冈·多伊普勒:《德国劳动法》,王倩译,上海人民出版社2016年版,第17页。

指"一个独立的组织体,在这个组织体中雇员和雇主为了实现特定的劳动技术意义上的目的使用物质和非物质的生产资料共同努力,此目的不限于满足自身需求"。①由于某企业可能同时追求多个劳动技术意义上的目的,所以判定是否构成一个企业的核心在于是否存在一个独立的组织体,而构成独立的组织体的最重要的特征在于有较为独立的领导团队和管理权限,原则上能够在这个组织体内完成社会事务、人事事务上的决策,比如行为规范、工作作息、薪酬分组等。②

"有可比性"(vergleichbar)的雇员是指那些可以被丧失工作岗位的雇员接替工作的人。具体来说,一方面,丧失岗位的雇员必须具备从事有可比性的雇员的工作岗位所必备的知识技能,经过短暂培训后③能够胜任工作也可以,另外还要注意劳动合同对工作岗位的约定,如果根据约定雇主只能安排丧失工作岗位的雇员从事特定岗位的工作,那么在特定岗位丧失后,即使雇员事实上有能力从事其他岗位的工作,也无需将其他岗位的雇员纳入社会性挑选当中,④另一方面,有可比性的雇员应该与丧失岗位的雇员处于企业组织体中的同一个层级,与某雇员有可比性的不会是他的上司和下级,如果允许纵向的比较,那么可能导致从上而下的挤出效应,因为处于高层级的雇员往往能够接手处于低层级的雇员的工作,反之则不然。⑤还有一些雇员不能被纳入社会性挑选的范围内,处于六个月等待期中的雇员不受《解雇保护法》调整,自然不能被纳入,⑥由于雇主一般情况下不能基于经营原因

---

① BAG 3.12.1954, AP Nr. 1 zu §88 BeVfG.

② BAG 15.3.2001, NZA 2001, 831ff.

③ 就雇主应当容忍的培训时长,德国联邦劳动法院曾认为不应超过三个月,详见 BAG 5.5. 1994, NZA 1994, 1023ff,某地基层劳动法院则认为不应超过六个月,详见 ArbG Wetzlar 26.7. 1983, DB 1983, 2785。

④ BAG 17.2.2000, NZA 2000, 822.

⑤ APS/Kiel, 4. Auflage, §1 KSchG Rn. 680ff.

⑥ 《解雇保护法》的适用必须满足两个前提条件,其一是劳动关系必须已经存续了至少六个月,其二是雇主不属于《解雇保护法》第二十三条第一款意义上的小企业。在最初的六个月中雇员不享受一般解雇保护,在此期间雇主解雇几乎不受任何限制,只要不违反善良风俗、诚信原则,不构成歧视即可,所以这六个月被称为"等待期"(Wartezeit)。

正常解雇受到特殊解雇保护的雇员,所以原则上受到特殊解雇保护的雇员也不能被纳入社会性挑选当中。[1]

为了帮助理解,不妨举例说明:一家经营百货商店的有限责任公司在汉堡、柏林、慕尼黑等十个城市都开设了分店,这十家分店在组织管理上较为独立,都是劳动法意义上的企业,现在汉堡分店的男装部撤销,男装部所有的销售员的工作岗位将被裁减,此时社会性挑选只发生在汉堡分店,并不会波及其他分店的雇员,但是也不会限于汉堡分店的男装部,女装、鞋帽、箱包、文具等其他部门的销售员都可能被纳入社会性挑选中,如果销售员能够直接或者经过短暂培训后从事汉堡分店的客服中心的工作,那么客服中心的工作人员也要被纳入社会性挑选中,处于等待期的员工和部分受到特殊解雇保护的员工需要被排除在外。

## 二、社会性挑选的标准与权重

然后雇主应该按照法定的标准,针对每一个纳入社会性挑选的雇员,确定其需要社会保护的程度。德国《解雇保护法》第一条第三款第一句第一半句的表述是,"即使雇员的确是基于紧迫的经营需求被解雇的,但是雇主在挑选雇员时没有或者没有充分顾及雇员的企业工龄、年龄、抚养义务、重度残疾的话,解雇还是缺乏社会正当性"。可见,立法者对于社会性挑选的标准已经进行了明确的、封闭式的列举,并不要求雇主为了照顾特殊情况而考虑别的因素,如果雇主要考虑别的因素,也应该是在充分顾及了上述四个标准的基础上,而且该因素还应该与上述四个标准之一有关联,比如涉及抚养

---

[1] 受到特殊解雇保护的雇员是否纳入社会性挑选,需要区分不同情形,根据主流意见,对于雇员的集体利益代表、服兵役或者从事替代兵役的社区服务的雇员等,完全不纳入社会性挑选之内,对于重度残疾人等弱势雇员,一般情况下也不纳入社会性挑选,但是如果法定监管机构比如残疾人救济署同意解雇,则可以纳入社会性挑选中,如果是集体合同基于对年纪较大、企业工龄较长的雇员的保护排除了正常解雇,那么这些人也是不纳入社会性挑选的。详见 ErfurterK/Oekter, 13. Auflage, §1 KSchG Rn. 310ff.

义务这一标准,如果雇员是独自抚养小孩的单身父亲或者单身母亲,那么可以加重抚养义务的分值,相反,如果雇员的配偶有自己的收入,那么可以减轻抚养义务的分值。①

具体来看这四个法定标准:"企业工龄"(Dauer der Betriebszugehörigkeit)指的是劳动关系不间断的存续年限,所以雇员病假、产假等未实际提供劳动的时间也计算在内,企业工龄的长短代表了雇员对于企业的贡献和忠诚,雇员在某个企业工作的时间越长,知识技能越固定化、和企业的相关度越高,越容易影响他在劳动力市场上的竞争力,雇员的人际关系和社会圈子也和工作的相关性越大,要割舍他熟悉的环境也越困难;考虑"年龄"(Lebensalter)这一因素主要是因为,通常情况下年龄更大的雇员比年龄更轻的雇员就业更为困难,因为雇员年龄越大,学习能力、身体素质、就业灵活度往往越差,从而在劳动力市场上机会越少,当然这也不是绝对的,比如接近退休年龄的雇员过渡几年就能拿到退休金,需要保护的程度可能比处于中年的雇员要低②;"抚养义务"(Unterhaltspflichten)指的是雇员基于法律规定对家人的抚养义务,主要是指对配偶、未成年孩子的抚养义务,由于此时工作岗位不仅仅是雇员个人安身立命的饭碗,还是雇员家人的生活来源,所以需要予以特别关注,如果雇员负有抚养义务的孩子或者配偶,甚至有长期护理需求的,那么雇员的负担更为沉重;按照德国《社会保险法典(第九部)》第二条,所谓残疾是指某人在身体机能、智力水平、精神状况方面存在不同于同龄人的异常超过六个月以上,严重影响了他正常参与社会生活,而"重度残疾人"(Schwerbehinderung)是指那些在德国居住生活且残疾程度超过50%的人,③对于已经被残疾人救济署认定为重度残疾人的雇员,或者虽然未经认定,但是其重度残疾显而易见的,那么雇主需要在社会性挑选中

---

① APS/Kiel, 4. Auflage, §1 KSchG Rn. 732.

② 某案中,雇员 A 年龄为 61 岁、企业工龄 40 年、独身,雇员 B 年龄为 45 岁、企业工龄 22 年,需要抚养 2 个小孩,法院认为后者受社会保护的需求更强,详见 LAG Köln 17.8.2005,EzA-SD 2006,Nr.6,12。

③ 残疾程度超过30%、不到50%,但是有特殊就业困难的,也可以被视为重度残疾人。

予以关注,需要注意的是,由于重度残疾人受到特殊解雇保护,所以只有在残疾人救济署同意雇主提出的解雇申请的情况下,重度残疾的雇员才会被纳入社会性挑选之中。

原则上雇主负有收集相关信息的义务,一般情况下,涉及雇员的年龄和企业工龄,雇主查阅相应的人事档案即可得知,而涉及雇员的抚养义务、重度残疾人身份,雇主应当主动向雇员询问,而不是停留于雇员税卡上的信息,因为税卡上的信息未必准确且可能有变动,就雇主的询问,雇员应该给出真实的信息,有必要时需提交相关证明,雇员不予配合或者雇员给出了错误信息的,雇主没有进一步查明核实的义务,而是可以基于现有信息进行社会性挑选,雇员之后在解雇保护之诉中也不能主张社会性挑选有错。[①]另外,根据《解雇保护法》第一条第三款第一句第二半句,雇员有权要求雇主告知他得出社会性挑选结果的原因,也就是说,应雇员要求雇主有义务告诉雇员,他认为哪些雇员有可比性而将其纳入了社会性挑选当中,他如何根据四个法定标准衡量了这些雇员的社会保护需求程度,他将特定有可比性的雇员排除在社会性挑选之外又是基于什么原因。此项知情权至关重要,雇员只有掌握了相关信息才能预估有几分胜算、是否应该提起解雇保护之诉,雇员提起了解雇保护之诉的,更加需要相关信息来指出社会性挑选错在何处,如果雇主不予提供相关信息,那么雇员只需笼统主张雇主留用的雇员中有人比自己社会保护需求更弱即可。[②]

德国联邦劳动法院认为,对于这四个法定标准的权重,立法者并未给出统一的衡量规则,原则上没有哪个标准是绝对优先的,也没有唯一完美的方案,雇主只要充分顾及这四个标准即可,除非雇主自己使用了计分体系,否则不可能像做数学题那样准确计算出每个雇员的社会保护需求程度,雇主就此有一定的自主裁量空间。[③]实践中,雇主往往使用"计分系统"(Punk-

① BAG 17.1.2008, AP Nr. 96 zu § 1 KSchG 1969 Soziale Auswahl.

② APS/Kiel, 4. Auflage, § 1 KSchG Rn. 744.

③ BAG 5.12.2002,AP Nr. 59 zu § 1 KSchG 1969 Soziale Auswahl; BAG 5.11.2009, AP Nr. 183 zu § 1 KSchG 1969 Betriebsbedingte Kündigung.

tschema)，由于这种方法使得社会性挑选更为客观、理性、透明，所以劳动法院一般也是持欢迎态度。此处举出两例联邦劳动法院认可的计分系统：第一例中，年龄方面，每满一周岁记 1 分，上限为 55 分，企业工龄方面，前十年每满一年记 1 分，从企业工龄满第十一年开始，每满一年记 2 分，上限为 70 分，抚养义务方面，每个需要抚养的孩子记 4 分，需要抚养的配偶记 8 分，重度残疾人的残疾程度不超过 50% 的记 5 分，残疾程度每超过该标准 10% 记 1 分；①第二例中，年龄方面，从 18 周岁开始起算，每大一岁记 1 分，企业工龄方面，每满一年记 1.5 分，抚养义务方面，每个需要抚养的孩子记 7 分，需要抚养的配偶或者经登记的生活伴侣记 5 分，重度残疾人记 11 分，视为重度残疾人的记 9 分。②按照这种计分系统可以得出每个雇员的分数，分数越高社会保护需求越高，按照得分进行排序，得分最低的那个或者那些雇员将面临解雇。③需要注意的是，如果企业中设立了企业职工委员会的，这种计分系统属于德国《企业组织法》第九十五条意义上的挑选解雇的人的甄选规则的范畴，企业职工委员会就此拥有共决权，④雇主违反该劳资共决义务、独自设定计分系统的，并不会导致基于该计分系统得出的结果而发出的解雇无效，但是企业职工委员会可以申请劳动法院勒令雇主立即停止该行为。⑤

---

① BAG 5.12.2002，AP Nr. 59 zu §1 KSchG 1969 Soziale Auswahl.

② BAG 6.11.2008，AP Nr. 182 zu §1 KSchG 1969 Betriebsbedingte Kündigung.

③ 比如，雇主需要解雇一人的，就是得分最低的那位雇员，雇主需要解雇三人的，就是得分排名倒数的三位雇员。

④ 《企业组织法》第九十五条赋予了企业职工委员会一项比较重要的共决权，即企业职工委员会可以参与制定关于招聘、调岗、变更分组和解雇的人员甄选的规则。在用工规模不超过 500 名雇员的企业中，雇主在制定人员甄选规则的时候必须获得企业职工委员会的同意，但是雇主可以独自决定是否制定这种规则。在用工规模超过 500 名雇员的企业中，企业职工委员会则可以主动采取行动，必要时即使违反雇主的意愿也可以借助劳资协调处强行设立这种规则。详见[德]沃尔夫冈-多伊普勒：《德国劳动法》，王倩译，上海人民出版社 2016 年版，第 104 页。

⑤ BAG 9.11.2006，AP Nr. 87 zu §1 KSchG 1969 Soziale Auswahl. 当然，雇主违反了《企业组织法》的规定单独制定了甄选规则的，也不能主张适用《解雇保护法》第一条第四款的规定，不能享受法院就社会性挑选只审查重大错误的优惠性待遇。

### 三、社会性挑选的调整

按照德国《解雇保护法》第一条第三款第二句,雇主可以基于"正当的经营利益"(berechtigtes betriebliches Interesse)对社会性挑选进行调整,这种正当的经营利益表现为"保留骨干员工"和"维持合理人员结构"两方面。也就是说,立法者既要求雇主对基于经营原因解雇的雇员进行社会性挑选,将企业内有可比性的雇员都纳入社会性挑选之中,充分照顾到社会保护需求强的雇员的利益,又考虑到雇主保留骨干员工、维持合理人员结构的正当需求,允许雇主将部分雇员排除在社会性挑选之外,从而避免社会性挑选的结果影响到企业正常的生产经营。当然,将企业内有可比性的员工都纳入社会性挑选是原则,而基于正当的经营利益排除部分员工是例外。[①]

雇主可以保留"骨干员工"(Leistungsträger),即雇主基于某个雇员的知识、业绩或能力需要留用他,比如某个雇员掌握一门外语,能够在接待外国的商业伙伴、开拓外国市场时发挥重要作用,又比如某个雇员业务能力尤为突出,操作的无差错率和精确度远高于同事,再比如某个雇员的推销能力、协调能力特别强,又或者雇员与某个重要客户之间私人关系友好,对于客户维系非常重要。也就是说,与其他有可比性的员工相比较,即使该骨干员工的社会性保护需求较弱,但是他在知识、业绩或能力方面有明显的优势,继续雇用他能给雇主带来相当大的好处,那么雇主也可以留用他。[②]

---

① 德国联邦劳动法院在某案中指出,不同的企业员工组织结构不同,职业技能、专业水平等也有差异,所以能够相互替换而不影响生产经营的雇员数量也不同,但是如果雇主打着正当经营利益的旗号将企业的大部分员工都排除在社会性挑选之外,那肯定是有问题的,详见 BAG 5.12.2002,NZA 2003,849ff。另外,联邦劳动法院还认为,通过社会选择所要实现的社会利益越重(所要保护的雇员越弱势),进行此社会性挑选的调整的理由也要更有说服力,详见 BAG 31.5.2007,NZA 2007,1362ff。

② 详见 KDZ/Deinert,9.Auflage,§1 KSchG Rn. 687ff。

雇主也可以为了"维持合理人员结构"(Sicherung einer ausgewogenen Personalstruktur)而对社会性挑选进行调整,①所谓合理的人员结构,基本上指的是合理的人员年龄结构。②社会性挑选的四个标准中,年龄是一个重要标准,而企业工龄也是间接地有利于年龄较大的雇员,按照计分系统计算、排序的结果很可能是年龄较小的雇员面临解雇,因此当多个雇员被解雇,特别是构成规模性裁员的时候,社会性挑选的结果很可能是大量年轻的雇员被解雇,留下的多为年长的雇员,导致企业"人员老龄化",然而年长的雇员往往更容易生病、学习新知识的能力更差、调动工作的灵活度也更低,如果企业缺乏新鲜血液,专业技能和职业经验的传承也会出问题,所以维持合理的人员结构对雇主意义重大。实践中,雇主往往会这样对社会性挑选进行调整:首先确定社会性挑选的范围,将企业范围内与直接丧失工作岗位的雇员有可比性的其他雇员纳入社会性挑选的范围内;然后进行预估,看直接按照四大标准进行社会性挑选是不是会导致人员年龄结构恶化;如果确实如此,那么雇主可以将被纳入社会性挑选的雇员按照不同年龄段分成几组,根据每个年龄段的员工的人数在总人数中所占的比例,将要解雇的雇员的名额分配到每个年龄段的小组;再在各个小组中按照四大标准得出各个雇员的社会保护需求度,从而进行排序。③这样一种"按照年龄分组"(Altersgruppenbildung)的方法,相当于是把原本的社会性挑选进行切割,放在不同年龄段小组中进行,但是只要该年龄分组合理,法院一般都认可这种做法,比如在联邦劳动法院审理的某案中,雇主需要裁减 29 个机器操作工,雇

---

① 需要注意的是,法条中讲的只是"维持"人员结构,而不是"改善"人员结构,如果企业原本的人员结构就有问题,比如人员老龄化严重,那么这是雇主在招聘的时候犯下的错误,不能够借着社会性挑选的机会来改正错误,否则就是由雇员来为雇主的错误买单,雇主只能够通过与雇员协商一致解除劳动合同、等待雇员退休、固定期限劳动合同到期等方式来改正。详见 APS/Kiel, 4. Auflage, § 1 KSchG Rn. 768。

② 如果某个企业出于特定的经营目的需要确保一定的男女比例,那么也可以理解为维持合理的性别比例,其他的分类,比如工会会员和非工会会员的比例、外国人和本国人的比例,基本都被主流观点认为不构成正当的经营利益或者涉嫌歧视,从而不被接受,详见 KDZ/Deinert, 9.Auflage, § 1 KSchG Rn. 699f。

③ 详见 APS/Kiel, 4. Auflage, § 1 KSchG Rn. 764ff。

主将纳入社会性挑选的雇员按照年龄段分成了 5 组,即 30 岁及以下、31 岁至 40 岁、41 岁至 50 岁、51 岁及 60 岁、61 岁及以上,然后根据每个年龄段的机器操作工人数与企业中机器操作工总人数的比例,将 29 个名额分配到每个年龄段小组,再在每个小组中按照四大标准分别进行计算、排序,确定解雇的具体人选,法院认为此做法没有问题。[1]

## 四、劳资协商的自主空间

社会性挑选是基于经营原因解雇的重要环节,其实践操作也不是一件容易的事情,从确定社会性挑选的范围、按照法定标准衡量各个雇员的社会保护需求程度到基于正当的经营利益对社会性挑选进行调整,每个步骤都可能出错,尤其是雇主需要解雇多人时,社会性挑选将是一项非常烦琐、复杂的工作,所以立法者在德国《解雇保护法》第一条第四款和第五款设定了限制法院审查权限的可能性,但是以存在劳资协商为前提。[2]立法者作出此种安排主要是考虑两方面的因素:一方面,为雇主减负,社会性挑选相当复杂,需要给予雇主更多的可预见性和确定性,避免其动辄得咎;另一方面,劳资协商的机制能给雇员利益提供基本的保障,比如企业职工委员会作为雇员的集体利益代表与雇主就利益平衡约定进行谈判,在信息资讯、专业技巧、谈判筹码等各方面都比单个雇员要强得多,集体博弈的结果一般应该是公正的,法院只需要大致把关即可。[3]

---

[1]  BAG 12.3.2009,AP Nr. 97 zu § 1 KSchG 1969 Soziale Auswahl.

[2]  此处的劳资协商以企业层面上的企业职工委员会与雇主的劳资共决为主。不同于我国《工会法》第十条的规定,即"企业、事业单位、机关有会员 25 人以上的,应当建立基层工会委员会;不足 25 人的,可以单独建立基层工会委员会,也可以由两个以上单位的会员联合建立基层工会委员会,也可以选举组织员一人,组织会员开展活动"。按照德国《企业组织法》第一条的规定,只要企业中有选举权的雇员超过 5 人,有被选举权的雇员超过 3 人,雇员就可以组建企业职工委员会,也就是说,建立企业职工委员会是雇员的权利,而非雇员的义务,更不是雇主的义务。但是笔者认为,通过给予特定"优惠待遇",立法者表达了对于建立企业职工委员会、促进劳资共决的鼓励态度。

[3]  BT-Drucks.15/1204,S. 11f.

根据德国《解雇保护法》第一条第四款,如果集体合同、企业协议中约定了,如何按照法定标准衡量雇员的社会保护需求程度,而雇主在进行社会性挑选时也是按照此规则来操作的,那么法院对于这个步骤的审查尺度受限,只看是否存在"重大错误"(grobe Fehlerhaftigkeit)。对于此条的理解需要注意三点:其一,虽然法条只提到了集体合同和企业协议,社会计划的性质是企业协议,而利益平衡约定却不属于企业协议,但是主流意见认为这应该属于立法者的疏漏,雇主与企业职工委员会进行利益平衡约定的协商并在其中约定此类"甄选规则"(Auswahlrichtlinie)在实践中属于普遍现象,不将其纳入该条的适用范围将有违立法宗旨,更何况《解雇保护法》第一条第五款甚至针对利益平衡约定中约定的解雇名单赋予了更多自主空间;其二,通过集体合同、企业协议约定的此类甄选规则也可能涉及社会性挑选范围的确定、社会性挑选的调整这两个步骤,但是《解雇保护法》第一条第四款对法院审查权限的限制对这两个步骤不适用,法院对这两个步骤仍然进行全面审查;其三,所谓重大错误,是指该挑选规则完全没有顾及某个法定标准或者对于法定标准的权重设定明显不合理、不均衡,比如按照某个挑选规则设定的计分系统,企业工龄每满一年记 5 分,而对于年龄则是总共最多计5 分。①

根据《解雇保护法》第一条第五款,如果雇主是基于企业重大变动而发出的解雇,雇主和企业职工委员会又在达成的利益平衡约定里确定了基于企业重大变动而将被解雇的雇员的名单,那么对于被列入该"解雇名单"(Namenliste)的雇员,法院将推定该解雇是基于紧迫的经营原因而发生的,对于整个的社会性挑选,法院也只审查是否存在重大错误。也就是说,该名单上的雇员被解雇之后提起解雇保护之诉的,与一般情况相比较存在以下不同:就解雇原因发生举证责任倒置,法院将推定雇主是基于紧迫的经营需要而难以继续雇用该雇员的,雇员要胜诉就得举证推翻该推定,比如解雇原

---

① 详见 APS/Kiel, 4. Auflage, §1 KSchG Rn. 779ff。

因并非该企业重大变动，或者企业重大变动没有导致他的工作岗位丧失，或者企业中存在着其他继续雇用的可能性；就社会性挑选而言，从确定社会性挑选的范围、按照法定标准衡量各个雇员的社会保护需求程度到基于正当的经营利益对社会性挑选进行调整，法院对于所有步骤的审查都会相对宽松，只看有没有重大错误。[①]

## 五、社会性挑选发生错误的后果

社会性挑选的规定属于强制性规定，[②]不能通过约定排除或者限制其适用，雇主必须遵守，但是有时候雇主并非有意违反社会性挑选的要求。前面已经提到，社会性挑选操作起来比较复杂，容易出错，特别是在同时解雇多人时，比如雇主在统计相关雇员的个人信息时遗漏了重要信息或者由于笔误记错了重要信息，又比如雇主在根据计分系统分别计算各个雇员的社会保护需求程度的时候发生了计算错误或在对各个雇员按照社会保护需求程度的强弱进行排序时发生了错误，此时社会性挑选的错误是否会导致解雇违法呢？[③]德

---

① 详见 KDZ/Deinert, 9. Auflage, §1 KSchG Rn. 703ff。

② ErfurterK/Oekter, 13. Auflage, §1 KSchG Rn. 299.

③ 就举证责任的分配而言，在解雇保护之诉中，法院并不主动审查雇主是否遵守了社会性挑选的规则，而是应该由雇员来提出社会性挑选有错误。如果雇员知道与他有可比性的雇员的数量和名字以及他们的相关信息，那么雇员应该主动提出。如果雇员不知道，那么他可以主张《解雇保护法》第一条第三款第一句第二半句的知情权，也就是说，雇主此时有义务告诉雇员哪些雇员被纳入了社会性挑选当中、雇主如何衡量了这些雇员的社会保护需求程度、是否以及为何将特定有可比性的雇员排除在社会性挑选之外。如果雇主不予提供相关信息，那么雇员只需笼统主张雇主留用的雇员中有人比自己社会保护需求更弱即可，此时雇主承担举证不利的后果。如果雇主提供了相关信息，就轮到雇员来指出，哪个或者哪些被纳入挑选的雇员比自己社会保护需求更弱却没有被解雇，或者哪些雇员与他有可比性却错误地没有被纳入挑选之中，然后就又轮到雇主来举证反驳了。如果集体合同、企业协议中约定了如何按照法定标准衡量雇员的社会保护需求程度，而雇主在进行社会性挑选时也是按照此规则来操作的，那么雇员需要证明该挑选规则就社会保护需求程度的衡量存在重大错误。如果雇主是基于企业重大变动而发出的解雇，雇主和企业职工委员会又在达成的利益平衡约定里确定了基于企业重大变动而将被解雇的雇员的名单，那么被列入该"解雇名单"的雇员需要证明社会性挑选某个环节存在重大错误。详见 ErfurterK/Oekter, 13. Auflage, §1 KSchG Rn. 369ff。

国联邦劳动法院认为,关键看社会性挑选的结果是否正确,即谁去谁留,只要最后留下的是社会性保护需求最强的雇员,而其他被解雇的雇员的社会性保护需求都比他弱,那即使存在某些错误,也不会导致解雇违法。①具体来看,审判中又要根据雇主在进行社会性挑选的时候是否采用了计分系统而进行区别对待:雇主使用了计分系统的,法院首先看该计分系统的设置是否符合德国《解雇保护法》第一条的规定,假设计分系统本身没有问题,那下面就要看在雇主没有发生错误的情况下雇员原本应该得到多少分数、排序排在第几位,如果他原本就属于得分最低的那个或者那些的雇员范围,即使没有错误也会被解雇掉,那么现在存在错误也不会导致解雇违法,反之,如果他原本并不属于应该被解雇的范围,那么是社会性挑选的错误导致了针对他的解雇违法;雇主没有适用计分系统的,由于难以准确量化雇员的社会保护需求程度,所以只有在该社会性挑选的错误无论如何也不会对他的去留产生影响时,法院才不会支持雇员的主张。②

值得一提的是,德国联邦劳动法院的观点曾经发生过转变,以前德国联邦劳动法院认为,如果社会性挑选的结果发生了错误,原本社会保护需求比较弱、应该被解雇的雇员被留下来了,那么所有社会保护需求比他强却被解雇了的雇员都可以提起解雇保护之诉,③法院也会因为这个错误而认定所有这些解雇违法,后来德国联邦劳动法院放弃了这种做法,因为这种"多米诺骨牌效应"(Domino-Effekt)使得雇主因为在社会性挑选过程中的一个错误导致他在多个解雇保护之诉中败诉,需要向多个雇员支付赔偿金或者补发工资,对于雇主而言经济负担相当大,若是雇主原本就处于困境,则更是雪上加霜,甚至可能间接威胁到其他雇员工作岗位的存续,因此,联邦劳动法院提出,只有那个原本不会被解雇、因为该社会性挑选的错误才被解雇的

---

① 详见 APS/Kiel, 4. Auflage, §1 KSchG Rn. 782ff。

② BAG 9. 11. 2006, AP Nr. 87 zu §1 KSchG 1969 Betriebsbedingte Kündigung; BAG 5.11.2009, AP Nr. 183 zu §1 KSchG 1969 Betriebsbedinte Kündigung; LAG Niedersachsen 11.6.2001 LAGE Nr. 37 zu §1 KSchG Soziale Auswahl.

③ BAG 18.10.1984, AP Nr. 6 zu §1 KSchG 1969 Soziale Auswahl.

雇员才能基于该社会性挑选的错误主张解雇违法。①为了便于理解,不妨举例说明:假设某雇主在社会性挑选中使用了计分系统,对进入社会性挑选范围的 100 个有可比性的雇员打分,从而衡量其社会保护需求程度,社会保护需求越高得分越高,分数越高排名越前,得分最低的那 10 个雇员会被解雇,也就是第 1 名到第 90 名留下、第 91 名到 100 名走人,由于雇主发生了计算错误导致了排序错误,雇员 A 原本应该排在第 95 名,但是因为这个错误被排在了第 82 名,那么,按照联邦劳动法院以前的观点,比 A 社会保护需求更强的、排名处于第 90 名至第 94 名的 B、C、D、E、F 五名雇员都可以基于此错误主张解雇违法,而按照联邦劳动法院现在的观点,只有原本应该排名第 90 名、因为此错误排在第 91 名从而被解雇的雇员 B 可以主张解雇违法,雇员 C、D、E、F 在没有发生该错误的情况下也会被解雇掉,所以此错误不会导致针对他们的解雇违法。

## 第三节　我国优先留用制度的完善

前面已经提到,虽然我国《劳动合同法》第四十一条针对经济性裁员新增了优先留用的要求,但是该项制度在实践中发挥的作用非常有限。究其原因,一方面是该项制度不受到重视,学界几乎无人关注,相关研究成果匮乏,法院不会主动审查用人单位是否遵守优先留用的规定,有些法院即使在劳动者指出用人单位有违反行为时也不予回应,甚至还有法院号称优先留用并非强制性规定、违反该规定不会导致解雇违法,另一方面也是因为法律规定略显粗糙简陋,解释和适用时存在诸多疑问,制度设计本身也不甚科学。相比之下,在德国雇主基于经营原因解雇,社会性挑选是至关重要的环节,从确定社会性挑选的范围、按照法定标准衡量各个雇员的社会保护需求程度到基于正当的经营利益对社会性挑选进行调整,整个制度设计可谓详

---

① 　BAG 9.11.2006，AP Nr. 87 zu § 1 KSchG 1969 Betriebsbedingte Kündigung.

尽、细致、科学,较好地在雇员的社会保护需求和雇主的生产经营需求之间达到了平衡。①

不过,罗马不是一天建成的,德国《解雇保护法》1969 年 8 月 25 日的版本中,第一条还没有现在第四款、第五款的内容,第三款虽然已经规定了社会性挑选制度,但是规定比较简单,只要求雇主充分顾及"社会性因素"(Soziale Gesichtspunkte),允许雇主在基于正当的经营需求必须继续雇用某个或某些雇员时对社会性挑选进行调整,既未确定社会性挑选的法定标准,也没指明何为正当的经营需求,由于此规定相当地模糊、抽象,所以解释和适用中产生了许多问题,很长时间内只能由德国学术界和实务界共同承担重任。在经济衰退、失业率攀升的大背景下,②1996 年 10 月 1 日立法者以放松管制、促进就业为目的对社会性挑选制度进行了首次大改:确定了企业工龄、年龄和抚养义务这三个法定标准;指明了正当的经营利益表现为保留骨干员工和维持合理人员结构两方面;新增了第四款,对于集体合同与企业协议所确定的衡量雇员社会需求程度的规则,限制了法院的审查权限;新增了第五款,雇员被列入利益平衡约定中的解雇名单的,法院对整个社会性挑选进行宽松审查,只看有没有重大错误。此举大大增加了法律的确定性和可预测性,在有劳资协商保障公正的前提之下减轻了雇主的举证责任、降低了雇主的败诉风险。然而,1998 年 9 月政府换届几周后,以施罗德为首的新任政府认为,这些修改有过于偏向雇主之嫌,且并无数据表明修法达到了增进就业的目的,所以上述修改基本被废除。由于此后德国经济持续低迷,失业率继续攀升,施罗德政府推出了所谓的"哈茨方案",先后颁布了四部《劳动力市场现代化法》,不仅大幅削减了失业金等社会福利,推动了劳动管理部门的职能转变,而且劳动法方面再次放松管制,在社会性挑选制度方面于

---

① 我国有学者指出,我国优先留用的规则过于简单和刚性,没有考虑企业的合理需求,相比之下,德国社会性挑选的制度设计比较合理、灵活,既达到了对员工扶弱济贫的目的,也照顾了企业的合理诉求。谢增毅:《劳动力市场灵活性与劳动合同法的修改》,《法学研究》2017 年第 2 期。

② 第二次石油危机之后,联邦德国陷入了严重的经济衰退,失业率从 20 世纪 70 年代初的不到 2% 飙升到了 80 年代中期的 8% 左右,1990 年的两德统一又给德国经济造成了沉重负担。

2003 年 12 月 24 日又全面恢复了 1996 年的诸项改动,只新增了重度残疾作为第四个法定标准。①

从德国立法的曲折反复中,我国整体上可以吸取两方面的教训,一是要注重劳资双方利益的平衡,二是不要将制度设计得过于模糊难以操作。以下,笔者将尝试借鉴德国关于社会性挑选的经验教训就我国优先留用制度的完善提出一些具体建议。②

首先,优先留用应该在什么范围内针对哪些劳动者进行? 原则上优先留用应该在整个用人单位的范围内进行,将优先留用局限于裁员事由直接涉及的部门或者项目显然缺乏法律依据,而且部门、项目的设定本来就带有很大的主观性和任意性,各部门、项目之间的边界往往并不清晰。那么,用人单位有分支机构的应该怎么处理? 我国劳动法上并没有类似"Betrieb"和"Unternehmen"这样的区分,只使用了"用人单位"和"用人单位的分支机构"的概念,③一般情况下分支机构都有自己独立的经营场所和负责人,具有相对独立的经营自主权,所以此时挑选的范围应当以裁员所涉及的分支机构为限,而不是覆盖整个用人单位,否则就可能导致实际操作困难:例如上海某机械制造公司在江苏、浙江多地设立了分公司,现在杭州分公司重大技术革新需要裁减若干生产线员工,如果在整个机械制造公司内部进行优先留用的挑选,且不说涉及各地众多员工,操作起来过于繁杂,还很有可能导致某种尴尬的局面,比如杭州分公司的劳动者 A 直接受到影响、面临工作岗位丧失,但是他的社会保护需求更强,优先留用的结果将导致南京分公司的劳动者 B 将替代他被解雇,然而被留下的 A 却并不领情,因为他已经

---

① 详见 APS/Kiel, 4. Auflage, §1 KSchG Rn. 656ff。

② 整体上看,优先留用制度的理解和适用,对用人单位和裁审机关,都是有相当难度的,所以暂时不宜适用于个别的基于经营原因的解雇,而是应该将其适用范围限于规模性裁员。

③ 根据《劳动合同法实施条例》第四条,"劳动合同法规定的用人单位设立的分支机构,依法取得营业执照或者登记证书的,可以作为用人单位与劳动者订立劳动合同;未依法取得营业执照或者登记证书的,受用人单位委托可以与劳动者订立劳动合同"。如果是分支机构直接作为用人单位与劳动者订立劳动合同,自然是在该分支机构内进行优先留用的挑选,但是由总部与劳动者签劳动合同的,优先留用是否应该在整个用人单位进行,包含总部和所有分支机构呢?

在杭州安家立业，不想去南京工作。①

　　就优先留用的挑选应该在哪些劳动者之间进行的问题，虽然我国《劳动合同法》第四十一条在第三款明文规定了"在同等条件下"优先招用被裁减的人员，第二款针对优先留用并未设定"同等条件下"的前提，但是笔者认为，优先留用的挑选肯定是在有可比性的劳动者之间进行的，也就是说，进入挑选的劳动者的工作岗位必须相同或类似，只有这样被优先留用的劳动者才可以接手那个由于优先留用被解雇的劳动者的工作，而且这些劳动者必须处于同一个组织层级，否则高级别的劳动者基本都可以从事低级别的劳动者的工作，如此纵向比较可能导致从上到下的挤出效应。

　　其次，优先留用应该考虑什么因素，现行标准的设定是否符合立法目的？法定标准的适用是否有先后顺序，各自占多少权重？立法者提出在经济性裁员中新增优先留用制度是为了体现社会理念，优先保护那些对用人单位贡献较大、再就业能力较差、对工作岗位依赖性大的劳动者。然而，《劳动合同法》第四十一条第二款所列举的前两类劳动者中，是否"与本单位订立较长期限的固定劳动合同"与贡献度、再就业能力、对工作岗位依赖度之间并无关联，"与本单位订立无固定期限劳动合同"可能是因为已经在本单位连续工作满十年或者连续订立两次固定期限劳动合同后续订，此时算是间接体现了贡献度，却也可能是因为自用工之日起未签书面合同满一年或者用人单位与劳动者协商一致签订的，此时和劳动者的贡献度、再就业能力、对工作岗位依赖度没有关系。立法者自己也提到，保护这两类劳动者是因为他们对合同存续较长有预期，然而这种信赖利益的保护并不能实现重点照顾对用人单位贡献较大、再就业能力较差、对工作岗位依赖性大的劳动者的目的。家庭无其他就业人员且有需要扶养的老人或者未成年人的，这一标准体现了对以该工作收入为家庭生活来源的劳动者的照顾，不过此标

---

① 德国的社会性挑选没有以公司为界，也是考虑到可能导致实际操作困难，详见 APS/Kiel，4. Auflage，§1 KSchG Rn. 666。

准要求较高,司法实践中的理解又偏严格,所以有门槛过高的嫌疑。

所以,笔者认为现行法定标准的设定不太科学,并不完全符合立法目的,反观德国社会性挑选的四大法定标准分别是企业工龄、年龄、抚养义务、重度残疾,其中企业工龄与劳动者对用人单位的忠诚和贡献相关,抚养义务体现了劳动者对工作岗位的依赖程度,残疾人的再就业能力比较差,所以,可以考虑确定企业工龄、抚养义务和残疾程度作为优先留用的考量因素,笔者不建议把年龄作为法定标准,一方面是因为考虑企业工龄能够间接照顾到年龄较大的劳动者,再考虑年龄有重复之嫌,另一方面是因为考虑年龄可能导致被解雇的劳动者以年轻人居多,从而整个用人单位"人员老龄化",与其像德国那样一边在社会性挑选时考虑年龄,一边又允许为了维持年龄结构进行再调整,还不如直接不要考虑年龄因素。

另外,我国《企业裁减人员规定(征求意见稿)》第十五条除了重复《劳动合同法》第四十一条第二款列举的三种情形,新增了第四类人员,即"烈士遗属、本单位接受的退役士兵等法律、行政法规规定的其他人员"。就此,有观点提出此举更多带有政府安置的性质,当安置企业出现需要裁员的情形时,政府本不应通过优先留用将再安置的责任转嫁给企业。[①]笔者较为认同该观点,对烈士遗属和退役士兵的保护通过社会优抚制度解决可能更为妥当。关于优先留用中各个法定标准的权重,由于不同行业、不同企业有不同情况和需求,所以不存在唯一的完美的方案,立法者也没有必要给出统一的衡量规则,不妨赋予用人单位一定的自由裁量空间,只要充分顾及了法定标准即可,比如德国那样使用计分系统,能够使得优先留用的过程更为客观、理性、透明,值得学习借鉴。

再次,优先留用制度的设计应该如何适当顾及用人单位的利益?由于笔者建议不要把年龄作为优先留用的法定标准,所以也不需要为了维持合理的年龄结构对优先留用进行调整。不过,很有必要借鉴德国允许雇主保

---

① 董保华、田思路、李干等:《从法理情审视〈企业裁减人员规定〉〈征求意见稿〉》,《中国劳动》2015年第3期。

留骨干员工的做法，也就是说，如果某个劳动者拥有特别的知识、技能，或者业绩尤为突出，即使他的社会性保护需求较弱，但是由于继续雇用他对用人单位的生产经营至关重要，那么应该允许用人单位留用他。需要注意的是，为了避免保留骨干员工的机会被滥用，法院在审查时一定要严格把关，坚持优先留用社会保护需求强的劳动者是原则，基于生产经营需求保留骨干员工是例外，并且要求用人单位拿出相应的证据来，比如技能证书等。另外，如果我国立法者将来能够完善经济性裁员中的劳资协商环节，在被裁减人员的挑选问题上确认职工方的共决权，那么在此前提下不妨赋予劳资协商更多的博弈空间，只要双方遵守"优先留用"的基本框架，即可自行博弈确定挑选被裁减人员的具体标准、各标准的权重、例外情形等，将裁审机关对整个优先留用的审查权限于"是否存在重大错误"。

最后，涉及优先留用的证明责任应该如何分配？用人单位需要在劳动仲裁或诉讼中主动证明自己在经济性裁员中已经遵守了优先留用的规定，还是由劳动者指出用人单位违反了优先留用的规定并且相应举证？[①]原则上用人单位无需主动证明自己已经依法进行了优先留用，而是应该由劳动者提出优先留用有错误。由于劳动者未必知道哪些同事与他有可比性，也往往不清楚他们的相关信息，所以我国应该像德国《解雇保护法》第一条第三款第一句第二半句那样赋予劳动者知情权，劳动者可以在被解雇时或者提起劳动仲裁时要求用人单位告诉他：哪些劳动者被纳入了社会性挑选当中；用人单位根据什么标准如何确定了他们的社会保护需求程度；用人单位是否以及为何留用了某些社会保护需求比他弱的劳动者。如果用人单位不予提供相关信息，那么劳动者只需笼统主张被留用的劳动者中有人比自己

---

① 关于另一个问题，即究竟是应该由用人单位主动收集优先留用所涉及的员工信息，还是应该由劳动者自行披露？笔者认为同样应该借鉴德国经验，原则上用人单位负有收集相关信息的义务，涉及劳动者的企业工龄，查阅相应的人事档案即可得知，而涉及劳动者的抚养义务、是否残疾，用人单位应当向劳动者主动询问，劳动者应该给出真实的信息，有必要时需提交相关证明，劳动者不予配合或者给出了错误信息的，用人单位没有进一步查明核实的义务，而是可以基于现有信息进行优先留用，劳动者之后在劳动仲裁和诉讼中也不能主张优先留用有错。

社会保护需求更弱即可,此时用人单位承担举证不利的后果。如果用人单位提供了相关信息,那么劳动者就得证明哪个或者哪些被纳入挑选的劳动者比自己社会保护需求更弱却没有被解雇,或者哪些劳动者与他有可比性却错误地没有被纳入挑选之中,然后就又轮到用人单位来举证反驳了。同样,如果在有劳资协商保障的前提下将法院对整个优先留用的审查权限于是否存在重大错误,那么劳动者想要胜诉需就优先留用的某个环节存在重大错误举证。

# 第九章　经济补偿金制度的修改

我国《劳动合同法》第四十六条基本覆盖了所有劳动合同的终止与解除不能归责于劳动者的情形，其第四项针对的就是经济性裁员，也就是说，用人单位合法裁员的，也负有向被裁减的劳动者支付经济补偿金的义务。对于经济补偿金制度的解释和适用没有多少疑义，但是对于该制度本身的缺陷，近年来讨论非常热烈。[1]

2015年11月18日《法制日报》报道，当年"两会"期间多位人大代表提议修改《劳动合同法》，包括修改经济补偿金部分条款。对此，人力资源和社会保障部表示，"对于用人单位无过错解除劳动合同的可以不支付经济补偿的建议有合理性，可在不损害劳动者经济补偿利益的前提下，统筹考虑失业保险金等相关制度设计"。[2]2016年1月26日《东莞日报》报道，东莞市统战部部长参加省政协十一届四次会议分组讨论的间隙，接受了记者的采访，她提出："经济补偿金制度具有一定的历史作用，但随着社会保障制度的不断完善，经济补偿金制度已经无法适应当今经济发展的新形势。主要体现在以下几个方面：一是不断健全的社会保障制度已经替代其制度功能；二是经

---

[1]　本章内容已部分作为阶段性成果发表，详见王倩：《经济补偿金制度修改的制度替代及方案设计》，《法学》2017年第3期。

[2]　陈丽平：《代表建议修改劳动合同法，人社部表示适时提出修法意见》，载法制日报网站 http://www.legaldaily.com.cn/index/content/2015-11/18/content_6360015.htm。

济补偿金制度加重企业负担,不利于企业转型发展;三是经济补偿已经成为诱发劳资双方矛盾的不和谐因素;四是及时修订与当前经济社会发展要求不相符的法律规定,是全面推进依法治国的必然要求。"①

笔者认为贸然要求取消经济补偿金制度的建议欠妥当。一方面,经济补偿金制度在某些方面存在着一定问题,确有修改的必要,比如失业保险制度与经济补偿金制度并存产生了某种程度上的制度浪费,用人单位部分背负了原本应该由国家承担的责任,又比如企业发生生产经营困难或者急需转型适应市场变化的时候,因为大量裁员需要支付大量的经济补偿金,导致企业负担过重,难以"断尾求生",从而危及企业的生存和其他岗位的保留。②另一方面,经济补偿金制度属于意义重大的基础性制度,不仅可以弥补劳动者由于丧失工作岗位所遭受的损失,而且能够帮助劳动者渡过失业之后的困难时期,在我国失业保险制度并没有真正健全的前提下贸然废除经济补偿金,"让企业轻装上阵"的同时却"让职工空手回家",很可能会引发更多的劳资矛盾,甚至群体性纠纷,不利于社会的稳定和谐。所以,笔者认为在修改经济补偿金制度之前应该经过深入的理论研究和切实的实践考察,并且采取相关配套措施,对替代性制度作出严密安排。

## 第一节　前置性问题：经济补偿金的性质与功能

### 一、学界的不同观点

在讨论如何修改经济补偿金制度之前,我们需要解决的前置性问题是,经济补偿金应该具有什么性质、承担什么功能? 涉及经济补偿金的性质与功能,学界相关的争论一直没有停止过。早在《劳动合同法》的立法工作尚

---

① 李琳:《李小梅:应取消经济补偿,让企业轻装上阵》,载观察网 http://www.guancha.cn/society/2016_01_28_349626.shtml。

② 董保华:《劳动合同法中经济补偿金的定性及其制度建构》,《河北法学》2008 年第 5 期。

未开启之前,就已经形成了劳动贡献说①、法定违约金说②和社会保障说③这三种代表性观点,在《劳动合同法》制定的过程中,又有不少学者在分析批评这三种观点的基础之上提出新的代表性意见,可以归纳为特定补偿义务说④、公平责任分摊说⑤和照顾义务说⑥,可能是由于立法者的表态,⑦在《劳动合同法》出台之后,新的研究成果中赞成社会保障说的居多。⑧学界的相关讨论中对于上述代表性意见的分析、点评和反思已经很多,此处不再赘述。笔者只想指出,其中部分意见的思路带有某些局限性,即抛开法律规定和现实国情,纯粹做逻辑推演,忽略了从立法目的出发分析经济补偿的功能,然而在制定新的法律规定或者修改现行法律规定的时候,作为立法者应该思考的是创设或者调整某种法律制度的目的何在。以劳动贡献说为例,该学说提出经济补偿金是对劳动者在劳动关系存续期间为用人单位所作贡献的积累给予的补偿,是对劳动者过去劳动内容和成果的肯定,如果经济补偿金如此定性,那么无论劳动关系是因为什么事由解除或者终止的,用人单位都有义务支付经济补偿金,因为基本上所有的劳动者在劳动关系存续期间为用人单位作出过贡献,这显然和《劳动合同法》第四十六条规定的适用范围相冲突,另外,针对劳动者在职期间的贡献,用人单位已

---

① 贾占荣:《经济补偿金:无固定期限劳动合同的法律问题》,《广西青年干部学院学报》2001年第3期。

② 傅静坤:《劳动合同中的解约金问题研究》,《现代法学》2000年第5期。

③ 刘京州:《浅议解除劳动合同的经济补偿》,《甘肃科技》2004年第6期。

④ 林嘉、杨飞:《劳动合同解除中的经济补偿金、违约金和赔偿金问题研究》,载林嘉主编:《劳动法评论》,中国人民大学出版社2005年版,第18页。

⑤ 冯彦君:《劳动合同解除中的"三金"适用——兼论我国劳动合同法的立法态度》,《当代法学》2006年第5期。

⑥ 董保华:《劳动合同法中经济补偿金的定性及其制度建构》,《河北法学》2008年第5期。

⑦ 杨景宇、信春鹰:《中华人民共和国劳动合同法解读》,中国法制出版社2007年版,第154页。

⑧ 新的观点中赞成社会保障说的例如王天玉:《经济补偿金制度的性质——兼评我国劳动合同法第四十六条》,《社会科学战线》2012年第3期;王显勇:《经济补偿金制度——坚持、放弃抑或改良》,《中国劳动》2015年第6期。笔者赞同王天玉的以下观点:社会保障的方式应当是多渠道的、多种类的,没有必要把所有具有社会保障作用的制度和资金都纳入大的社会保障体系,而应当以灵活、具体的方式针对不同的社会主体进行相应的社会保障安排。

经支付了相应的工资福利,①在劳动者主动辞职、不愿续约等情况下,劳动者往往已经找到了新的工作,不会陷入失业困境,此时要求用人单位"锦上添花"地支付经济补偿金,其必要性存疑。

**二、基于我国国情的考察**

笔者最为赞同谢增毅的观点,经济补偿作为一项制度与失业保险、解雇保护立法、工会和集体谈判等相关制度密切相关,不应该孤立地考察经济补偿制度,放眼看世界,各个国家国情不同,不存在统一的模式,在不同的适用场合,经济补偿金的性质和功能并不相同,无法得出统一的答案。②所以,我们现在面临经济补偿金制度的修改时必须搞清楚,在中国经济补偿金应该有什么样的性质和功能? 只有基于我国的国情和需要回答了这个问题,我们才能有的放矢地修法。

(一) 失业保险制度不健全

首先,在劳动关系因为不可归责于劳动者的事由解除或者终止的情形下,劳动者骤然失业,未必能够马上再就业,劳动者丧失了赖以生存的经济来源,此时经济补偿金能够帮助劳动者渡过失业之后的困难时期,避免其生活水平急剧下降,这一点《劳动合同法》的立法者也是认可的:"经济补偿是国家要求用人单位承担的一种社会责任,在我国失业保险制度建立健全的过程中,经济补偿可以有效缓解失业者的焦虑情绪和生活实际困难,维护社会稳定,形成社会互助的良好氛围,经济补偿不同于经济赔偿,不是一种惩罚手段。"③

① 林嘉、杨飞:《劳动合同解除中的经济补偿金、违约金和赔偿金问题研究》,载林嘉主编:《劳动法评论》,中国人民大学出版社 2005 年版,第 18 页。

② 谢增毅:《劳动法上经济补偿的适用范围及其性质》,《中国法学》2011 年第 4 期。

③ 杨景宇、信春鹰:《中华人民共和国劳动合同法解读》,中国法制出版社 2007 年版,第 154 页。

正如立法者指出的那样，目前我国的失业保险制度还不健全。我国的失业保险覆盖面还很窄，2015 年年末全国就业人员 77 451 万人，其中城镇就业人员 40 410 万人，全国农民工总量为 27 747 万人，然而参加失业保险的人数只有 17 326 万人，其中参加失业保险的农民工人数仅为 4 219 万人，[①]不仅远远低于养老保险、医疗保险的参保人数，甚至低于工伤保险的参保人数。我国的失业保险的待遇水平也很低，根据现行《失业保险条例》第十八条，失业保险金的标准，按照低于当地最低工资、高于城市居民最低生活保障标准的水平，由省、自治区、直辖市人民政府确定。各地失业保险金的发放标准主要根据参保人缴费年限、失业人员年龄、领取期限等因素来确定，与失业人员之前每月的税后工资的高低无关，与其家庭负担也没有关系。以作为经济发达地区的上海为例，2015 年失业保险金的缴费比例为用人单位 1.5%、个人 0.5%，失业人员年龄 45 岁以上，缴费年限十年以上的，支付期限最长为二十四个月，第一至十二个月每个月的支付标准为1 360 元，第十三个月至二十四个月的月支付标准为 1 088 元。同期上海市的最低工资标准为 2 020 元，社平工资为 5 939 元，[②]以最低工资为参照对象失业金的替代率最高不到 68%，以社会平均工资为参照对象失业金的替代率最高不到 23%。我国失业保险的待遇领取也存在着障碍，2015 年年末城镇登记失业人数为 966 万人，城镇登记失业率为 4.05%，全国领取失业保险金人数为 227 万人，为什么登记失业人数和领取失业保险金的人数之间存在着 700 多万的差额？原因在于失业保险的待遇计发和资格要求规则不合理，其中最为突出的问题在于失业保险实行以户籍地为中心的属地化管理，统筹层次低，而且失业保险关系跨统筹地区转移接续运行不畅。

所以，现阶段经济补偿金制度是对失业保险制度的重要补充，如果我们将来能够真正实现完善健全失业保险制度的任务，那么确实可以考虑取消经济补偿金。

---

① 相关数据来自《2015 年度人力资源和社会保障事业发展统计公报》。
② 载上海市人力资源和社会保障局官网 http://www.12333sh.gov.cn/。

（二）解除通知期的规定缺位

其次，劳动者在用人单位工作的时间越长，知识技能越固定化，和企业的相关度越高，越容易影响他在劳动力市场上的竞争力，随着劳动关系的存续时间增加，劳动者的人际关系和社会圈子也和工作的相关性越大，要割舍他熟悉的环境也越困难。除此以外，部分福利待遇、晋升机会等也经常是和劳动者的企业工龄挂钩的，比如劳动者可以享受的医疗期的长短不仅取决于实际工作年限，也和本单位工作年限挂钩。然而，我国《劳动合同法》第四十条和第四十一条都只规定了一个月的解除通知期，不问劳动关系的存续年限，这种一概而论的安排对于企业工龄较长的劳动者并不公平，而第四十八条规定了经济补偿金按劳动者在本单位工作的年限，每满一年支付一个月工资的标准向劳动者支付，一定程度上弥补了解除通知期的不足。所以，经济补偿金也是对劳动者失去工作岗位所遭受的财产性和非财产性损失的补偿，现行规定按照劳动关系的存续年限来计算经济补偿金也正符合这一目的。从制度替代的角度考虑，如果将来取消经济补偿金，一方面可以设置解除通知期，给予企业工龄较长的劳动者较长的缓冲期来适应变化，从而弥补劳动者的非财产性损失，另一方面可以将失业保险金的标准调整到较高的水平，也是对劳动者财产性损失的弥补。

（三）解雇保护名严实宽

再次，经济补偿金制度目前还起到了一定的解雇保护的作用。"经济补偿是国家调节劳动关系的一种经济手段，引导用人单位长期使用劳动者，谨慎行使解除权利和终止权利。用人单位为了减少成本，避免支付经济补偿金，就不会随意解除劳动合同，从而达到稳定劳动关系的目的。"①《劳动合同法》之所以将经济补偿金的适用范围扩展到固定期限劳动合同到期终止的情形，目的也是为了遏制劳动合同短期化趋势，防止用人单位为了规避关于解除劳动合同需支付经济补偿金的规定而签订短期劳动合同。不可否

---

① 杨景宇、信春鹰：《中华人民共和国劳动合同法解读》，中国法制出版社 2007 年版，第155 页。

认，即使不考虑解雇的经济成本，我国的解雇保护制度从法律条文规定上看也偏严格，既要满足正面的许可性条件，又不得违反反面的禁止性条件，既提出了实体性要求，又设置了程序性障碍，但是由于我国劳动仲裁和司法的机械性、集体劳动法不发达、劳动力供大于求且可替代性强等各方面因素的影响，从实际运行状态来看我国的解雇保护水平并不高，①比如，《劳动合同法》第四十条第一款要求因病解除必须满足"医疗期满"和"不能从事原工作，也不能从事由雇主另行安排的工作"两大实质要件，然而实践中仍然有意见认为，"劳动者患病或非因工负伤超过规定医疗期仍不能上班工作的，用人单位可以按超过停工医疗期规定解除劳动合同"。②即医疗期满雇员还未痊愈就可以直接辞退，不要求另行安排工作。另外，现实中还经常有用人单位随意解雇，劳动者却由于各种原因没有提起劳动仲裁，而是选择"拿钱走人"，此时经济补偿金可以为劳动者提供一定的帮助。所以，经济补偿金在当前承担一定的解雇保护功能仍有合理性。然而，已经有学者指出，在国际范围的比较中我国解雇的经济成本偏高，有必要予以降低，③现在的经济补偿金制度承载了过多功能，④因此作为中长期规划，在将来解雇保护制度得以顺畅运行的前提下，修改经济补偿金制度时不需要再考虑这方面的制度替代。

（四）集体协商机制运行不畅

最后，如果集体协商制度发达，在劳动合同解除或者终止之时可以通过劳资博弈就补偿方案达成一致解决问题，那么自治能够解决的问题就无需

---

① 认为我国当前解雇保护制度"名严实宽"的还有：杨浩楠：《完善我国解雇保护制度的思路和对策——基于中美解雇保护机制的比较》，《法学》2016 年第 3 期；钱叶芳：《个人解雇保护立法实践的国际比较——回应与建设》，《法律科学》2011 年第 1 期。

② 上海市劳动和社会保障局 2002 年 4 月 17 日发布的《关于实施〈上海市劳动合同条例〉若干问题的通知》第十六条，该规定并未废止，由于和《劳动合同法》的规定相冲突，所以在上海实务界对这个问题一直存有争议。

③ 钱叶芳：《个人解雇保护立法实践的国际比较——回应与建设》，《法律科学》2011 年第 1 期。

④ 谢增毅：《劳动法上经济补偿的适用范围及其性质》，《中国法学》2011 年第 4 期。

国家管制那么多。虽然《劳动合同法》第四十一条和《企业经济性裁减人员规定》规定了经济性裁员时企业应该就裁员方案向工会或者全体职工说明情况、听取工会或者职工的意见,而裁员方案中应该包含被裁减人员经济补偿办法,但是我国的职代会制度运行不畅,企业工会的独立性得不到保障,工会的代表性也受到职工的质疑,导致实践中这一程序往往是在走过场。针对个别解雇,《劳动合同法》第四十三条只规定了用人单位应该事先通知工会解雇理由,用人单位违法违约的,工会有权要求用人单位纠正,并没有就经济补偿金介入的空间,而实践中经常有用人单位将经济性裁员"化整为零"成个别解雇,以《劳动合同法》第四十条第三款规定的"客观经济情况发生重大变化"为由解除劳动合同,此时职工方甚至难以启动集体协商程序。集体协商机制的有效运转以职代会、工会制度的系统性改革为前提,所以一段时期内很难依托集体协商机制来为劳动者争取经济补偿金。

## 第二节　制度替代的德国经验

可能是因为我国《劳动合同法》立法受到大陆法系国家影响较大,相关讨论中经常有人以"就连劳动保护水平很高的德国也没有规定合法解除时需支付经济补偿金"来佐证我国取消经济补偿金的合理性,因此笔者觉得有必要介绍一下德国的相关情况,避免大家了解的是"盲人摸象"般的真相,同时我们也可以看到,德国虽然没有法定的经济补偿金,却通过其他机制实质上达到了我国设置经济补偿金的目的,为我国借鉴德国经验进行修改方案设计作铺垫。①

---

① 比较民法研究应以解决实际问题为目的,采用功能主义的研究方法,对各国法制的关联项进行比较,寻求较优的问题解决方案。朱晓喆:《比较民法与判例研究的立场和使命》,《华东政法大学学报》2015 年第 2 期。

## 一、合法解除无需支付经济补偿金

一般情况下在德国用人单位合法解除劳动合同时并没有支付经济补偿金的法定义务。在解雇被认定违法的情况下,原则上应当继续履行劳动合同,只有在例外情况下,法官可以依劳动者或者用人单位的申请判决劳动关系终止并责令用人单位支付赔偿金。另外,德国《解雇保护法》第一(a)条规定,如果用人单位由于企业经营原因宣布解雇并且以劳动者不提起解雇保护之诉为前提承诺向劳动者支付经济补偿金,劳动者因此放弃起诉的,可以向用人单位主张经济补偿金,经济补偿金按照劳动关系存续的期限计算,每满一年支付半个月工资。这种经济补偿金的提供与否由用人单位自行决定,也不问解雇合法与否,立法者创设这种可能性的目的在于提供一种公平合理的路径:用人单位可以尽快贯彻经营决策,不用担心诉讼缠身,劳动者不用提起解雇保护之诉也可以获得一定的补偿。①该规定并不妨碍雇员和雇主协商一致解除劳动合同并约定其他数额的经济补偿金。

## 二、解雇保护水平非常高

德国合法解雇的要求非常严格,相应的经济补偿金制度的重要性并不凸显。用人单位的解雇行为必须符合"社会正当性",即必须具备了用人单位经营方面的、劳动者个人的或者其行为方面的解雇理由,用尽了其他较温和的手段还是不能避免劳动关系受到干扰,综合个案情况衡量了双方利益之后仍有解除劳动合同的需要才能解雇。以"因病解除"为例,德国法院往往分三步审查其合法性。第一步,预测劳动者将来是否会因为健康状况不好而无法履行劳动合同。如果劳动者每次生病时间虽然不长,但是生病次数很多,那么在作出预测时不仅要确定一段时间内劳动者生病的频率和期

---

① 详见立法资料 BT-Drucks. 15/1204。

间,还需要判断因病缺勤的天数是否有上升的趋势。在劳动者因为长时间患病被解雇的情况下,则要求劳动者在解雇时已经因病无法工作,并且可以预见至少在将来的两年内没有好转的可能性,作预测时主要考察疾病的类型和根源、劳动者的年龄以及既往病史。第二步,劳动者将来的健康状况问题会对企业利益造成严重的影响,即扰乱了经营秩序或者造成了严重的经济负担,而且这种影响无法通过比解雇更为温和的措施消除。虽然德国《解雇保护法》第一条第二款明文规定了,用人单位得先尝试调岗、培训或者改变其他的劳动条件,但是根据解雇保护的"比例原则",用人单位在解雇之前应该尝试的手段并不限于上面几种,比如劳动者暂时不能来上班,用人单位可以调整生产组织形式、从别的部门抽调人手、招用临时工来应对。第三步,结合个案情况对于劳动者用人单位双方的利益进行衡量,判断劳动者的健康状况是否会给用人单位带来无法承受的负担。劳动者这方面应该考虑的因素比较多,比如劳动者年纪大、有残疾、赡养义务较重、再就业机会渺茫,这些情况下用人单位对劳动者负有的照顾义务应该更重,对不良影响的容忍度应该更高。相反,劳动者生病给用人单位造成了沉重的经济负担的同时还扰乱了经营秩序的,或者用人单位规模小、承受能力有限的,天平又应该向用人单位倾斜一些。也就是说,德国合法解雇的门槛非常高,劳动者受到合法解雇的风险小,对经济补偿金的制度需求也小。①

### 三、解除通知期等于有收入保障的缓冲期

除了基于"重大事由"的非常解雇以外,正常解除需要遵守解除通知期,此期限和劳动关系的存续年限挂钩,能够为劳动者提供有收入保障的缓冲期。德国《民法典》第六百二十二条第二款针对用人单位解雇规定了较长的解除通知期:劳动关系已存续二年的,解除通知期为一个月;劳动关系已存

---

① 谢增毅:《劳动法上经济补偿的适用范围及其性质》,《中国法学》2011年第4期。该文持相同观点。

续五年的,解除通知期为二个月;劳动关系已存续八年的,解除通知期为三个月;劳动关系已存续十年的,解除通知期为四个月;劳动关系已存续十二年的,解除通知期为五个月;劳动关系已存续十五年的,解除通知期为六个月;劳动关系已存续二十年的,解除通知期为七个月;以上情况都是以日历月的月末为劳动合同解除时间。总之,在德国企业工龄较长的劳动者能够得到更长的缓冲期去适应变化,实践中还有不少用人单位会在从解除通知送达之日到解除通知期届满之日这段时间内免除劳动者的劳动给付义务,劳动者得以在这一段缓冲期里拿着工资找一份新工作,某种程度上发挥着和经济补偿金相同的功能。

## 四、完善的劳资共决制度:社会计划

前面已经提到,德国有着完善的劳资共决制度,大中型企业中往往设立了企业职工委员会,作为劳动者的集体利益代表机构,它能够在发生裁员时行使共决权,为劳动者争取经济补偿金。根据德国《企业组织法》第一百一十一条及以下条款,在发生企业关闭、限产、搬迁、引进全新的劳动方法和工艺流程等"企业重大变动"时,用人单位有义务和企业职工委员会协商并签订"社会计划"。社会计划的签订带有强制性,如果用人单位和企业职工委员会无法达成一致,将由劳资协调处对此作出裁决。企业重大变动导致劳动者被解雇的,通常社会计划中会规定用人单位支付经济补偿金的义务,经济补偿金的具体金额一般以月薪作为基数并且和劳动者的年龄和企业工龄挂钩,还会对残疾人、独立抚养子女的劳动者予以特别照顾。接近退休年龄的劳动者往往还能获得额外补偿用于填补失业金与净工资之间的差距,社会计划中规定用人单位应当补偿失业劳动者搬家和再就业培训花费的也不少见。[1]

---

① 详见[德]沃尔夫冈·多伊普勒:《德国劳动法》,王倩译,上海人民出版社 2016 年版,第114 页及以下。

### 五、失业保险制度发达

最后,也是最重要的一点,德国的社会保障制度很发达,失业保险已经实现了全面覆盖,失业保险待遇较高,由于实行全国统筹也不存在国内的转移接续问题。按照德国《社会保险法典第三部》的相关规定,只要失业者在失业之前两年内参加失业保险累计十二个月以上,已经在当地劳动事务所办理了登记手续,有意愿寻找工作并且接受劳动事务所的工作推荐和职业培训的,就可以获得失业保险金。目前失业保险缴费比例为3%,由劳动者和用人单位各自负担一半,失业保险金的额度取决于失业者之前每月的税后工资的高低和是否抚养小孩,无需抚养小孩的失业者每个月可以拿到以前税后工资的60%,抚养小孩的失业者则可以拿到以前税后工资的67%。失业保险金领取的期限和申请人缴纳失业保险费的期限挂钩,一般不超过十二个月,由于年龄越大,再就业越困难,所以对年龄较大的申请人有优待,比如年满58岁且缴纳失业保险费四十八个月以上的失业者可以享受二十四个月的失业保险金。

总而言之,与德国相比,目前我国的解雇保护水平实质上并不高,统一为期三十天的解除通知期几乎无法起到缓冲作用,集体协商机制还不健全,难以通过集体层面上的劳资自治约定经济补偿金,失业保险也有覆盖面窄、待遇差、流转困难等问题,所以经济补偿金制度的修改是系统性工程,必须把眼光放长远,有全局观地去考虑这些相关制度的安排。

## 第三节　中长期的"大修方案"和短期的"小改方案"

笔者认为,考虑到各种实际困难和障碍,经济补偿金制度的修改不可能一蹴而就,所以区分了中长期的"大修方案"和短期的"小改方案"。

## 一、中长期规划:大修方案

所谓大修方案,最为核心的部分就是要重构失业保险制度,使得失业保险金能够部分替代经济补偿金的功能。重构失业保险制度主要应该从以下三方面入手。

### (一)扩大失业保险的覆盖范围

将来的目标是尽可能"应保尽保"。目前参保率这么低,当然是因为用人单位和劳动者法制观念不强、参保意识淡薄以及社保征缴力度不大、执法刚性不强等其他社保分支也存在问题,却也和失业保险制度自身的缺陷分不开,失业保险的待遇水平低、项目少,跨统筹地区就业失业保险关系转移接续又困难,导致用人单位和劳动者往往觉得缴纳失业保险只有付出没有回报,特别是流动就业人口的参保意愿更低,所以将来要大幅度提高失业保险的覆盖范围,除了要解决整个社保制度都面临的诸多问题,还要系统改造失业保险制度提高其吸引力。另外,现行《失业保险条例》第六条和第二十一条针对农民工作了特别规定,即农民合同制工人本人不缴纳失业保险费,单位招用的农民合同制工人连续工作满一年,本单位并以缴纳失业保险费,劳动合同期满未续订或者提前解除劳动合同的,由社会保险经办机构根据其工作时间长短,对其支付一次性生活补助。这一针对农民工就业不稳定、流动性强的特殊规定当然有其合理性,但是随着我国城乡一体化、农民工市民化事业的推进,保障农民工与城镇居民有同等权利和义务是将来的趋势,①所以,在扩大失业保险覆盖面的过程中还需要考虑这方面的制度设计

---

① 以上海为例,从 2002 年 9 月 1 日起根据《上海市外来从业人员综合保险暂行办法》对外来从业人员实行所谓的综合保险制度,包括工伤、住院医疗和老年补贴三项保险待遇,根据上海市政府 2011 年 6 月 15 日发布的沪府发(2011)26 号文、27 号文、28 号文,开始从综合保险向城镇职工保险中的养老保险、医疗保险和工伤保险并轨,在 2015 年 4 月 1 日过渡期结束之后,外来从业人员不管是否城镇户籍,在参加上海市城镇职工的基本养老、医疗和工伤保险方面不再区别对待,根据上海市政府 2016 年 3 月 28 日发布的沪府发(2016)20 号文,外来从业人员不管是否城镇户籍,都应该参加上海市城镇职工的失业保险和生育保险。上海的经验充分说明了这是一个逐步推进的过程。

和衔接。

（二）大幅提高失业保险的待遇水平

目前我国失业保险的待遇给付实行统一标准，不与缴费基数挂钩，几乎没有体现"多缴多得"，而且绝对金额很低，如果光靠失业保险金，劳动者失业前后的收入水平可能有非常大的差距。笔者建议，将来改革的目标应该是待遇水平与缴费基数挂钩，体现"多缴多得"的精神。失业保险缴费每满一年，失业保险金领取期限增加一个月。在待遇标准方面，由于失业保险同时还肩负着促进再就业的任务，所以每个月的失业保险金额度可以设置为标准递减模式，初期为劳动者税后工资，之后递减为税后工资的60%，并且可以根据失业者是否积极参加职业培训等再就业促进措施进行差异化给付。①实现这一目标的障碍在于资金的来源，虽然我国2015年年末失业保险基金累计结存5 083亿元，但是用失业保险替代经济补偿金之后，结余款项可能很快被消耗掉，②以至于需要提高失业保险费缴费费率，如果这样做，似乎又将和国家降低社会保险费率、减轻企业负担的计划不符。

（三）消除享受失业保险待遇的制度障碍

不仅办理失业保险登记的人数低于实际失业的人数，办理了登记的失业者也有相当- -部分没有实际领取失业金。症结之一在于以户籍地为中心的属地化管理制度，比如《北京市失业保险规定》第十六条规定，失业人员应当在终止、解除劳动（聘用）或者工作关系之日起六十日内，持用人单位开具

---

① 另外，劳动者如果失业后重新就业，就会停止领取失业保险金，重新开始缴纳失业保险费，此时劳动者实际领取失业保险金的期限可能会少于可以领取的最长期限，为了避免劳动者"剩余期限"的权益损失，可以保留《社会保险法》第四十六条（《失业保险条例》第十七条）的下列规定："重新就业后再次失业的，缴费时间重新计算，领取失业保险金的期限与前次失业应当领取而尚未领取的失业保险金的期限合并计算。"考虑到将来退休年龄将延后，不妨取消二十四个月的领取上限。

② 据报道，2016年初，中央政府决定设立，企业结构调整专项奖补资金，资金规模是两年1 000亿元，用于化解过剩产能、处置"僵尸企业"过程中的职工安置。原碧霞：《中央政府拿出1 000亿用于去产能职工安置》，载半月谈 http://www.banyuetan.org/chcontent/zx/yw/2016226/184579.shtml?bj＝j39nh。目前去产能还主要是针对钢铁、煤炭两个产业，就需要这么高的安置费用，如果放开全国所有产业，用失业保险金替代经济补偿金，可以想象，五千亿元的结余可能很快用完。

的终止、解除劳动或者工作关系证明及有关证明材料到户口所在地的社会保险经办机构办理失业登记，符合领取失业保险金条件的同时办理领取失业保险金手续，《上海市失业保险办法》第八条也有类似规定。也就是说，外来从业人员即使在北京、上海缴纳了多年的失业保险，失业之后也必须转回户籍所在地办理失业保险登记，并且每个月按照户籍所在地的失业保险的待遇标准领取待遇，种种不便导致失业者干脆放弃权益。对于流动就业的劳动者而言问题更加严重，由于失业保险目前只实现了市级统筹，各地失业保险的适用范围、缴费基数、缴费费率都不统一，①跨统筹地区流动就业时失业保险关系转移困难，容易导致之前在其他地方的缴费记录不被承认、缴费年限无法累计。笔者建议，改革首先应该致力于真正实现跨统筹地区的失业保险转移接续，促使各地失业保险的规则趋同，并且允许失业者在惯常居住地享受失业保险待遇，终极目标则是提高统筹层次，从省级统筹过渡到全国统筹。

（四）取消经济补偿金、调整赔偿金、设置解除通知期

在按照上述建议完善健全失业保险制度之后，可以取消经济补偿金制度。《实施〈中华人民共和国社会保险法〉若干规定》第十三条列举了《社会保险法》第四十五条所规定的"非因本人意愿中断就业"的几种情形，基本上和《劳动合同法》第四十六条覆盖的情形一致，所以目前能够获得经济补偿金的情形之下在以后都能获得失业保险金。但是，对于"用人单位依照《劳动合同法》第三十九条解除劳动合同的情形"应该作特别规定，目前过错解雇的情形下劳动者不能获得经济补偿金，却能够获得失业保险金，将来应该修改为"在过错解雇的情形下劳动者可以获得无过错解雇情形下失业保险金的二分之一，但其金额不得低于最低生活保障的标准"，因为此时劳动合同的解除虽然非因劳动者本人意愿，却可以归责于他，所以应该削减劳动者

---

① 比如，《北京市失业保险规定》第七条规定，用人单位按照上年职工月平均工资总额的1.5%缴纳失业保险费，职工个人按本人上年月平均工资的0.5%缴纳失业保险费；《深圳经济特区失业保险若干规定》第四条规定，用人单位以本市月最低工资标准的2%按照应当参加失业保险的职工人数按月缴纳失业保险费，职工按照本市月最低工资标准的1%按月缴纳失业保险费。

的失业保险金额度,以示惩罚。相应地,将来在用人单位违法解除或者终止劳动合同之时以及劳动者根据《劳动合同法》第三十八条被迫辞职的情况下,劳动者除了可以获得失业保险金,还应该获得赔偿金,赔偿金的额度和计算方法应该与现在的经济补偿金一样。除此以外,为了给予企业工龄较长的雇员更长的缓冲期去适应变化,我们将来还应该模仿德国《民法典》第六百二十二条第二款的规定,针对无过错解雇设定解除通知期。

## 二、短期规划:小改方案

由于上述大修方案的实现尚需时日,所以笔者在短期内倾向于更为保守的小改方案,即在现行经济补偿金制度框架下进行适当调整。现行经济补偿金的规定在对"适用情形、补偿标准和上限封顶"方面的安排合理,但是在"适用主体"方面应该进行修改。

### (一)剔除高管

一方面,应该把"高级管理人员"[1]剔除于经济补偿金的适用范围之外。基于"资强劳弱"给予劳动者倾斜保护是劳动法的基本理念,然而高级管理人员位高权重,他们作为普通员工的上级拥有较宽泛的指示和命令的权利,收入水平也远比一般员工高,他们往往和用人单位有着非常紧密的利益关系,经常和一般员工处于对立面,他们相对于用人单位在信息、谈判能力等各方面未必处于劣势。所以,我国早就有学者提出应该否定高级管理人员的劳动者身份或者对高级管理人员在劳动法适用上给予特殊安排,[2]然而

---

[1] 对于高级管理人员的准确界定,是劳动法学界的另一重要任务,此处不予讨论。谢增毅认为,公司董事、监事不具备劳动者身份,狭义的公司高管(公司的经理、副经理、财务负责人、上市公司董事会秘书和公司章程规定的其他人员)则具备劳动者身份,但是应该适用特殊规则,详见谢增毅:《公司高管的劳动者身份判定及其法律规制》,《法学》2016年第7期。

[2] 董保华:《锦上添花抑或雪中送炭——析中华人民共和国劳动合同法(草案)的基本定位》,《法商研究》2006年第3期;李哲:《公司高级管理人员雇员地位问题之讨论——从一则高额经济补偿金案例谈起》,《兰州学刊》2007年第12期。

现行规定仍然没有满足这一要求,《劳动合同法》第四十七条"三倍、十二年"的上限封顶对于防止产生高级管理人员的巨额经济补偿金问题有一定作用,却还是有缺陷:经济补偿金制度正是一种典型的倾斜保护的制度安排,但是高级管理人员的薪酬水平高、抗风险能力强,失业后再就业的机会也多,在劳动合同解除和终止的时候往往能够通过谈判为自己争取丰厚利益,所以根本不应该让用人单位背负向高级管理人员支付经济补偿金的法定义务。

(二) 对小微企业、困难企业支付补贴

另一方面,应该由失业保险基金向小微企业、困难企业支付经济补偿金专项补贴。小微企业规模小、资金少,抗风险能力差,完全让其自行承担经济补偿金的支付,可能导致其陷入困境。对于困难企业而言,即依照企业破产法进行重整的、被依法宣告破产的、生产经营发生严重困难的企业,此时企业本来就已经举步维艰或者需要断尾求生,往往无力自行承担经济补偿金,勉强为之还可能威胁到其他岗位的存续。实践中已经有部分地方规定体察到了这种难处,可惜帮扶力度不够,比如北京市 2009 年 2 月 19 日发布的《关于应对当前经济形势稳定劳动关系的意见》中规定,企业终止、解除劳动合同要依法支付经济补偿金,清偿拖欠职工的工资,对由于经营困难,确实无力一次性支付经济补偿金的困难企业,经过与职工协商一致,可以分期支付。所以,将来不妨规定,小微企业、困难企业在向劳动者支付了经济补偿金之后,可以申请专项补贴,金额为经济补偿金 50%,由失业保险基金支付。

(三) 配套条文的梳理

另外,《劳动法》的配套条文也包含了一系列关于经济补偿金的规定,与《劳动合同法》的相关规定有诸多不同。比如,1994 年 12 月 3 日劳动部发布的《违反和解除劳动合同的经济补偿办法》第十一条规定,在因病解雇、客观情况发生重大变化以及经济性裁员的情况下,劳动者的月平均工资低于企业月平均工资的,按企业月平均工资的标准支付经济补偿金。又比如,根据该《办法》第六条和原劳动部 1996 年 10 月 31 日发布的《关于实行劳动合同制度若干问题的通知》第二十二条,因病解除或者劳动合同到期终止的情况下,用人单位应当向劳动者支付医疗补助费,由于当时劳动者失业后就不再被医疗保险所覆盖,所以有必要在经济补偿金之外赋予劳动者医疗补助费,但是2011年7月1日开始施行的《社会保险法》第四十八条已经规定,失业人员在领取失业保险金期间,参加职工基本医疗保险,享受基本医疗保险待遇,此时是否还有必要让用人单位支付医疗补助费? 因为对于《劳动合同法》施行前已经依法订立并且在之后解除或终止的劳动合同,其经济补偿金应当分为施行前后两个阶段分别确定和计算,确定和计算《劳动合同法》施行前阶段的经济补偿金还需要以上述规定为根据,所以还不能够废止这些规定,但是这也导致了实践中的困惑,即在确定和计算《劳动合同法》施行之后的经济补偿金时上述规定是否还应该适用?[1]将来进行配套修改时应该厘清这些问题。

## 第四节　灵活与安全之间的平衡之道

用人单位对灵活的追求和劳动者对安全的期望之间往往会发生冲突,怎样才能实现两者的平衡? 这是立法者始终面临的难题。1994年7月5日出台的《劳动法》更为强调灵活性,其主要任务在于通过全面推行劳动合同制度,搞活劳动力市场,使用工制度与市场经济制度相匹配。2007年6月29日通过的《劳动合同法》则致力于构建和谐稳定的劳动关系,解决市场经济中产生的社会问题,所以更为强调安全性。2012年12月28日修订的《劳动合同法》进一步加强了对劳务派遣的限制,是在安全性方面"做加法"。2016年7月26日,中共中央政治局会议提出下一步的改革要"增加劳动力市场灵活性",[2]为目前热议的《劳动合同法》的修改定下了方向。

---

① 王全兴:《劳动法》,法律出版社2008年版,第185页。

② 新华网:《中共中央政治局召开会议,决定召开十八届六中全会》,载人社部官网 http://www.mohrss.gov.cn/SYrlzyhshbzb/dongtaixinwen/shizhengyaowen/201607/t20160727_244311.html。

取消经济补偿金,将大大降低用人单位在解除或终止劳动合同时的经济成本,从而某种程度上减少市场自由配置劳动力资源时的障碍,无疑符合增加劳动力市场灵活性的要求。然而,增加灵活性不意味着放弃安全性,修法时不能为了给用人单位提供良好的环境而单方面牺牲劳动者的权益,用人单位之所以成本高,部分根源在于用人单位代替国家承担了过多的社会责任,所以为用人单位"减负"的同时应该由社会保障来"接盘",而且目前社会保障支出占我国财政支出比较低,也还有上调空间。经济补偿金有利于帮助劳动者渡过失业之后的困难时期,避免劳动者因为失业而陷入精神焦虑和物质困顿,也是对劳动者失去工作岗位所遭受的财产性和非财产性损失的补偿。德国的经验说明,经济补偿金的功能可以通过其失业保险、解除通知期等相关制度来实现,尤其是经济补偿金的生活保障功能,的确可以考虑回归到失业保险里面来解决。因此,作为中长期规划,应该在重构失业保险制度的基础上取消经济补偿金制度,用失业保险金替代经济补偿金,同时调整赔偿金制度并且设置解除通知期制度。然而,基于我国现实情况,要实现失业保险"应保尽保"、大幅提高其待遇水平、消除转移接续困难等目标尚需时日,短期内更为务实的做法是在保留现行经济补偿金制度的框架的基础上进行适当调整,将"高级管理人员"剔除在经济补偿金的适用范围之外,并且由失业保险基金向小微企业和困难企业支付经济补偿金的专项补贴。另外,《劳动法》的配套条文也包含了一系列关于经济补偿金的规定,修法的重要任务之一是对其进行梳理并且厘清新旧规定之间的关系。

# 结　语

## 第一节　经济性裁员制度的修法背景

### 一、历史变迁:逐步打破"铁饭碗"的过程

　　劳动关系并非单纯的法律议题,不仅涉及劳动者和用人单位之间的利益分配,而且与国家的政治、经济紧密相连,关涉整个社会的基本经济秩序。①回顾我国解雇保护制度的发展变化会发现,其演变和整个社会经济的变革方向是一致的,虽然有一些波动,但是整体上在逐渐放松管制、赋予用人单位经营自主权。

　　在20世纪50年代中期新中国完成社会主义改造之后,形成了与计划经济体制相匹配的劳动用工制度,"统包统配、行政管理、终身用工"的固定工制度成为了绝对主导的用工方式,固定工拥有所谓的"铁饭碗",劳动关系稳定而僵化,只有在极少数的例外情况下可能被解除,比如1954年7月14日政务院颁布的《国营企业内部劳动规则纲要》第十六条规定:"违反劳动纪律的情节严重,使企业遭受重大损失者,应给予开除的处分或送法院依法处理。"根本不存在用人单位基于经营原因解除劳动关系的可能性,即使

---

　　①　林嘉:《审慎对待劳动合同法的是与非》,《探索与争鸣》2016年第8期。

是企业关闭也不能辞退劳动者,国家会负责将职工安置到其他单位就业。

20世纪70年代末,我国启动了"对外开放、对内改革",试图改善计划经济的运行,与之相配套,1986年7月12日,国务院发布了《国营企业招用工人暂行规定》《国营企业实行劳动合同制暂行规定》《国营企业辞退职工暂行规定》和《国营企业职工待业保险暂行规定》这四个重要规定,一方面推进与新进职工签订固定期限劳动合同的工作,另一方面也开始放松对劳动合同解除的限制,根据《国营企业实行劳动合同制暂行规定》第十二条,"在下列情况下,企业可以解除劳动合同:(一)劳动合同制工人在试用期内,经发现不符合录用条件的;(二)劳动合同制工人患病或非因工负伤,医疗期满后不能从事原工作的;(三)按照《国务院关于国营企业辞退违纪职工暂行规定》,属于应予辞退的;(四)企业宣告破产,或者濒临破产处于法定整顿期间的"。此规定把各种类型的解雇事由混在一起,基于经营原因的解雇仅限于企业破产或濒临破产的情况。[①]

1992年党的十四大正式提出建立社会主义市场经济体制的目标,1993年"国家实行社会主义市场经济"写进《宪法》,1994年7月5日颁布的《劳动法》的重要意义之一就在于建立与社会主义市场经济相配套的用工制度,搞活劳动力市场,推行所有企业全员劳动合同制,不仅大力推行固定期限劳动合同的签订,而且通过放松对劳动合同解除的管制进一步打破铁饭碗。《劳动法》第二十五条、第二十六条和第二十七条分别对应过错解雇、无过错解雇和经济性裁员,通过第二十七条的规定和与之相配套的《企业经济

---

① 根据1980年7月26日出台的《中外合资经营企业劳动管理规定》第四条,合营企业对于因生产、技术条件发生变化而多余的职工,经过培训不能适应要求、也不宜改调其他工种的职工,可以解雇;但是必须按照劳动合同规定,由企业给予补偿。被解雇的职工,由企业主管部门或劳动管理部门另行安排工作。也就是说,当时一方面为了吸引外资,赋予了中外合资企业这种特殊的用人单位以较为宽松的解雇理由,另一方面又为了避免职工失业,由政府负责另行安排工作。但是这一规定的适用范围很有限,必须注意的是,当时的用工制度仍然以固定工为主,城镇就业也主要在国营企业中,之后的《国营企业实行劳动合同制暂行规定》第十条规定,企业经上级主管部门批准转产、调整生产任务,或者由于情况变化,经合同双方协商同意,可以变更合同的相关内容。也就是说,国营企业在转产等情况下也只能变更而非解除劳动合同。

性裁减人员规定》。立法者一方面肯定了用人单位基于经营原因进行规模性裁员的权利，另一方面又将裁员情形限定于"濒临破产进行法定整顿"和"生产经营状况发生严重困难"，也就是说用人单位只有在经营陷入困境，甚至绝境之时，才能够裁员达到"断尾求生"的目的，在没有发生经营不善时，即使"客观情况发生重大变化"，用人单位也只能依据第二十六条第三项解除劳动合同，而且部分观点对于"客观情况发生重大变化"的理解适用也有偏差，强调外部客观因素，认为只能是用人单位被动应对外部变化，不能因为主动地调整经营方式、技术设备、组织结构等而辞退员工。

《劳动合同法》立法之时，市场经济建设已经取得了一定成就，但是出现了包括劳资冲突加剧在内的众多社会问题，所以国家开始号召建立和谐社会，强调"构建和发展和谐稳定的劳动关系"。①相应地，针对劳动合同短期化等问题，《劳动合同法》对于劳动合同终止的规制更为严格，排除了约定劳动合同终止条件的可能性，缩小了用人单位签订固定期限劳动合同的空间，并规定了用人单位在固定期限劳动合同到期终止时支付经济补偿金的义务。②但是，对劳动合同解除的相关规定并没有明显的收紧，涉及基于经营原因的解雇，在解雇事由上较以前还有明显的放宽，《劳动合同法》第四十条第三项的表述和《劳动法》第二十六条第三项基本一致，《劳动合同法》第四十一条第一款第一项和第二项也保留了"破产重整"和"生产经营发生严重困难"的裁员事由，创新之处在于通过第四项"其他客观经济情况发生重大变化"的兜底情形设定了开放式列举的模式，值得肯定的还有第三项的规定，允许用人单位在"转产、重大技术革新或者经营方式调整"时先变更、后

---

① 参见郑尚元：《〈劳动合同法〉的功能与制度价值分析：评〈劳动合同法〉的是与非》，《深圳大学学报（人文社会科学版）》2008 年第 3 期，该文介绍了《劳动合同法》的制定背景，指出了该法的贡献和不足。

② 立法对劳动合同期限的限制程度间接地决定了解雇保护制度的重要性，《劳动合同法》出台以后，关于无固定期限劳动合同的争议就没有停止过，在当前修法的讨论中，劳动合同期限的规制也还是焦点之一，比如冯彦君：《劳动合同期限分治的立法意义及其功能性回归》，《法学评论》2017 年第 5 期。

裁员,实现了从被动到主动的突破,体现立法者承认了用人单位作为市场经济下的用工主体,可以在经营状态良好的情况下为了达到提高竞争优势、预防未知风险、开拓新兴市场等目的在没有"外力作用"时主动调整自己的产品服务、技术水平和经营方式,并且根据相应的用工需求变化而裁减人员。

## 二、关于《劳动合同法》修改的争议

《劳动合同法》实施以来,社会、经济大环境也发生了变化。一方面,由于支撑经济发展的人力资源、自然资源、政策法规等各种要素的变化,加上国际金融危机和贸易纠纷的外来影响,我国经济下行的压力加大,从过去的高速增长换挡到中高速增长,另一方面,在供给侧结构性改革的过程中,产业结构、区域结构、要素投入结构、排放结构、经济增长动力结构和收入分配结构六个方面的问题都需要解决,去产能、去库存、去杠杆、降成本、补短板成为当前的重要任务。整体上中国经济进入新常态,呈现出增长速度换挡期、结构调整阵痛期、前期刺激政策消化期"三期叠加"的阶段性特征,各种社会矛盾逐步凸显。

在此背景下,关于劳动力市场的灵活性与安全性的争议越来越多,时任财政部部长楼继伟先后在 2015 年 4 月的清华大学演讲中、中国经济 50 人论坛 2016 年年会上和 2016 年"两会"答记者问中三次批评《劳动合同法》,提出"我国劳动合同法可能是有问题的。劳动合同法对企业的保护严重不足,在立法和司法层面上都有体现。很大程度上降低了我国劳动力市场的灵活性,不利于提高全要素生产率,最终损害了劳动者的利益。下一步应该提高劳动力市场的灵活性。劳动合同法需要保护劳动者,但也要平衡好两者关系,既要保护劳动者,也要保护企业"。[①]2016 年 2 月,人社部部长尹蔚民也在国务院新闻办公室的新闻发布会上表示,"劳动合同法是我们国家调

---

① 《楼继伟批劳动合同法,工资过快增长降低投资意愿》,载新浪财经网 http://finance.sina.com.cn/china/gncj/2016-02-19/doc-ifxprucs6256516.shtml。

整劳动关系的一部重要法律。实施八年来,在规范用人单位用工行为、维护劳动者和用人单位的合法权益、构建和谐劳动关系方面发挥了积极作用。在实施的过程中,也反映出一些问题,主要集中在两个方面:第一,劳动力市场的灵活性不够。第二,企业用工成本比较高"。①2017 年 11 月,全国人民代表大会财政经济委员会《关于第十二届全国人民代表大会第五次会议主席团交付审议的代表提出的议案审议结果的报告》中表示,"29 个立法项目确有立法必要,建议有关部门加强调研起草工作,待草案成熟时,争取列入下一届全国人大常委会立法规划",其中就包括《劳动合同法》的修改。②

对于上述"劳动力市场灵活性不足"的判断,学界虽有部分不同意见,③但是持赞同意见的占了多数。④具体到解雇保护制度,部分观点对解雇保护标准太高、过于刚性的说法提出了质疑,认为现行规定中已经包含了充满弹性的条款,特别是用人单位可以通过规章制度设定解雇事由,用人单位的解雇未必都是正当的,经济补偿金和赔偿金的标准进行国际比较也并不算高。⑤部分观点则认为现行制度过于严格、管制过度,根据经合组织就业

① 《人社部:将适时提出劳动合同法修改意见》,载凤凰资讯 http://news.ifeng.com/a/20160229/47628374_0.shtml。

② 《重磅!〈劳动合同法〉要修改!最快 2018 年公布!》,载搜狐财经 http://www.sohu.com/a/204308003_391470。

③ 持不同意见的主要有:王全兴:《供给侧结构性改革中〈劳动合同法〉修改问题的思考》,《工会理论研究》2016 年第 4 期;沈建峰:《修改劳动合同法的能与不能》,载《中国工人》2016 年第 5 期;钱叶芳:《〈劳动合同法〉修改之争及修法建议》,《法学》2016 年第 5 期;周长征:《〈劳动合同法〉实施十年来对我国劳动力市场灵活性的影响及其未来完善》,载《〈劳动合同法〉十周年:回顾与展望》,中国社会科学院法学研究所 2017 年 9 月 9 日会议论文集。

④ 完全赞同的有:董保华:《〈劳动合同法〉的十大失衡问题》,《探索与争鸣》2016 年第 4 期;沈同仙:《〈劳动合同法〉中劳资利益平衡的再思考:以解雇保护和强制缔约制度为切入点》,《法学》2017 年第 1 期;阎天:《供给侧结构性改革的劳动法内涵:美国经验的启示》,《法学》2017 年第 2 期;基本赞同但有保留意见的有:谢增毅:《劳动力市场灵活性与劳动合同法的修改》,《法学研究》2017 年第 2 期;林嘉:《审慎对待〈劳动合同法〉的是与非》,《探索与争鸣》2016 年第 8 期;王天玉:《劳动法规制灵活化的法律技术》,《法学》2017 年第 10 期。

⑤ 沈建峰:《修改劳动合同法的能与不能》,《中国工人》2016 年第 5 期;钱叶芳、王冀哲:《也谈劳动合同法的失衡问题:与董保华教授商榷》,《浙江学刊》2017 年第 6 期。

保护数据库的统计,整体上我国解雇保护水平远高于大多数经合组织成员国。①针对具体条文的批评意见主要集中在以下几个方面:《劳动合同法》第三十九条对即时解雇的解除事由采取了封闭式列举、缺乏兜底性条款,特别是删除了"劳动纪律",导致"违纪解雇"被排除,刚性有余而弹性不足;用人单位在合法解除时应支付经济补偿金和违法解除时应支付的赔偿金标准过高,导致用人单位负担过重;用人单位违法解除时,允许劳动者选择继续履行劳动合同,忽略了劳动关系的维系以信任关系为基础,双方已丧失对彼此信任的情况下判定继续履行劳动合同并不明智;无过错解雇时的解雇禁令与经济性裁员中的优先留用制度导致职工队伍只剩下"老弱病残"。②

众多观点中,笔者较为赞同谢增毅教授的看法:从我国劳动合同法等法律文本以及全球国别横向对比看,我国劳动力市场的灵活性不够,在解雇保护、工作时间、劳动合同变更等方面的规定较为严格,但是我国劳动力市场十分复杂,部分规则比如非全日制用工规则较为灵活,现实中的农民工劳动力市场极为灵活,而且我国的失业保险等社会保障机制仍不完善,劳动行政执法水平和工会作用依然薄弱,所以我国劳动力市场也存在着安全性不足的问题,为此应该一方面修改完善劳动合同法,适度提高劳动力市场的灵活性,另一方面又不宜过度提高灵活性,应平衡好灵活性和安全性的关系。③具体到

---

① 董保华:《〈劳动合同法〉的十大失衡问题》,《探索与争鸣》2016 年第 4 期;李凌云:《解雇保护水平国际比较研究》,《中国劳动》2016 年第 11 期。就此,钱叶芳教授认为,经合组织的指标设计和运行均建立在以不定期劳动合同为原则的国际通例上,并不能反映我国就业保护立法的真实水平,钱叶芳:《〈劳动合同法〉修改之争及修法建议》,《法学》2016 年第 5 期;除此以外,谢增毅教授还指出,从法律文本上看,中国就业保护之所以名列前茅,不仅是因为我国法律对解雇有较为详细而严格的明文规定,还得益于很多国家在成文法上对解雇保护的规定并不明确和具体,而是更多地通过判例确立规则,谢增毅:《劳动力市场灵活性与劳动合同法的修改》,《法学研究》2017 年第 2 期。

② 参见董保华:《〈劳动合同法〉的十大失衡问题》,《探索与争鸣》2016 年第 4 期;沈同仙:《〈劳动合同法〉中劳资利益平衡的再思考:以解雇保护和强制缔约制度为切入点》,《法学》2017 年第 1 期;林嘉:《审慎对待〈劳动合同法〉的是与非》,《探索与争鸣》2016 年第 8 期。

③ 谢增毅:《劳动力市场灵活性与劳动合同法的修改》,《法学研究》2017 年第 2 期。

经济性裁员制度,立法者需要平衡用人单位、劳动者和社会公众多方面的利益,寻求一个趋近合理的平衡点,既不能过分限制用人单位的经营自主权,也不能忽略了对劳动者岗位的存续保护,既要真正尊重市场机制对劳动力资源的优化配置,又要尽量缓解经济性裁员对社会稳定和经济秩序的冲击。

## 第二节　经济性裁员制度的完善方案

关于如何理解和适用现行法对经济性裁员的规定,前文已经结合案例分析进行了非常详细的论述,由于相关内容较为零散,此处不再赘述。下面仅就笔者对经济性裁员制度的完善意见作简短总结。

### 一、立法模式

在我国现行法框架下,基于经营原因的解雇(抑或来自用人单位领域的事由导致的解雇)的法律依据既可以是《劳动合同法》的第四十条第三款,也可以是《劳动合同法》第四十一条,前者规定了基于"客观情况发生重大变化"的解雇的实体性和程序性条件,后者规定了经济性裁员的实体性条件和程序性条件,是两条相互分离、各自独立的解雇途径。也就是说,我国目前对"未达裁员人数门槛的单个的基于经营原因的解雇"和"达到裁员人数门槛的成规模的基于经营原因的解雇"在裁员事由、程序要求方面都进行了区分。这种立法模式导致了不少问题:部分观点强调两者之间存在本质上的差异,认为"客观情况发生重大变化"的覆盖面更广,有可能是自然条件、社会环境、法律政策方面的变化,强调外部客观因素,往往是用人单位被动适应外部变化,而经济性裁员则是企业根据内部生产经营状况,自发地、主动地对员工质量和数量进行调整,按照此种观点,在满足裁员事由、但人数未达裁员门槛的情况下,用人单位既不能按第四十一条进行经济性裁员,也不能走第四十条第三款的途径；①部分观点则认为两者之间并无本质差异、用人单位可以任选，用人单位将经济性裁员"拆散"，对原本裁员所涉的单个劳动者分别发出基于"客观情况发生重大变化"的解雇的，也持听之任之的态度，并不认为这属于对经济性裁员规定的规避，这种"化整为零"的做法导致劳动者被各个击破，立法者针对规模性裁员所设定的劳资协商、政府参与和优先留用等机制都被绕开了，其原本应带来的信息优势、政府监督和安置方案等效应都成了泡影。②

笔者认为现行立法模式有较大的缺陷，在将来修改《劳动合同法》之时应该采取"整合"的思路，让《劳动合同法》第三十九条、第四十条和第四十一条分别规制基于劳动者行为原因的解雇、基于劳动者个人原因的解雇和基于经营原因的解雇：首先，保留现在的《劳动合同法》第四十条的第一项的"因病解雇"和第二项的"不胜任解雇"，剔除第三项，可以添加其他的来自劳动者领域的"客观情况发生重大变化"的典型情形，将《劳动合同法》第四十条完全改造成基于劳动者个人原因的解雇；其次，整合第四十条第三项和第四十一条第一款，将《劳动合同法》第四十一条改造成基于经营原因的解雇，覆盖所有来自用人单位领域的"客观情况发生重大变化"的情形；最后，将《劳动合同法》第四十一条所规定的劳资协商、政府参与、优先留用和优先录用的规定删除，另外专门新设一个条文按照用人单位的规模设定不同档次的规模性裁员的人数和比例门槛，再针对规模性裁员规定劳资协商、政府参与、优先留用和优先录用的环节；通过如此安排，将来发生规模性裁员时，其中单个的基于经营原因解雇的合法性要看它是否符合《劳动合同法》第四十

---

① 相关案例例如北京市第二中级人民法院(2014)二中民终字第 08363 号，"王某与东江米巷花园(北京)餐饮有限公司劳动争议案"。其他学者也有对此持批评态度的，参见熊晖：《解雇保护制度研究》，法律出版社 2012 年版，第 136 页；刘大卫：《"情势变更"导致劳动合同解除的法律适用转换分析》，《求索》2011 年第 9 期。

② 相关案例例如广东省东莞市中级人民法院(2014)东中法民五终字第 858 号，"广东保点明辉商标标识有限公司与郭某劳动争议纠纷案"；广东省东莞市第三人民法院(2015)东三法樟民一初字第 740 号，"马某与保点服饰标签(东莞)有限公司劳动合同纠纷案"，案件源自威科先行数据库。

一条的规定,裁员整体是否合法,还要看用人单位是否遵循了法律针对规模性裁员额外设定的要求。①当然,除了修改《劳动合同法》的相应条文之外,还应该制定配套的部门规章、司法解释,从而帮助劳动仲裁机构和法院更好地理解和适用法律规定,也给用人单位和劳动者更为明确的行为指引。

## 二、解雇事由

在解雇事由方面,我国应该对用人单位的经营自主权给予更多的尊重,而不是将基于经营原因的解雇狭隘地理解为用人单位被动调整或者脱离困境的手段。将来构建基于经营原因的解雇的事由时,还应该坚持目前第四十一条开放式列举的模式。一方面,罗列若干来自用人单位领域的"客观情况发生重大变化"的典型情形,给予裁判者和当事人以较为明确的指引,方便常态下的判断和适用,另一方面仍然保留一个具有弹性的兜底性条款,从而满足灵活性需求,保障应变能力与解释空间。具体可作以下调整:

首先,不再将"依照企业破产法规定进行重整"作为一项解雇事由单独列出。正如多年实践已经证明的那样,破产重整的案件本身就很少,真正符合重整申请条件的企业未必选择启动破产重整程序,在破产重整时适用该条裁员的就更是少之又少。另外,当企业具备法律规定的重整原因时,往往也出现了"生产经营发生严重困难"的局面,又或者企业在重整程序中对员工进行质和量方面的调整是采取"转产、重大技术革新或者经营方式调整"等措施的后果,所以相关需求已经能够被这两种裁员情形所覆盖,无需特别列出。

其次,"生产经营发生严重困难"作为重要的解雇事由,应当予以保留。将来不应该再由地方政府来设置"严重困难企业"的标准,甚至负责具体的

---

① 注意,优先录用属于后合同义务,发生在劳动合同解除之后,用人单位违反优先录用义务的,并不会导致裁员违法,法律责任上只能设置劳动行政部门要求用人单位改正或处以罚款,对于劳动者造成的损失,可以责令用人单位赔偿。

认定,因为这是典型的"政企不分",带有浓厚的计划经济时代的遗留色彩。实践也已经证明,即使是在同一地区对不同的企业套用统一的亏损时间、停产范围和支付工资能力等标准也不符合实际,而且不能顾及不同企业所处行业、规模大小、经营范围、组织结构、融资能力等方面的差异。更好的办法是借鉴上海以往的做法,考察在用人单位生产经营出现亏损等问题以后,是否已经采取了停止招聘、清退劳务派遣工、停止加班、协商降薪等措施,如果采取了更为温和的措施后还是没有脱困,那么可以认定生产经营发生严重困难,这种做法不但体现了最后手段原则,而且也更为灵活,不同地区、不同类型的用人单位都能适用。当然,适用时也要注意弹性,不应要求所有用人单位都统一采取上述所有措施。

再次,允许用人单位在"转产、重大技术革新或者经营方式调整"的情形之下经变更劳动合同后解雇,使得用人单位可以为了寻求生存空间和更大发展而主动调整自己的产品服务、技术水平和经营方式,并且根据相应的用工需求变化而裁减人员,这是市场经济体制之下的应有之义,将来仍应坚持。另外,应该通过司法解释明确"转产、重大技术革新或者经营方式调整"的具体含义,给予裁判机关和用人单位、劳动者更为明确的行为指引,从而"敢于"适用此解雇事由:"重大技术革新"指的是对生产设备、技术手段、工艺流程等大幅度的进步和提升,而不是常规的改善和升级;"转产"即用人单位提供的产品种类或者服务类型的变化;对于"经营方式调整"应作宽泛理解,相关措施可能涉及用人单位组织调配人和物的各种资源进行采购、生产、销售、投资、管理等方方面面。虽然法条中只有技术革新强调了"重大",然而根据历史解释和体系解释可知,转产和经营方式的调整也必须达到重大变化的程度,产品、服务或者经营方式的常规改进和轻微调整不能构成裁员事由。

最后,为了保障应变能力与解释空间,"其他因劳动合同订立时所依据的客观经济情况发生重大变化,导致劳动合同无法履行",这一兜底性条款应该保留,但是应该去掉"经济"二字。自然条件、社会环境、法律政策方面的变化同样可能导致用人单位作出经营决策进而解雇劳动者,比如由于环境治理的要求用人单位决定转产、使用先进环保技术和工艺等。画蛇添足地加上"经济"二字也容易引人误解,比如就有观点因此而认为基于"客观情况发生重大变化"的解雇和经济性裁员存在本质区别,所以表述为"其他因劳动合同订立时所依据的客观情况发生重大变化,导致劳动合同无法履行"即可。另外,为了提高法律的确定性,在司法实践中已经形成基本共识,学理讨论也比较充分之后,不妨适时增加若干解雇事由,比如"跨区域搬迁"或者"远距离搬迁"。

另外,将来我国的裁审机关在考察是否存在经济性裁员的事由之时,应当采用"三步走"的审查方法:第一步,裁审人员应该判定是否存在《劳动合同法》第四十一条第一款所列举的裁员情形;第二步,裁审人员应该审查用人单位因此而作出了什么经营决策、采取了什么具体措施;第三步,裁审人员还应该询问这些经营决策和具体措施是否真正导致了劳动岗位的丧失。

## 三、劳资协商

当前,劳资协商在经济性裁员中并没有发挥应有的作用,经常被诟病为形式化、走过场,而实践中劳资协商渠道不畅,被裁减的劳动者群情激愤,容易导致劳资矛盾激化,甚至产生群体性纠纷。这部分可归因于作为劳方协商主体的基层工会的独立性、代表性和专业性问题,有些用人单位没有设立工会,设立了工会的也往往依附于资方,不能真正成为劳动者的集体利益代表,甚至在发生冲突时选择站在资方一边。更重要的是缺乏切实有效的劳资协商机制,整体上看,各地的集体协商大多以行政化手段推行,存在着严重的指标化、数字化和形式化问题,职工民主管理的实际运作状况也不尽如人意。具体到经济性裁员中的劳资协商,现行规定也相当简陋,连该劳资协商环节究竟属于集体协商的范畴,还是应该归入职工民主管理的项下,都还没有明确的答案,更不要说在协商主体、协商内容、协商程序、协议效力和纠纷解决等方面存在的诸多疑问。

笔者认为,修法时首先应该明确经济性裁员中的劳资协商在我国究竟属于集体协商的范畴,还是应该归入职工民主管理的项下,因为这不仅涉及基本的机制和理念问题,而且关系到具体的路径和操作事项。在我国就导致经济性裁员的根源本身,例如停产、搬迁、重大技术革新等用人单位在经济上、技术上、结构上的重大变化,一方面应该要求用人单位向职工方说明情况、听取意见,并通过相关制度安排确保此程序的严肃性,一方面还是应该尊重用人单位的经营自主权,在用人单位与职工方诚信磋商之后允许用人单位作出最后的决策。那么,裁员是否完全属于集体协商的对象,即是否所有裁员事项均需要双方协商一致呢?答案是否定的,因为,经济性裁员本身原则上还是属于用人单位的经营决策,只是由于解雇保护制度受到实体和程序上的诸多限制,不可能要求用人单位必须获得职工方的许可才能裁员。所以,在合法的基础上,只能要求用人单位就避免、减少、延迟裁员等事项与职工方进行诚信磋商,但是最后还是由用人单位来确定裁员范围、裁员数量和比例、裁员时间及实施步骤等问题。如果我国立法者将来能够给劳资协商带来更多空间,比如只确定"优先留用"的基本框架,允许劳资双方自行博弈确定挑选被裁减人员的具体标准、权重、例外情形等,又比如在重构失业保险制度的基础上,取消法定经济补偿金,允许劳资双方就经济补偿金的额度、计算方法、上限等各方面进行集体协商,那么应该考虑在被裁减人员的挑选、被裁减人员的补偿问题上赋予职工方共决权。

就经济性裁员中劳资协商机制构建的具体问题,笔者有以下建议:第一,经济性裁员中的劳资协商原则上还是应该本着劳资自治的原则由劳方、资方自行博弈,劳资双方作为当事人更为熟悉相关情况,劳资博弈的结果也更贴近其自身利益诉求,相应的协商结果的接受度也更高,政府不宜介入过深,否则处理不当可能导致某一方或者双方的不满,容易"引火上身",也可能招到"政企不分"的质疑;第二,协商主体方面,在已经建立了基层工会的用人单位中应该以工会作为劳方的协商代表,为了减少基层工会对于资方的各种依赖,增加基层工会在职工群众中的威望,应该大力推进工会改革,促使工会委员真正成为"职工代言人",对于没有建立基层工会的用人单位,则应该由本单位职工民主选举产生的职工代表担任协商代表,而不是由上级工会指定;第三,有必要明文规定协商事项,范围上至少应该覆盖裁员方案的各项内容,但只需要提及大概的要点,例如裁员事由、减少或避免裁员的措施、裁员范围、裁员时间或步骤、被裁减人员的挑选规则及补偿安置等,具体事项应该由劳资双方自行确定;第四,就协商程序问题,应该规定劳资协商程序启动的时间,要求用人单位在出现法定裁员事由之时将裁员方案草案告知全体职工和劳动行政部门,并保障劳方协商代表的知情权,为了保障充分的沟通协商应该采取召开会议的方式,在一方拒绝协商的情况下或者双方自由协商一段时间仍无法达成一致时,启动作为补充手段和救济途径的强制协商,对于用人单位保留最后决策权的部分事项,用人单位只要尽到了诚信磋商的义务即可,对于职工方拥有真正共决权的部分事项,则由劳资双方达成一致或者由协商委员会作出替代性裁决;第五,针对用人单位违反劳资协商义务的行为,应该由法院在个案中判断违反行为是否实质上妨碍了劳资协商程序的进行,存在实质上妨碍了劳资协商程序进行的严重违反行为的,应该直接认定裁员无效,对于轻微违反行为就应该由劳动行政部门责令限期改正或者罚款,对于劳资协商过程中发生的群体性劳动争议,则应该区分权利争议和利益争议按不同方式处理。

## 四、政府参与和减少裁员之策

就经济性裁员中政府参与的问题,最大的疑问在于如何理解"裁减人员方案经向劳动行政部门报告可以裁减人员"。实践中各地对此没有形成统一意见,少数地方要求裁员方案必须经过劳动行政部门审核批准,多数地方则只要求用人单位向劳动行政部门报告备案,不过其中也存在着名为备案、实为许可的现象。①笔者认为,目前在我国不宜对经济性裁员设定行政许可,理由有三:其一,不设定行政许可符合"使市场在资源配置中起决定性作用"的要求,用人单位进行经济性裁员是从质的方面或者量的方面对人力资源进行重新配置,立法者可以对经济性裁员设定各种实体性和程序性条件,但是不应该由政府来决定是否允许用人单位裁员,不应该由政府从微观层面上直接介入劳动力资源的配置,以免阻碍正常的优胜劣汰和结构调整;其二,不设定行政许可符合国家简政放权的大趋势,根据《行政许可法》第十三条的精神,经济性裁员并非必须设定行政许可的事项,由于劳动力供需关系的变化、"招工难"等问题,正常情况下用人单位一般不会随意裁减人员,劳资协商机制日渐完善后也能在一定程度上起到防止滥用裁员的作用,另外,是否允许裁员由政府说了算容易导致权力寻租、腐败蔓延,政府同意裁员给予"国家背书"还可能导致被解雇的劳动者将怒火和矛头指向政府;其三,不设定行政许可更加符合国际惯例,根据学者的统计,在其统计的 85 个国家中,有 62 个国家要求雇主将裁员信息通知主管机关,而在这 62 个国家中只有 12 个国家要求裁员必须经过行政机关或者司法机关的批准。②相反,用行政备案替代行政许可,也能够起到政府对经济性裁员加强监督管理、向相关方提供公共服务的作用,但是由于行政备案还没有"模式化、标准化",所以对于经济性裁员中的行政备案如何进行具体安排设计值得进一步研究。

　　虽然《劳动合同法》只提到了"报告",但是报告本身并非最终目的,而是有利于政府在经济性裁员中做好指导、监督和服务工作:所谓指导工作,主要指做好日常的相关法规政策宣传、出台类似《企业裁员操作指引》的指导性文件等工作;所谓监督工作,主要是指宏观上对失业的监测、预警和防控,还包括微观上对裁员中的违法行为进行纠正处罚等;所谓服务工作,主要是

---

① 胡燕来:《解雇:人力资源法律实务指引》,法律出版社 2016 年版,第 223 页。另外,根据《辽宁省人民政府关于取消和下放一批行政审批项目的决定》(辽政发〔2014〕30 号),自 2014 年 11 月 21 日起取消和下放行政审批项目等事项 325 项,其中包括了取消省人力资源和社会保障厅对企业裁减人员方案的审查权,所以在此之后经济性裁员才由行政许可事项变成了行政备案事项。

② 钱叶芳:《裁员保护立法的国际比较及其启示》,《法商研究》2012 年第 2 期。

指政府提供的稳岗补贴、转岗培训、职业介绍、公益岗位、失业待遇和最低生活保障等公共服务。

我国《劳动合同法》的规定初步体现了最后手段原则的精神,该法第四十条针对不同的无过错解雇类型有不同的安排,第四十一条却只针对"转产、重大技术革新或者经营方式调整"要求用人单位在裁员之前必须先行"变更劳动合同",对于其他三种裁员情形并无采取某种避免裁员措施的明确要求。司法实践中对于此法律条文的解释和适用也比较僵化和保守,基本只依据法条表述要求用人单位采取该解雇情形所对应的、特定的那种"更为温和的手段"。将来除了应该将最后手段原则提升为适用于所有解雇类型和情形的共通的原则以外,还应该注意两点:其一,避免或减少裁员应该充分利用各种途径,而不是拘泥于有限的法律规定,劳资协商往往能够带来更多的弹性和灵活,比如通过协商博弈达成弹性工作制、减时减薪等措施增加劳动关系内部的调整空间,使得劳动关系更加有韧性,不那么容易破碎;其二,为了促进就业安定、减少裁员,不仅需要劳动法发力,设定用人单位的相关义务,也需要社会保障法配合,通过社保基金,甚至国家财政的补贴来避免规模性失业,以德国的短时工作制为例,正是因为存在由劳动事务所支付的短时工作津贴,才能够达到雇员得以保住工作岗位且减少工资损失、雇主得以保住人力资源且减轻经济负担的双赢局面。

### 五、解雇禁令和优先留用

劳动者存在《劳动合同法》第四十二条所列举的情形时,不得被裁减,就该解雇禁令的规制,主要应该从三方面入手完善之:其一,应该加强对劳动者集体利益代表的保护,他们在发起组建代表机构、履行代表职责、替劳动者发声之时,容易跟用人单位发生矛盾冲突,可能受到各种"或明或暗"的打击报复,所以,有必要向他们提供特殊解雇保护,减轻他们对资方的人身依附性,也避免代表机构成员的频繁变更影响代表机构的正常运转,从而确保劳动者集体利益代表机构的独立性和稳定性;其二,出于社会正义而保护个别的弱势劳动者要注意适度,不应过度夸大用人单位的照顾义务,避免"物极必反",导致这些劳动者就业难,真正要实现对特殊的弱势群体的保护还需要大力发展社会保障事业;其三,应该纠正《劳动合同法》第二十一条所导致的不得裁减试用期劳动者的错误,对试用期条款予以限制的目的应该是避免其被滥用,而不是给予试用期内的劳动者以特别的优待,按照现行法用人单位不能解雇处于试用期内的新员工,却可以裁减企业工龄较长的老员工,此做法不合常理。

如果说符合解雇禁令情形的劳动者是绝对不能成为被经济性裁员的对象,那么优先留用制度则是要求用人单位在挑选被裁减的人员时相对照顾社会保护需求强的劳动者。立法者提出在经济性裁员中新增优先留用制度是为了体现社会理念,优先保护那些对用人单位贡献较大、再就业能力较差、对工作岗位依赖性大的劳动者,①然而现行法的规定本身有待完善,并未真正体现立法目的,由于对法条的解释适用存在诸多疑问,实践中优先留用制度发挥的作用非常有限。笔者认为将来修法应该借鉴德国社会性挑选制度的经验教训重构优先留用制度:

第一,原则上优先留用应该在整个用人单位的范围内进行,分支机构拥有自己独立的经营场所和负责人、具有相对独立的经营自主权的,挑选的范围应当以裁员所涉及的分支机构为限。在用人单位或者分支机构的范围内,优先留用的挑选应该在有可比性的劳动者之间进行,即进入挑选的劳动者的工作岗位必须相同或类似而且这些劳动者必须处于同一个组织层级。

第二,就优先留用的挑选标准,现行法中的合同期限标准不符合立法目的、家庭责任标准有门槛过高之嫌,将来可以考虑确定企业工龄、抚养义务和残疾程度作为优先留用的考量因素,其中企业工龄与劳动者对用人单位的忠诚和贡献相关,抚养义务体现了劳动者对工作岗位的依赖程度,残疾人

---

① 全国人大常委会法制工作委员会行政法室编著:《中华人民共和国劳动合同法解读与案例》,人民出版社 2013 年版,第 172 页。

的再就业能力比较差。涉及各个法定标准的权重则无需给出统一的衡量规则，只要充分顾及了法定标准即可，应该鼓励用人单位使用计分系统，使得挑选过程更为客观、理性、透明。

第三，为了适当顾及用人单位的利益，应该例外地允许用人单位基于生产经营需求保留骨干员工，也就是说，如果某个劳动者拥有特别的知识技能或者业绩尤为突出，即使他的社会性保护需求较弱，但是由于继续雇用他对用人单位的生产经营至关重要，那么应该允许用人单位留用他。

第四，如果我国立法者将来能够完善经济性裁员中的劳资协商环节，在被裁减人员的挑选问题上确认职工方的共决权，那么在此前提下不妨赋予劳资协商更多的博弈空间，只要双方遵守"优先留用"的基本框架，即可自行博弈确定挑选被裁减人员的具体标准、各标准的权重、例外情形。

第五，涉及优先留用的举证责任，原则上应该由劳动者指出优先留用的错误，但是同时应该赋予劳动者相应的知情权，比如用人单位不予提供相关信息的，劳动者只需笼统主张被留用的劳动者中有人比自己社会保护需求更弱即可，此时用人单位承担举证不利的后果。


## 六、经济补偿金

按照《劳动合同法》第四十六条第四项，用人单位负有向被裁减的劳动者支付经济补偿金的义务，该义务意味着用人单位进行规模性裁员时高额的支出，特别是在企业生产经营发生严重困难之时，裁员原本是要尝试"断尾求生"，却需要支付大量的经济补偿金，容易导致企业负担过重，从而危及整个企业的生存和其他岗位的保留，所以，在当前关于修改《劳动合同法》的讨论中要求"取消经济补偿金"的呼声不小。取消经济补偿金将大大降低用人单位在解除或终止劳动合同时的经济成本，从而某种程度上减少市场自由配置劳动力资源时的障碍，无疑符合增加劳动力市场灵活性的要求，但是增加灵活性不意味着放弃安全性，修法时不能为了给用人单位提供良好的环境而单方面牺牲劳动者的权益,"让企业轻装上阵"的同时却"让职工空手回家",可能会引发更多的劳资矛盾,甚至影响社会稳定。用人单位之所以成本高,部分根源在于代替国家承担了过多的社会责任,所以为用人单位"减负"的同时应该由社会保障来"接盘",而且目前社会保障支出占我国财政支出比较低,也还有上调空间。

　　经济补偿金有利于帮助劳动者渡过失业之后的困难时期,避免劳动者因为失业而陷入精神焦虑和物质困顿,也是对劳动者失去工作岗位所遭受的财产性和非财产性损失的补偿,其功能可以通过其失业保险、解除通知期等相关制度来实现,尤其是经济补偿金的生活保障功能,的确可以考虑回归到失业保险里面来解决。因此,作为中长期规划,应该在重构失业保险制度的基础上取消经济补偿金制度,用失业保险金替代经济补偿金,同时调整赔偿金制度并且设置解除通知期制度。然而,基于我国现实情况,要实现失业保险"应保尽保"、大幅提高其待遇水平、消除转移接续困难等目标尚需时日,短期内更为务实的做法是在保留现行经济补偿金制度的框架的基础上进行适当调整,将"高级管理人员"剔除在经济补偿金的适用范围之外,并且由失业保险基金向小微企业和困难企业支付经济补偿金的专项补贴。另外,《劳动法》的配套条文也包含了一系列关于经济补偿金的规定,修法的重要任务之一是对其进行梳理并且厘清新旧规定之间的关系。①

---

　　① 详见王倩:《经济补偿金制度修改的制度替代及方案设计》,《法学》2017年第3期。

# 附　录　德国解雇保护制度简介

　　本书的各个章节在进行比较研究时,虽然介绍了德国法相应的法律规定、司法实践和学理讨论,但是是从中国法的视角出发、以解决中国法的问题为目的,分别以解雇事由、劳资协商、报告政府和社会性挑选等为重点,对于德国法的介绍比较零散、缺乏体系性,加之对经济性裁员的规制也只是德国解雇保护制度的部分内容,所以为了避免"管中窥豹",此处再对德国整个的解雇保护制度进行一个系统的介绍,希望能够帮助读者更好地理解前面的内容。①

## 一、德国解雇保护制度的历史发展

### (一) 从第一次世界大战前到第二次世界大战后

　　从 19 世纪末到第一次世界大战以前,劳动合同的调整基本依靠德国《民法典》第六百一十一条及以下条款,信奉合同自由。既然劳动关系是通过雇员雇主自愿订立的合同成立的,那么他们当然也可以自由决定是否以及在什么条件下解除劳动关系。这种从合同自由推导出来的"解除自由"甚

---

　　①　本章内容已部分作为阶段性成果发表,详见王倩:《德国解雇保护制度》,《民商法论丛》第 57 卷,法律出版社 2015 年版,第 639—656 页。

至被视为对劳动者的解放,他们不再像家仆那样被绑定在某一终生的雇佣关系中。①虽然此时工人运动风起云涌,但是解雇保护并非关注焦点,立法要求主要集中于妇女和儿童保护、缩短工时、基本社会保障等更为紧迫的问题上。德国《商法典》第六十七条等个别条文要求雇主在辞退时最少要提前一个月发出通知,并且确立了对于雇员辞职和雇主辞退适用一样的"解除通知期"的原则,这些规定在实践中发挥的作用却很有限,因为劳动合同双方可以通过约定排除其适用。"正常解雇"只需要提前通知,不需要解除理由,只有对于立即生效的"非常解雇"存在有不同的法律规定:德国《民法典》第六百二十六条规定了任何一方有重大事由的可以立即解除劳动合同,这条的适用范围却很窄,因为《经营条例》第一百二十三条对于雇主可以立即解雇产业工人②的情形进行了封闭式列举,《经营条例》第一百三十三(c)条和德国《商法典》第七十二条则在概括性表述之外举例列出了可以立即解雇高级技术工人和商业职员的典型情况。③

魏玛共和国时期,解雇保护制度有了突破性发展。由于德国工人和士兵浴血奋战推翻了德国皇帝的君主专制,所以,虽然十一月革命失败而且各地的苏维埃政权被镇压,新的政权也不得不考虑工人和士兵们的政治要求。一系列有利于工人阶级的立法得以颁布,其中最为重要的立法是1920年的《企业工人委员会法》,该法对于正常解雇提出了系列要求,比如解雇不应该构成"不合理的苛刻",禁止因为雇员的性别,雇员属于或不属于某政治、宗教、军事或者职业团体而解雇。由于《企业工人委员会法》的立法目的在于保障工人委员会在企业事务中的参与权,所以该解雇保护的实现也依赖于

---

① APS/Preis, 4. Aufl., Grundlagen A, Rn. 1.

② 在德国历史上,雇员曾经很长一段时间被区分为"职员"(Angestellter)和"工人"(Arbeiter)两个群体,前者主要指从事脑力劳动、有固定月薪的雇员,比如办公室文职人员,后者主要指从事体力劳动、获得小时工资或者计件工资的雇员,比如流水线上的工人。基于传统习惯,劳动法和社会保险法上两者待遇有明显不同,往往工人会受到歧视。因为随着社会和科技的发展,这两个群体逐渐趋同,而且这种分类有违平等原则,所以法律制度上已经不再区别对待。

③ APS/Preis, 4. Aufl., §626 BGB Rn. 2 und 57.

工人委员会：雇员认为解雇违法的，必须首先向工人委员会提出异议，工人委员会尝试调解无效之后，可以批准雇员向法院提起诉讼或者以自己的名义替雇员主张权利，也就是说如果企业中没有工人委员会或者工人委员会认为异议不成立，那么雇员就没有途径主张解雇违法。可惜的是，该法并不能真正帮助雇员保住其工作岗位，因为即使雇员胜诉，雇主也可以选择撤销解雇决定、召回该雇员或者支付一笔不超过六个月工资的"补偿金"来摆脱他。①值得一提的还有 1926 年的《职员解雇保护法》，根据该法的强制性规定，职员在某一雇主处的工龄越长，雇主辞退他时需要遵守的解除通知期越长。另外，现代解雇保护制度的基本精神此时已经开始萌芽，比如，一战结束后颁布的《安置条例》要求雇主首先尝试通过减少工时、分担工作来避免辞退被安置的退伍军人，这一规定初步确立了解雇只能作为最后手段、解雇之前应当穷尽其他温和手段的理念。②

纳粹独裁统治的第三帝国时期，工人委员会制度作为企业民主管理和工人参与的机制难以存续下去，所以，1934 年的《国家劳动秩序法》在解雇保护方面虽然沿用了《企业工人委员会法》的部分条款的表述，但是完全剔除了工人委员会在解雇保护中的参与，雇员得自行向法院提起诉讼寻求保护。另外，由于法律规定表述得很抽象，给法官按照纳粹德国的理念来解释适用法律留出了很大空间，所以当时对政治异见者、犹太人的解雇大行其道。③第二次世界大战结束以后，《国家劳动秩序法》维持了一段时间效力，于 1947 年初被废止。在美国和法国的占领区内各州颁布了一些解雇保护方面的法令，英占区没有成文法，仅靠法官根据德国《民法典》里面的"公序良俗"和"诚信原则"来进行个案判断，苏占区则直接宣布没有企业工人委员会首肯的解雇无效。④基于这种混乱局面，在联邦德国成立以后《解雇保护

---

① 详见 v. Hoyningen-Huene/Linck, 14. Aufl., Einleitung Rn. 21ff.
② Däubler, Das Arbeitsrecht 2, 12. Aufl., Rn. 964.
③ APS/Preis, 4. Aufl., Grundlagen A, Rn. 12f.
④ v. Hoyningen-Huene/Linck, 14. Aufl., Einleitung Rn. 27f.

法》的制定马上被提上了立法日程。

## (二)《解雇保护法》的制定和修改

1951 年 8 月 14 日生效的《解雇保护法》是典型的劳资博弈的成果。工会和雇主联合会经过多次商讨,在 1950 年年初共同提交了所谓的"哈滕海默草案",①联邦劳动部在此草案的基础上稍加改动后于 1951 年年初向联邦议会提交了政府草案。②议会就此进行商议的过程中,各方经过激烈的争议才相互达成了妥协。比如,农业和手工业雇主的代表提出应该限制该法的适用范围,"该法只能适用于雇工人数多于十人的企业,雇员本人必须在雇主处工作已满一年并且年满 25 岁",该建议遭到工会代表的强烈反对,最后双方各让一步,《解雇保护法》的适用前提变成了"企业雇工人数多于五人,雇员本人必须在雇主处工作满半年而且年满 20 岁"。③虽然该法不可避免地带有一些妥协的痕迹,但是相对于以前的立法体现出显著的进步:首先,该法正式确立了解雇保护的理念,以前的立法还是在认可解雇自由的基础上对其稍加限制,雇主宣告正常解雇只有在例外情况下被判定违法,而现在法律明确要求正常解雇必须具备社会正当性,即雇主只能基于经营需要、雇员本身或者行为的原因而解除与雇员的劳动合同;其次,该法围绕解雇的合法性、解雇保护之诉、裁员程序等基础问题作出了详细规定,而且适用于绝大多数雇员,不限于特定雇员群体,也不以企业工人委员会的存在和参与为前提;最后,雇员赢得解雇保护之诉的,一般情况下雇主不能再用支付补偿金的方法"买走"雇员的岗位,更加能够帮助雇员保护他安身立命的饭碗。

20 世纪 60 年代和 70 年代,德国立法者认识到,由于涉及多方利益、分

---

① 草案公布在 RdA 1950, 63 上。
② 草案公布在 RdA 1951, 61ff 上。
③ 详见德国议会第 156 次和第 159 次会议记录。

歧较大,制定一部《劳动法典》或者《劳动合同法典》的任务短期内不可能完成,所以采取了更为务实的态度,开始按照当时的时代要求对各部单行法进行修订。①1969年第一部《劳动法令梳理法》出台,该法对1951年版本的《解雇保护法》进行了较大幅度的修改。比如,扩大了适用范围,雇员的年龄门槛从20岁降到了18岁,②而且将"高管"③有条件地纳入了解雇保护的羽翼之下,引进了"变更解雇"的制度,明确了在解雇违法但法院依雇员或雇主申请判定解除劳动关系的情况下如何计算补偿金。由于变动比较大,条文顺序也有调整,所以,《解雇保护法》被修改之后于1969年8月25日公布了新版本,之后理论界和实务界在引用条文时往往会标注"1969年版本的《解雇保护法》"。另外,第一部《劳动法令梳理法》为了结束之前针对不同雇员群体需要依据不同的法律条文进行非正常解雇的局面,放弃了以前《营业条例》和《商法典》的封闭式列举、概括条款加举例这两种立法例,重新表述了《民法典》第六百二十六条这一概括条款并以此作为适用于所有雇员的非正常解雇的法律依据。④1972年《企业组织法》修订后⑤不仅从整体上扩大了企业工人委员会在企业事务方面的共决权限,让雇员的靠山更为强大,而且个别条文更是直接增强了企业工人委员会对解雇事宜的影响力。⑥比如,根据该法第一百零二条,雇主在解雇之前听取企业工人委员会的意见是解雇

---

① Fitting, DB 1969, 1459.早在德国《民法典》制定之际,当时的立法者就打算另行制定一部劳动法典,这个愿望直到今天也没有实现,1969年布兰特政府执政期间曾经设立了一个专门的立法委员会,并且公布了"劳动法典草案",这一立法尝试最终却失败了。

② 年龄门槛于1976年完全取消。

③ 《解雇保护法》第十四条第一款首先明确了该法不适用于法人企业中被指定的法定代表机构成员或者合伙企业中根据法律、章程或者公司合同代表所有合伙人的人员。然后第二款规定该法部分规定适用于总经理、厂长以及其他有独立的招录或者解雇雇员的权限的高级管理人员。

④ ErfurterK/Müller-Glöge, 14. Aufl., § 626 BGB Rn. 2.

⑤ 1974年的《人事委员会法》对于公用单位中的雇员利益代表机构也有类似规定。以下提到的适用于企业工人委员会的条款同样适用于公用单位中的"人事委员会"(Personalrat)。

⑥ 在建立了企业职工委员会的企业里面,它作为雇员在企业层面上的集体利益代表参与解雇事宜,一方面为雇员提供了某种程度的解雇保护,另一方面也有利于雇主在宣告解雇以前慎重思考自己的决定,比如企业工人委员会提出来的反对理由是否成立,贸然解雇是否风险很大。可惜的是,实践中企业职工委员会往往只存在于大中型企业里面。

生效的前提条件，①企业职工委员会对解雇提出异议的，并不能导致解雇无效，但是雇员因此获得继续在企业工作的权利，直到法院对他提起的解雇保护之诉做出有效判决，该异议权实际上对解雇有推迟其生效的作用。雇主要辞退企业工人委员会委员等雇员的集体利益代表的，甚至需要按照该法第一百零三条的规定获得企业工人委员会的首肯或者法院的替代性裁定。②

## （三）管制的放松与反复

如果说 1973 年的第一次石油危机意味着联邦德国近二十年的经济奇迹结束，那么 1979 年开始的第二次石油危机直接把联邦德国拖进了严重的经济衰退。随之而来的是失业率从 20 世纪 70 年代初的不到 2％飙升到了 20 世纪 80 年代中期的 8％左右。1985 年的第一部《就业促进法》有条件地放开了固定期限劳动合同的签订并且鼓励非全日制用工，希望通过减少雇主招聘的心理障碍促进就业。1990 年两德统一后，原西德地区经济没有明显好转，原东德地区却有大量企业倒闭，失业率继续攀升。1996 年的第二部《就业促进法》进一步放松管制，直接对解雇保护制度开刀：更多的微小企业被划出了《解雇保护法》的适用范围，因为企业雇工人数门槛从 5 人提高到了 10 人；因为企业经营原因导致的解雇中"社会性挑选"只能根据企业工龄、年龄和抚养义务三个标准进行；如果某雇员的知识才能对企业经营至关

---

① 雇主有义务告知企业工人委员会所有与解雇决定相关的情况，包括解除理由、解雇的种类、应当适用的解除通知期、雇员本人的年龄、企业工龄等信息，也就是说雇主要讲清楚他打算什么时候、基于什么原因、通过什么方式解雇什么人。雇主履行了告知义务之后，针对非常解雇和正常解雇，企业工人委员会分别有三天和一周的反应时间，它可以选择沉默、赞成解雇、提出意见或者异议。雇主完全跳过听取意见环节的，必然导致解雇无效。如果雇主听取了企业工人委员会意见但是这个环节出现了问题，那么根据过错归结于哪一方，会导致不同的结果，比如雇主告知的信息必须真实、准确、完整，足够让企业工人委员会判断解除理由是否站得住脚，雇主故意隐瞒情况、给出错误信息的，也会导致解雇无效。详见 Däubler, Das Arbeitsrecht 1, 16. Aufl., Rn. 1071ff。
② 《解雇保护法》第十五条具体规定了该特殊解雇保护的覆盖人群、保护期间、解除事由和必经程序。

重要或者保留他才能维持平衡的雇员年龄结构,那么可以将他排除在社会性挑选外;一定条件下法院只审查社会性挑选是否有重大错误。不过这些变化还没有维持两年半就在1998年政府换届以后被改回去了,因为以施罗德为首的新任政府认为这些变化并没有达到增进就业的预期目的。①但是,由于德国经济持续低迷,为了提高竞争力,2002年施罗德政府推出了所谓的"哈茨方案",先后颁布了四部《劳动力市场现代化法》,不仅大幅削减了失业金和救助金等社会福利,推动了政府的劳动管理部门的职能转变,而且劳动法方面再次放松管制,典型的例子就是取消了对劳务派遣的系列限制。②该法在解雇保护方面不仅基本恢复了1996年第二部《就业促进法》的规定,③而且还进行了一些对雇主有利的修改,比如雇员必须在收到书面解除通知三周内提起解雇保护之诉的规定现在适用于所有的解雇,又比如根据新增的第一—(a)条,如果雇主由于企业经营原因宣布解雇并且以雇员不提起解雇保护之诉为前提承诺向雇员支付补偿金,雇员因此放弃起诉的,可以向雇主主张补偿金,补偿金按照劳动关系存续的期限计算,每满一年支付半个月工资。④

## 二、解雇的分类

### (一) 非常解雇和正常解雇

解雇可以分为非常解雇和正常解雇。雇主宣告非常解雇的法律依据是

① BT-Drucks. 14/45 S. 1 und 23.

② v. Hoyningen-Huene/Linck, 14. Aufl., Einleitung Rn. 73.

③ 在微小企业的界定方面,为了保护信赖利益,劳动关系在2003年12月31日以前就已经建立的雇员,适用《解雇保护法》的人数门槛为5人,劳动关系在2003年12月31日以后才建立的雇员,人数门槛为十人,而且后面这些雇员在计算前者用工人数时不计算在内。另外,在计算用工人数时,不但要除开学徒工,而且每周工作时间不超过二十小时的非全日制工的人数应乘以0.5,每周工作时间不超过三十小时的非全日制工的人数应乘以0.75。

④ 立法者创设这种可能性的目的在于提供一种公平合理的路径:雇主可以尽快贯彻经营决策,不用担心诉讼缠身,雇员不用提起解雇保护之诉也可以获得一定的补偿金。BT-Drucks. 15/1204.该规定并不妨碍雇员和雇主协商一致解除劳动合同并约定其他数额的补偿金。

《民法典》第六百二十六条第一款：如果因为某种事实，在考虑到个案的全部情况、衡量合同当事人双方利益之后，无法合理期待合同一方将雇佣关系延续到解除通知期届满或者约定的雇佣合同终止之时，那么该合同方可以基于此重大事由解除雇佣合同，无需遵守解除通知期。正常解雇则主要由《解雇保护法》调整，根据该法第一条第一款，对于劳动关系存续六个月以上的雇员，不具备"社会正当性"的解雇无效。该法第一条第二款紧接着又规定：如果解雇不是基于雇员本身或者行为原因，也不是因为企业紧迫的经营需求无法继续雇用雇员，那么该解雇行为不具备社会正当性。相对于《民法典》第六百二十六第一款典型的"概括条款"的表述，《解雇保护法》第一条第二款规定得稍微具体一点，至少说明了解除理由的来源基本上就是两个领域、三个方向。来自雇主领域的原因只能是"紧迫的经营需要"，来自雇员领域的事由则包含"雇员本身原因"和"雇员行为原因"两个方向，后两者的区别在于雇员是否能够控制原因的产生，比如雇员很难保证自己不生病，却可以避免迟到早退。[1]无论是正常解雇还是非常解雇都只能基于这三种原因，[2]只不过后者门槛更高，要求"重大事由"，所以，非常解雇在德国被称为是与正常解雇"本质一样的升级版"。比如，同样是喝酒影响工作，某行政文员经常醉醺醺地来上班，受到警告之后也不改正，此时无法期待雇主继续履行劳动合同，因此允许雇主发出正常解雇；但是某公交公司的驾驶员喝酒之后驾驶公共汽车的，事关乘客安全和公共交通的秩序，性质更为恶劣，此时甚至无法期待雇主继续履行劳动合同到解除通知期届满，所以允许雇主宣告非常解雇。[3]

---

① 通俗的表达可以对两者的区别归纳如下：雇员能够好好履行劳动合同却不想这么做，那么雇主可以基于雇员的行为原因解雇；雇员想好好履行劳动合同却没这个能力，那么雇员可以基于雇员的本身原因解雇。详见 Schaub/Linck, Arbeitsrechtshandbuch, 15. Aufl., § 133 Rn. 1.

② 实践中，非常解雇大多是基于雇员的行为原因，而基于雇员本身原因或者经营原因的解雇一般是正常解雇。学界和司法界对于哪些典型情况可以构成非常解雇的重大事由进行了系统的归纳总结，详见 APS/Dörner-Vossen, 4. Aufl., § 626 BGB Rn. 180ff.

③ LAG Nürnberg 13.7.1987, LAGE Nr. 19 zu § 1 KSchG Verhaltensbedingte Kündigung；LAG Nürnberg 17.12.2002, LAGE Nr. 147 zu § 626 BGB.

基本上,非常解雇就等同于"即时解雇",正常解雇可以和"预告解雇"画等号。例外情况下可能会反过来,比如由于集体合同将解除通知期缩短到零,正常解雇也可以起到马上终止劳动合同的效果;又比如集体合同已经基于某雇员的年龄和企业工龄排除了正常解雇的可能性,雇主却因为停产实在无法雇用该雇员,强制继续履行会导致雇员长期"不干活、只拿钱",此时联邦劳动法院不要求雇主继续维持这种对他而言毫无意义的劳动关系,但是雇主宣告非常解雇时必须遵守在正常解雇没有被排除的情况下他原本需要遵守的解除通知期。①

　　解除通知期被称为形式上的解雇保护,因为它不能阻止、却能推迟劳动合同的解除。违反解除通知期也不会导致解除无效,此时应该适用"正确的"法定或者约定的标准。德国《民法典》第六百二十二条对适用于劳动合同的解除通知期作了详细规定。该条第一款所规定的四周的基础期限既适用于雇主辞退也适用于雇员辞职,以日历月的 15 日或者月末为劳动合同解除时间。②因为雇员在雇主那工作的时间越长,知识技能越固定化、和企业的相关度越高,越容易影响他在劳动力市场上的竞争力,要割舍他熟悉的环境也越困难,所以有必要给予企业工龄较长的雇员更长的缓冲期去适应变化。《民法典》第六百二十二条第二款第一句③针对雇主辞退规定了较长的解除通知期:劳动关系已存续二年的,解除通知期为一个月;劳动关系已存续五年的,解除通知期为两个月;劳动关系已存续八年的,解除通知期为三个月;劳动关系已存续十年的,解除通知期为四个月;劳动关系已存续十二年的,解除通知期为五个月;劳动关系已存续十五年的,解除通知

---

　　① BAG 12.9.1974 AP Nr. 1 zu TVAL II §44; APS/Dörner-Vossen, 4. Aufl., §626 BGB Rn. 66.

　　② 为了便于理解举例如下:雇主于 3 月 1 日通知解雇,从这天开始为期四周的解除通知期起算,由于四周期满时是 3 月 28 日,还不是月末,所以劳动关系应该在 3 月 31 日解除。

　　③ 虽然该条第二款第二句规定说雇员年满 25 周岁以前的劳动关系存续的时间不计算在内,但是欧盟法院认定这条规定构成了欧盟指令 2000/78/EG 所禁止的年龄歧视,所以德国法院不得适用该规定,该规定实质上失效了。详见 EuGH 19.1.2010 AP Nr. 14 zu Richtlinie 2000/78/EG [Kücüdeveci]。

期为六个月；劳动关系已存续二十年的，解除通知期为七个月；以上情况都是以日历月的月末为劳动合同解除时间。①由于约定试用期的目的就是为了考察对方是否符合自己的要求，所以根据该条第三款在试用期期间正常解除只需要提前两周通知。为了照顾到各行各业的不同需求，该条第四款允许集体合同的双方就解除通知期作出和以上法律规定不同的安排。相对而言，根据该条第五款劳动合同的双方另行约定的空间就小很多了：约定更长的解除通知期不受限制，但是约定更短的解除通知期，只能在雇员是用工不超过三个月的临时工或者雇主用工人数②除开学徒也不超过二十人的情况下，而且后者的情况下解除通知期不能短于四周。最后，该条第六款明确了一个原则，即另行约定的辞退的通知期不能比辞职的通知期长。

## （二）基于经营原因、雇员本身原因或雇员行为原因的解雇

根据解除理由的不同，解雇也可以分为基于经营原因、基于雇员本身原因或者基于雇员行为原因的解雇。由于篇幅限制，此处仅以基于雇员行为原因的解雇为例作简要介绍。

作为解除理由的雇员的行为只能是违反劳动合同义务的行为，与劳动合同履行无关的行为即使构成犯罪也不能构成解除理由。比如，某公司职员下班以后回到家发现隔壁邻居在大声放音乐，职员觉得受干扰和邻居吵了起来，两人扭打起来职员打伤了邻居，即使职员因为故意伤害被追究刑事责任，公司也不能因为他打架这个行为而解雇他，但是雇员被判自由刑而较长时间不能上班的，雇主可以因为他不能履行劳动合同而辞退他，不过这种

---

① 计算劳动关系存续时间的时候，劳动关系事实上的中断履行无关紧要，比如雇员享受育儿假或者长时间请病假的。

② 在计算用工人数时，每周工作时间不超过二十小时的非全日制工的人数应乘以 0.5，每周工作时间不超过三十小时的非全日制工的人数应乘以 0.75。

情况属于基于雇员本身原因的解雇。①违约行为可以是违反了劳动合同的主义务即劳动给付的义务，比如雇员顽固地拒绝雇主指派的合理工作，也可以是违反了劳动合同的从义务，比如德国《商法典》第六十条规定的商业职员的竞业禁止，除此以外还要注意劳动合同、企业协议和集体合同中的各种约定。②

解雇的目的在于避免将来劳动关系的履行继续受到雇员违约行为的不良影响。这种不良影响分为两种情形：第一种情形下，虽然雇员的违约行为并不是很严重，但是根据雇员的表现等情况可以预计到他在将来还会再犯同样的或者类似的违约行为；第二种情形下，违约行为很严重，虽然再犯的可能性很小，但是已经动摇了双方继续合作的信任基础。此处必须强调，违约行为本身就必然会造成对劳动合同履行的困扰，违约行为是否额外造成某种后果，比如扰乱了生产秩序或者导致了财产损失，并不是解雇合法的要件，而是在进行利益衡量的时候需要考虑的因素。③基于雇员行为的解雇是否以雇员有过错为前提，对此还有争议：一种观点认为雇员的过错是必要条件；④另一种观点则提出，特定情况下雇员无过错的行为也可以构成解除理由，比如雇员由于受到心理疾病的影响经常辱骂上司和同事，但是即使这种观点的支持者也认为原则上还是需要雇员的违约行为基于故意或者过失。⑤

---

① 另外，如果雇员虽然是在工作时间之外犯罪，但是所犯罪行和工作性质相关，比如司机下班以后酒驾、税务职员自己偷税漏税或者教师携带毒品，以至于让人怀疑他是否具有完成本职工作需要的品行操守，那么雇主也可以基于雇员本身的原因解雇。BAG 23.9.1976, AP §1 KSchG 1969 Wartezeit Nr. 1；BAG 30.5.1978 AP Nr. 70 zu §626 BGB; LAG Düsseldorf 20.5.1980, EzA Nr. 72 zu §626 BGB n.F..

② BAG 2.3.2006，AP Nr. 14 zu §626 BGB Krankheit.

③ BAG 16.8.1991，AP Nr. 27 zu §1 KSchG 1969 Verhaltensbedingte Kündigung.

④ ErfurterK/Oekter, 14. Aufl., §1 KSchG Rn. 191；KDZ/Däubler, 7. Aufl., §626BGB Rn. 32 und §1 KSchG Rn. 156；Löwisch/Spinner, 9. Aufl., §1 Rn. 96.

⑤ BAG 21.1.1999, AP Nr. 151 zu §626 BGB；APS/Dörner-Vossen, 4. Aufl., §1 KSchG Rn. 276；KR/Griebeling, 9. Aufl., §1 KSchG Rn. 407；v. Hoyningen-Huene/Linck, 14. Aufl., §1 Rn. 475.认为过错是必要前提的学者提出，联邦劳动法院的这个案例适用法律错误，既然雇员是因为心理疾病不能控制自己的言行，那么就应该基于雇员本身的原因解除，而不是基于雇员行为的原因解除。

得出以上结论后雇主也不能马上作出解雇决定,而应该尝试通过其他更为温和的手段避免雇员再犯错误或者消除不良影响。一般情况下雇主先得对雇员发出警告,让他意识到再不改正就会被辞退。雇主也可以考虑为雇员另行安排工作,比如雇员因为和本部的某个同事关系恶劣,难以继续合作,那么把他调到另一个部门去就能避免两者发生矛盾,但是如果雇员经常酗酒影响工作,调岗就不是合适的应对方法了。①

即使雇主已经穷尽了更为温和的手段,法官在最后判断解雇合法性的时候还需要根据个案情况进行利益衡量。究竟是应该支持雇主终止劳动关系的愿望,还是保住雇员的工作岗位更为重要?雇员之前已经有过多次违约行为,雇员认错态度不好、行为嚣张,或者雇员的行为扰乱了经营秩序或者造成了财产损失,这些情况可以使得天平向雇主一方倾斜。②如果解雇以前劳动合同双方合作愉快,雇员的岗位特殊,雇员过错程度轻微或者没有过错,又或者雇主对于违约责任的发生也有责任,那么法官可能会更加倾向于保护雇员一方。另外,基于"社会国家"的原则,法官还需要考虑雇员的年龄、抚养义务、家庭负担以及雇员在劳动力市场上的竞争力等因素。③

## 三、 解雇保护三原则

### (一) 概括条款的立法例

德国历史上《经营条例》第一百二十三条曾经对于雇主非常解雇产业工

---

① KR/Griebeling, 9. Aufl., §1 KSchG Rn. 407.

② BAG 17.1.1991, AP Nr. 25 zu §1 KSchG 1969 Verhaltensbedingte Kündigung; BAG 4.6.1997, AP Nr. 137 zu §626 BGB; v. Hoyningen-Huene/Linck, 14. Aufl., §1 Rn. 472.

③ BAG 18. 11. 1999, AP Nr. 32 zu §626 BGB Verdacht strafbarer Handlung; KR/Griebeling, 9. Aufl., §1 KSchG Rn. 411; v. Hoyningen-Huene/Linck, 14. Aufl., §1 KSchG Rn. 286. 就哪些情况可以纳入利益衡量,存在不同观点, Ascheid/Preis/Schmidt-Preis, 4. Aufl., Grundlagen H, Rn. 49 提出,法官进行利益衡量只应该考虑与合同履行相关的因素,比如该雇员违约之前的表现如何、违约行为是否扰乱了经营秩序,至于雇员是否有几个小孩需要抚养,不应该纳入考虑范畴。

人的事由进行了封闭式列举,比如"雇员偷窃、侵占、骗取雇主财产,或者雇员生活方式堕落、不检点"。列举的理由出现时雇主可以立即解除劳动关系,无需顾及个案的特殊情况。这种封闭列举"绝对的解除理由"的模式具有明显的缺陷,不仅很难和丰富多彩的现实生活一一对应,而且容易和时代脱节,比如类似"生活方式堕落"的解除理由不符合现代法律精神,因为基于对人格自由的尊重,工作和生活分得很清楚,雇员私生活只要不影响劳动关系的履行,雇主就没有指手画脚的余地。另外,绝对的解除理由留给法官的裁量空间很小,难以照顾到具体案件的特殊情况。为了克服不周延性和滞后性的局限,也为了更好地追求个案正义,立法者放弃了这种立法例。无论是《民法典》第六百二十六条,还是《解雇保护法》第一条,两者的表述都非常概括抽象,前者属于典型的概括条款,后者也只描述了解除理由来源的领域和方向。但是,不确定性和灵活性如影随形,不确定的规范性概念内涵和外延均不确定,而法律是以安全、正义价值为自身价值内核的规则,法律的确定性也需要得到保障。①为了实现个案正义和法律确定性的平衡,学界和司法界通过多年努力,树立了"预测原则""比例原则"和"利益衡量原则"三大原则,对于德国解雇保护制度的理解和适用意义重大。

## (二) 预测原则

根据预测原则,"负面预测"是合法解除的前提条件,即雇主基于某些事由预测到将来劳动关系的履行会受到严重干扰。之所以着眼于将来,本质上是因为劳动合同属于典型的继续性合同,劳动合同的解除没有溯及力,只向将来发生消灭合同关系之法律效力。②不同于一时性合同中履行障碍的

---

① 由于缺乏具体标准,解除究竟需要满足哪些条件,满足了这些条件以后是否一定有效,都无法给出确定的答案,劳资双方都很难对解除的合法性以及相应后果作出预计,而且以司法系统的独立性和法官专业素养的水平为前提,所以笔者认为这种立法例现阶段还不适合我国。

② v. Hoyningen-Huene/Linck, 14. Aufl., §1 KSchG Rn. 190.德国《民法典》第六百二十六条"无法期待继续履行"的表述也已经体现了这种思想。

救济手段,解除继续性合同目的不是为了"治愈"已经产生的障碍,而是为了"防止"继续出现障碍:①由于经营原因解雇的合法性归根于用工需求在质或者量方面的变化;之所以允许雇员本身原因导致的解雇,是因为雇员本身的"缺陷"将继续存在并阻碍劳动合同的履行;即使解雇是基于雇员的行为,解雇的目的也不是对其进行惩罚,而是因为雇员将来再犯错误的可能性很大或者该行为动摇了劳动关系赖以维系的信任基础。②

是否能够得出负面预测的结论,不能依靠雇主"未卜先知"的能力,而是需要客观的依据,这种依据往往是过去已经发生的事实。③如果解雇是基于雇员本身的原因,比如因病解雇,那么过去的一段时间里雇员生病的频率,每次生病的时间长短,以及是否存在因病缺勤率上升的趋势,都属于可以用来证明雇员将来会因为长时间或者经常性患病不能履行劳动合同的客观事实。由于雇员可以控制自己的行为,雇主基于雇员行为解雇之前往往都需要对雇员发出"警告",如果雇员屡教不改,那么可以预见他将来还会再犯同样的错误。在雇员违约行为特别严重的情况下,比如性骚扰同事或者收受商业贿赂,雇主可以直接解雇,无需事先警告,因为双方将来继续履行劳动合同的信任基础已经被摧毁了。因为企业经营原因解雇时,雇主可以援引过去的销售业绩、盈利水平等客观数据来说明为什么将来会出现人员富余,也可以通过展示自己技术升级或者经营组织的改革计划来解释裁员的必要性。④

然而,解雇之时的预测毕竟只是对将来情况的估计。由于解雇属于形成权的行使,雇主作出解雇决定后,解除通知一经到达雇员处就发生法律效力,所以判断解雇的合法性应该以解除通知到达之时的情况为准。如果在

---

① APS/Dörner-Vossen, 4. Aufl., Grundlagen H, Rn. 75.

② BAG 10.11.1988, AP Nr. 3 zu § 1 KSchG 1969 Abmahnung.

③ ErfurterK/Oekter, 14.Aufl., § 1 KSchG Rn. 78.

④ BAG 19.6.1991, AP § 1 KSchG 1969 Betriebsbedingte Kündigung Nr. 53. 但是这种计划不能是纸上谈兵,雇主在宣告解雇时应该已经开始执行该计划并且最晚在解除通知期届满时落到实处。比如雇主计划将一些非核心业务外包,在宣告解雇相应员工的时候不一定要求外包协议已经签订,但是雇主至少应该开始和服务提供商进行谈判了。

宣告解除之后、解除通知期届满之前发生的事情推翻了解雇之时的预测,比如雇员出人意料地痊愈了或者企业组织结构改革之后仍然保留了某个岗位,那么雇员有权要求雇主继续履行劳动合同。[1]

### (三) 比例原则

比例原则,也叫"最后手段原则"。按照比例原则的要求,雇主应该考虑哪些措施有助于达成排除合同履行的障碍的目的,并且在可以达成这一目的的几种措施中选择对雇员权利侵害最小的措施,该措施对所造成的对雇员权利的侵害和所欲达成之目的间应该有相当的平衡。所以,解雇应该是用于排除劳动合同履行所面临的障碍的适当的、必要的,也是符合比例的手段。[2]在具体个案中,只有穷尽了其他可能的、更为温和的手段之后才能解雇,比如警告、调岗、变更解除等。[3]根据《解雇保护法》第一条第二款第二句和第三句,如果雇主可以通过调换工作岗位、培训或者和雇员协商一致变更其他的劳动条件来继续履行劳动合同,并且企业工人委员会因此提出异议的,解雇不符合社会正当性。联邦劳动法院在1973年的判决中明确提出,这种情形下解雇肯定不符合社会正当性,无需再进行利益衡量等步骤,可以直接判定解雇违法,但是个案中雇主有义务事先采用的更为温和的手段却不限于此,比例原则的适用也不以企业工人委员会的异议为前提。[4]当然,

---

① APS/Preis,4. Aufl.,Grundlagen H,Rn. 80.

② v. Hoyningen-Huene/Linck,14. Aufl.,§ 1 KSchG Rn. 206.

③ BAG 30.5.1978,AP Nr. 70 zu § 626 BGB. 由于正常解雇需要遵守解除通知期,所以相对于非常解雇而言也是一种更为温和的手段。

④ 联邦劳动法院在判决中指出,这一新规定源于 1972 年《企业组织法》第一百零二条第三款,立法者赋予企业工人委员会异议权的目的在于通过雇员集体利益代表的介入增强对雇员个体的解雇保护(因为企业工人委员会比雇员拥有更多信息、更加了解企业的情况,比如是否存在空缺岗位)。而在这项立法之前学界和司法界就已经普遍要求解雇之前穷尽可能的、更为温和的手段,如果立法之后将解雇前有义务采取的手段限定于法律明确列举的这几种并且以企业工人委员会提出异议作为适用前提,那么起到的效果是削弱了解雇保护,将和立法目的相矛盾。详见 BAG 13.9.1973,AP Nr. 2 zu § 1 KSchG 1969;ErfurterK/Oekter,14.Aufl.,§ 1 KSchG Rn. 61。

雇主只需要在力所能及的范围内尝试其他手段,比如雇员因病不能从事原岗位工作的,雇主解雇前应该先考察是否可以另行安排岗位,但这样做的前提是存在岗位空缺,因为即使生病的雇员更加需要保护,雇主也没有义务辞退另一名雇员来给他腾出位置。

　　究竟什么手段是适当的、必要的、符合比例的,需要根据具体的个案情况了判断。但是学界和司法界通过多年讨论已经对不同的解雇原因进行了总结。以雇员行为原因导致的解雇为例,一般都要求事先给予雇员警告,避免他出现"雇主不计较说明这个问题无关紧要"的错觉,让他有机会改正自己的错误。①但是,客观情况表明不能指望雇员纠正其行为的,比如雇员已经明确拒绝改正或者通过他的行为毫无疑义地表现出不合作的态度,就没有事先警告的必要了。同样,如果雇员的违约行为性质恶劣、后果严重,雇员自己应该意识到雇主不可能容忍他的违约行为,那么雇主也可以直接解雇,所以雇主基于重大事由宣告非常解雇的情况下往往都不需要事先警告。②警告负有多重功能,雇主提醒雇员他违反了什么合同义务,并且告诫他如果不予改正,那么再犯的时候就会面临被辞退的后果,同时又记录了"前科",可以为之后作出负面预测提供客观证据。③虽然界定起来可能有困难,但是雇员之前受到警告的违约行为和导致最后解雇的违约行为得基本上相同或者相似,否则提醒、告诫和预测的作用就无从谈起。判断违约行为是否相同或者相似时不能过于严格,只要违约行为属于同一类型、可以用同一个标准进行归纳即可,比如雇员生病了不来上班,也不按照规定请病假或者经常迟到早退,都属于无故缺勤,都说明了雇员没有把雇主规定的上下班

---

　　①　这和德国《民法典》第三百二十三条体现出来的精神一样,在双务合同中债务人不提供已到期给付或者给付与合同约定不符的,原则上债权人在指定期限让债务人给付或者补充履行无果以后才能解除合同。v. Hoyningen-Huene/Linck, 14. Aufl., §1 KSchG Rn. 479.

　　②　BAG 21.5.1992, AP Nr. 28 zu §1 KSchG 1969 Verhaltensbedingte Kündigung; BAG 10.2.1999, DB 1999,1121.

　　③　BAG 18.1.1980, AP Nr. 3 zu §1 KSchG 1969 Verhaltensbedingte Kündigung. 所以,警告无需采取特定的形式,但是内容上必须要满足一定的要求:雇主必须指出雇员有什么违约行为,明确要求他改正,并且说明再次违反会导致什么后果。

时间当回事。①当然,假设雇员状况百出,今天浪费生产材料、明天和同事吵架、后天不按照安全生产的规定穿职业防护服,多次因为不同类型的违约行为受到警告,那么也可以得出这个雇员"不靠谱"的结论,雇主不用等到他再犯同样的错误时才解雇。②解雇之前雇主发出几次警告需要根据个案的具体情况判断,并无定数。一方面,违约行为较为轻微或者雇员的企业工龄比较长的,雇主发出一次警告就很可能不够,另一方面,如果雇主几次发出警告威胁说要解雇但又总是不实行,就会让人感觉"光打雷不下雨",此时雇主有必要在解雇之前的最后一个警告中特别强调解雇威胁的严肃性。③雇主基于雇员的某一违约行为发出警告,意味着雇主放弃了以此为由直接解雇的打算,即使雇主之后改变了想法,也不能够撤销警告、改为解雇,之前引起警告的事由只能在以后雇员再犯时起到支撑解雇的作用。④

### (四) 利益衡量原则

德国《民法典》第六百二十六条第一款明文规定了判断非常解雇的合法性时需要"考虑到个案的全部情况、衡量合同当事人双方利益"。《解雇保护法》第一条第二款虽然没有类似的表述,但是学界和司法界认为进行利益衡量属于评价解雇是否具备社会正当性的内在要求。⑤德国现行法不承认绝对的解除理由,⑥即使可以预测将来劳动关系的履行会受到严重干扰,已经

---

① BAG 16.9.2004, AP Nr. 50 zu § 1 KSchG 1969 Verhaltensbedingte Kündigung.

② APS/Dörner-Vossen, 4. Aufl., § 1 KSchG Rn. 428.

③ BAG 15.11.2001, AP Nr. 4 zu § 1 KSchG 1969 Abmahnung. 另外,如果雇员受到警告以后长时间表现良好,那么该警告的作用就失效了,雇主不能"旧事重提"。往往企业协议里面会规定警告的"有效期",到期删除相关记录。

④ ErfurterK/Müller-Glöge, 14.Aufl., § 626 BGB Rn. 33.

⑤ Münchener Kommentar zum BGB/Hergenröder, 6.Aufl., § 1 KSchG Rn.119.

⑥ 历史上曾经《经营条例》第一百二十三条对于雇主可以立即解雇产业工人的情形进行了封闭式列举,这种立法例下只要法律列举的情形存在即可判定解雇的合法性,无需进行个案的利益衡量,但是 1969 年该规定已经被废止了。现行德国法中仅剩下《海员法》第六十四条规定了"绝对"的解除理由。

穷尽了更为温和的手段也难以避免,法官仍然要考虑具体案件的特殊情况,思考是允许解雇防止雇主的利益继续受到损害更重要,还是应该禁止解雇避免雇员失业陷入困境,从而判断是否应该维持双方的劳动关系。

德国联邦劳动法院在1987年4月30日的判决中提出,基于经营原因的解雇中,如果确实存在紧迫的经营需要,也没有其他的继续雇用的可能,那么解雇基本上是合法的,只有在极少数的例外情况中利益衡量可以得出对雇员有利的结果。①自此之后,司法界在基于经营原因的解雇领域基本上不再进行利益衡量。究其原因,是因为联邦劳动法院信奉"经营决策自由",认为法院不能对企业家的决定是否正确、是否合理作出评判,只能在该经营决策明显不切实际、不理智、太随意的时候才能介入,如果进行利益衡量,天平两端一端是雇主解雇的利益(劳动合同继续履行会损害雇主的利益),另一端是雇员的利益(雇员失去工作岗位所遭受的各种损失),那么法院无法避免对经营决策的合理性进行评判,所以,联邦劳动法院对于企业经营决策有限的"滥用管制"排除了利益衡量的空间。也有观点认为,联邦劳动法院之所以不要求在经营原因导致的解雇中进行利益衡量,应该归结于法律规定本身:法律对解雇前提表述得越抽象,越需要法官适用时通过具体案件的利益衡量来判断解雇是否符合社会正当性;相反,法律表述得越具体,法官进行利益衡量的空间越小;不同于基于雇员自身原因或者行为原因的解雇,《解雇保护法》第一条第三款已经明确要求,在紧迫的经营需求导致无法继续雇用的情况下,雇主必须按照年龄、企业工龄、残疾程度、抚养义务者四个法定标准进行"社会性挑选",从而最终确定解雇人选;这样规定是立法者根

---

① BAG 30.4.987, AP Nr. 42 zu § 1 KSchG 1969 Verhaltensbedingte Kündigung.该案中,雇主经过成本核算决定将清洁工作外包给专业的清洁公司,又没有办法给原来的清洁工另行安排工作,因此辞退雇员。由于外包每个月只需要支付2 521马克,自行雇用清洁工每个月的工资成本高达13 000马克,所以法院认为雇主基于节约成本的考虑选择外包的做法是合理的。法院认为,即使进行利益衡量时考虑到雇员有残疾、有一个小孩要抚养、丈夫已经丧失了劳动能力这些情况,但是由于她的丈夫可以领取病休的退休金,她年纪还不大,还有再就业的机会,所以她并不是特殊困难、特别需要保护,没有到达为此否定解雇的社会正当性的地步。

据典型情况进行利益衡量之后作出的价值判断的结果,没有留给法官多少自由裁量的空间,所以,经营原因解雇中一般不进行利益衡量。有学者准确地指出了上述观点的问题所在:利益衡量考虑的是更应该保护劳动者的工作岗位呢,还是支持企业决策允许解雇更重要,解决的是"解雇与否"的问题;社会性挑选则在承认裁减人员的必要性的前提下,挑选年龄最小、企业工龄最短、残疾程度和家庭负担最轻的那个雇员作为具体的解雇对象,解决的是"解雇谁"的问题;所以后者不能取代前者。①

## 四、 解雇保护之诉

雇员认为解雇因为缺乏社会正当性或其他理由而无效的,可在解除通知到达之后三周内向劳动法院提起确认之诉,要求法院确认劳动关系没有因为解雇而终止。《解雇保护法》第四条第一句规定的这一"解雇保护之诉"原本只适用于正常解雇,但是 2003 年 12 月 24 日颁布的《劳动力市场现代化法》将其适用范围扩展到了非常解雇、变更解雇等所有种类的解雇。即使是解雇发生在《解雇保护法》不适用的情况下,比如微小企业中,确认解雇无效都必须通过三周内提起解雇保护之诉这一途径进行。②

### (一) 三周的起诉期限

设置三周的起诉期限目的在于尽快让形势明朗起来,根据《解雇保护

---

① 上述观点总结详见 APS/Dörner-Vossen,4. Aufl.,Grundlagen H,Rn. 46ff;DHSW/Markowski-Schubert,3. Aufl.,§1 KSchG Rn. 410f;Münchener Kommentar zum BGB/Hergenröder,6. Aufl.,§1 KSchG Rn. 122。

② 除了主张解雇不符合社会正当性以外,主张解雇因为其他理由无效的基本上也需要遵守三周的起诉期限,比如解雇违反法律禁止性规定、违反公序良俗或诚实信用原则,详见黄卉:《德国劳动法中的解雇保护制度》,《中外法学》2007 年第 1 期。只有少数情况下,比如解除通知没有遵守书面形式,雇员因此主张解雇无效的,无需遵守三周的起诉期限。详见 Däubler,Das Arbeitsrecht 2,12. Aufl.,Rn. 1162。

法》第七条，雇员没有及时提起解雇保护之诉的情况下，将视为解雇有效。此期限并非诉讼时效，而是除斥期间，不适用于中止或者中断的规定。除非有法定的允许逾期起诉的情形，雇员在解除通知送达三周以后提起诉讼的，法院将依职权指出这一缺陷、驳回起诉。①这种安排对雇主更为有利，他可以很快知道雇员是会接受解雇还是提起诉讼，从而作出相应的安排，比如招录新人填补空缺。②雇员对于时机延误并无过错的情况的，要他承担这样的后果显然不公。所以《解雇保护法》第五条第一款第一句规定，如果存在某种事由阻碍雇员在三周内提起诉讼，雇员也已经尽到当时情景下所有可期待的注意义务，那么雇员可在阻碍事由消除后两周内向法院提出申请，要求法院允许逾期起诉。③比如在雇员外出度假期间，解除通知送到他的家庭住址的邮箱里就算送达了，此时应该允许他度假回来以后再起诉，但是假设在他度假之前人事主管已经在和他的谈话中透露出解雇的打算，他却没有安排亲戚朋友代为查收信件，那么错过起诉期限就只能怪自己了。④由于期限较短，而且雇员未必拥有相关的法律知识，所以实践中法院对于起诉的形式要求不高。雇员应该向有管辖权的劳动法院递交诉状，如果在三周内递交给了没有管辖权的劳动法院或者其他法院而由后者移送，也算遵守了起诉期限。诉状中应该说明被告是谁，针对哪个解雇以及确认解雇无效的要求，如果诉状中雇员只主张解雇不符合社会正当性，没有提到其他导致解雇无效的理由比如违反了《母亲保护法》，又或者雇员没有直接要求确认解雇无效，但是其要求比如继续支付解雇之后的工资以解雇无效为前提，那么根据

---

① BAG 26.6.1986，AP Nr. 14 zu §4 KSchG 1969；v. Hoyningen-Huene/Linck，14. Aufl.，§4 KSchG Rn. 92.

② Schaub/Linck，Arbeitsrechtshandbuch，15. Aufl.，§138 Rn. 1.

③ 按照《母亲保护法》第九条规定，雇主只有在极少数的例外情况下可以解雇孕期以及产后四个月内的女性雇员，所以，根据《解雇保护法》第五条第一款第二句，怀孕妇女在三周的起诉期限届满后才知道自己怀孕的事实且此延迟知情不可归责于她的，适用上述逾期起诉的规定。另外，《解雇保护法》第五条第三款规定了，逾期起诉的申请最迟不得晚于三周的起诉期限届满后六个月。

④ LAG Köln 4.3.1996，LAGE AP Nr. 75 zu §5 KSchG；v. Hoyningen-Huene/Linck，14. Aufl.，§5 KSchG Rn. 37.

《解雇保护法》第六条雇员只要在一审辩论阶段结束之前补充相关信息即可,法院有义务就此提醒雇员。①

## (二) 举证责任

举证责任方面,《解雇保护法》第一条第二款第四句首先确定了一个原则,即雇主就导致解雇的事由具有举证责任。②雇主基于雇员本身的原因解雇的,应该证明雇员由于本身的某种"缺陷"将来不能正常履行劳动合同、没有其他手段来消除企业经营受到的影响。比如因病解除中,雇主不了解雇员病因的,至少应该说明雇员在过去一段时间因病缺勤的天数以及频率。在基于雇员行为原因的解雇中,雇主应该就雇员的违约行为、该违约行为对劳动关系的履行产生的不良影响、警告无效或者没有其他更为温和的措施可以消除影响等因素举证。面对这两种类型的解雇,雇员几乎不承担什么举证责任,当然他可以提出反证,比如雇员可以请同事证明自己休假已经获得上级同意,并非无故缺勤,又或者让主治医生出具意见,说明自己很快将会康复而且没有复发的风险。③

相比之下,举证责任的分配在基于经营原因的解雇中明显对雇员不利。虽然雇主有义务详细说明他基于什么外部或者内部的原因作出了怎样的经营决策、该决策对劳动关系的存续产生了何种影响、他又采取了其他更为温和的手段来避免解雇,但是德国联邦劳动法院认为,因为雇主承担着经营风险,一般都希望发展壮大自己的企业,只有很少的例外情况下才会做出明显不切实际、不理智、过于随意的经营决策,所以,雇员认为存在这种例外情况并且至少举出初步证据的,法院才会启动对企业的经营

---

① v. Hoyningen-Huene/Linck, 14. Aufl., §6 KSchG Rn. 5.

② 雇员主张解雇不符合社会正当性的,首先应该就《解雇保护法》的适用前提举证,即劳动关系存续六个月以上,而且用工人数已经达到五人或十人的门槛。

③ v. Hoyningen-Huene/Linck, 14. Aufl., §1 KSchG Rn. 1075ff.

决策的滥用审查。①德国《解雇保护法》第一条第三款第三句还规定，雇员认为雇主在基于经营原因的解雇中违反了社会性挑选的基本原则的，就此负有举证责任，也就是说雇员为了保住自己的饭碗往往要把同事"拖下水"，比如被解雇的销售员提出，自己与同一个部门的另外一个销售员相比更值得保护，因为后者企业工龄更短、需要抚养的小孩也更少。由于雇员往往缺乏相关信息，所以该条同时规定了雇主的告知义务。②另外，不管基于什么原因导致难以在原来的工作岗位上继续履行劳动合同，雇员都得先说明自己可以接受其他什么岗位，此时雇主才有义务证明为什么没有在其他岗位上继续履行劳动合同的可能性。③

## (三) 法院依申请判决终止劳动关系

法院判决驳回解雇保护之诉的，解雇有效，也就是说解雇导致劳动关系在解除通知到达之时或者解除通知期届满之时终止，判决生效以后雇员不能再基于其他的"缺陷"主张该解雇无效。④法院作出解雇无效的判决后雇主基于同一事由再次解雇的，法院应该直接判决新的解雇无效、无需对其进行实质审查，但是如果解雇所依据的事实在判决生效之后有明显的变化发展的，不属于"重复解雇"，法院在审理中应该综合考虑事情的前因后果。⑤

---

① BAG 9.5.1996 AP Nr. 59 zu §1 KSchG 1969 Betriebsbedingte Kündigung；BAG 21.9.2006，AP Nr. 130 zu §2 KSchG. 即使有企业工人委员会等雇员的集体利益代表的支持，雇员也未必能够获取相关的信息。Däubler, Das Arbeitsrecht 2, 12. Aufl., Rn. 1166d；DHSW/Markowski-Schubert, 3.Aufl., §1 KSchG Rn. 418ff,对此持批评意见。

② 雇主应雇员的要求应该说明：社会性挑选在哪些雇员中进行；企业工龄、年龄、抚养义务和残疾程度这四个标准各占多少权重；是否考虑到某些雇员特殊的知识才能或者员工队伍的年龄结构而将某些雇员排除在社会性挑选外。雇主拒绝告知的，法院会免除雇员相应的举证义务，认定该解雇违反社会性挑选的原则。详见 ErfurterK/Oekter, 14. Aufl.，§1 KSchG Rn. 369ff。

③ BAG 29.3.1990, AP Nr. 50 zu §1 KSchG 1969 Betriebsbedingte Kündigung.

④ BAG 12.6.1986, AP Nr. 17 zu §4 KSchG 1969.

⑤ BAG 26.8.1993, AP Nr. 113 zu §626 BGB；BAG 12.2.2004, AP Nr. 75 zu §1 KSchG 1969.

虽然德国《解雇保护法》以促进职业安定为目的、以向雇员提供劳动关系的"存续保护"为原则,但是立法者也承认,例外情况下即使解雇无效也没有必要恢复劳动关系,所以,根据《解雇保护法》第九条规定,如果无法期待雇员继续履行劳动合同,或者不能指望双方将来能够(为了经营目的)进行有益合作,①那么雇员或者雇主可以最晚在二审辩论阶段结束以前向法院提出申请,要求法院判决劳动关系终止。②提出申请的一方有义务论证自己为什么要求终止,类似于"双方的信任基础已经被摧毁"的套话是不够的,申请者往往需要援引与解雇或者与解雇保护之诉有关的事实。对于雇员而言,可以用来支撑自己申请的典型情况如下:雇主为了解雇编造事实"抹黑"他;雇主在解除通知期届满之前无故拒绝他来上班;有迹象表明他回到工作岗位后很可能遭到雇主报复;因为雇员主张社会性挑选错误把别人"拖下水"、导致同事之间关系紧张。考虑到存续保护的原则,所以法院对雇主提出申请的理由要求更高。雇员对外国同事有仇恨言论、向检察机关检举诬告自己的上司、在开庭时破口大骂雇主又或者在媒体上歪曲雇主的形象的,法院往往都会批准雇主的申请。③如果雇员属于《解雇保护法》第十四条第二款意义上的高管,那么雇主申请法院判决终止劳动关系时无需说明理由,因为高管身份特殊,他和雇主之间合作以相互信赖为必要基础。雇员、雇主双方都向法院提出申请的情况下,说明双方已经没有继续合作的意向了,此时法院应该批准申请。④另外,法院还必须在判决中确认劳动关系终止的时

---

① 此处的表述和德国《民法典》第六百二十六条类似,但是要注意两者对相应事由的严重程度要求不同,作出判断的时间点也不一样,比如法院判决终止的往往要考虑诉讼过程中出现的状况。

② 立法者认为,非常解雇这种手段对于雇员的伤害很大,如果法院认定非常解雇违法的,雇主的行为堪比严重的违约行为,所以《解雇保护法》第十三条明确规定了非常解雇被判定违法的情况下,只有雇员可以申请法院判决劳动关系终止,雇主没有被赋予这种"出路"。详见 v. Hoyningen-Huene/Linck, 14. Aufl., § 13 KSchG Rn. 16。

③ 法院批准雇员或者雇主申请的典型情况详见 APS/Schmidt-Biebl, 4. Aufl., § 9 KSchG, Rn. 39ff, 62ff。

④ v. Hoyningen-Huene/Linck, 14. Aufl., § 9 KSchG Rn. 74.《解雇保护法》第九条第十条规定的补偿金以解雇违法且法院依申请判决终止劳动关系为前提,不同于《解雇保护法》第一(a)条规定的补偿金。后者只适用于基于经营原因的解雇,以雇主做出承诺且雇员因此放弃起诉为前提,补偿金的额度也是法定的,劳动关系存续每满一年支付半个月工资。

间,此时应注意相应的法定或者约定的解除通知期,也就是说假设解雇合法的情况下劳动关系应该在某天终止,那么法院就应该确认劳动关系在那天终止。

### (四) 补偿金

解雇无效但法院依申请判决劳动关系终止的,由于劳动关系的终止根本上还是归结于雇主的违法解雇行为,所以雇主应该向雇员支付一定的补偿金。《解雇保护法》第十条规定的补偿金从性质上讲不是违约或者侵权的损害赔偿,而是对雇员由于丧失工作岗位所遭受的损失的弥补,同时也起到对做出违法解雇决定的雇主进行惩罚的作用。[1]根据该条第一款,补偿金一般情况下以十二个月的工资为上限。但是考虑到雇员年龄越大在劳动力市场上越没有竞争力,而且他所损失的工资以外的福利待遇也往往和企业工龄挂钩,所以该条第二款规定:雇员年满 50 岁且劳动关系存续十五年以上的,补偿金上限为十五个月的工资;雇员年满 55 岁且劳动关系存续二十年以上的,补偿金上限为十八个月的工资。具体个案中补偿金应该是多少没有定数,由法院综合考虑雇员的企业工龄、年龄、家庭负担以及雇主的规模、经营状况、解雇违法的严重程度等各种因素进行自由裁量。例如,相对于雇主无缘无故解除劳动合同的情况,雇员确有违约行为但还不够支撑解雇的,前者需要支付的补偿金肯定比后者多。[2]

### (五) 受领迟延与工资

解雇无效而且劳动关系也没有因为法院判决而终止的,从解除通知期

---

[1] BAG 22.4.1971, AP Nr. 2 zu § 9 KSchG 1969; BAG 6.12.1984, AP Nr. 12 zu § 9 KSchG 1969.

[2] BAG 25.11.1982, AP Nr. 10 zu § 9 KSchG 1969.

届满后(即时解雇的情况下从解除通知送达后起算)到判决生效之间这段时间内劳动关系一直存续,但是雇主没有按照劳动合同的约定提供工作岗位,所以雇主陷入了"受领迟延",根据德国《民法典》第六百一十五条应该向雇员支付这段时间内的工资。由于雇员提供劳动给付以雇主提供工作岗位为前提,所以雇员不用继续在工作时间出现在工作场所,也无需特别声明自己要继续工作。[1]计算具体支付的数额时,先算出雇员在正常工作的情况下应该获得的报酬,然后再按照《解雇保护法》第十一条的规定扣除以下项目:雇员由于无需从事原来的工作而空闲下来的时间里获得的报酬[2];雇员原本可以获得合理的工作却故意放弃机会,从而损失的报酬;雇员由于失业获得的失业金、救助金等待遇。[3]可见,立法者不希望诉讼期间雇员懒惰地待在家里。

特别需要注意的是,如果雇员在解雇保护诉讼期间重新找到了一份工作,法院却又判定原来的劳动关系没有因为解雇而终止的,那么雇员将"身陷"两份劳动关系中。针对这种情况《解雇保护法》第十二条赋予了雇员选择权,他可以在法院作出生效判决后一周内向原来的雇主作出拒绝维持劳动关系意思表示,原来的劳动关系在意思表示到达之时终止,此时雇主只需要支付从解除通知期届满后(即时解雇的情况下从解除通知送达后起算)到雇员建立新的劳动关系之间这段时间的工资,而不是按照第十一条的规定计算到判决生效之前再和新工作的报酬进行抵扣。[4]如果雇员选择回到原

---

① 详见 BAG 19.4.1990, AP Nr. 45 zu §615 BG; BAG 19.1.1999, AP Nr. 79 zu §615 BGB; Löwisch Anmerkung zu BAG EzA Nr. 66 zu §615 BGB; v. Hoyningen-Huene/Linck, 14. Aufl., §11 KSchG Rn. 9f.

② BAG 6.9.1990, AP Nr. 47 zu §615 BGB.

③ APS/Schmidt-Biebl, 4. Aufl. §11 KSchG, Rn.1.虽然雇主向雇员支付的工资要扣除失业金等社会保险和社会救助的待遇,但是雇主有义务把这部分金额还给相应的机构。另外要注意,按照德国《民法典》第六百一十五条第二句,劳务给付权利人所需支付的报酬不但要扣除劳务给付义务人恶意怠于取得的金额,还要扣除劳务给付义务人因为不提供劳务而节省的开支。但是,由于《解雇保护法》第十一条的特殊规定,雇主应当支付的工资无需扣除雇员因为不用工作所节省的开支,比如上下班的车费。

④ 笔者认为此规定很不合理,如果新的工作比旧的工作工资低,那么实际上雇员承受了经济损失,而雇主既不用支付补偿金,拖欠的工资数额也没有多少,雇主的违法成本很低。

来的工作岗位上,那么他及时向新的雇主辞职就可以了,即使他要等到解除通知期届满才能离开,旧的雇主也得等待。①

## (六) 调解结案

从上述规定就可以看出立法者的设计理念:法院认定解雇无效的,原则上双方应该继续履行劳动合同,雇主有义务支付期间拖欠的工资;如果例外情况下不适宜再把雇员雇主"绑在一起",法院可以依申请判决终止劳动关系,此时雇主应当支付一定的补偿金。然而,实践中解雇保护之诉以判决结案的比例很低,数据显示撤诉的比例有 19%,调解结案的比例甚至高达六成,在这些调解协议中,双方约定补偿金的超过半数,剩下的大多也通过约定把劳动合同解除的时间点往后延了,因为雇员在解除生效以前不用回去上班,所以相当于约定了补偿金。②那么,导致这一现象的原因何在? 对于雇员而言,如果起诉以后他已经找到新的工作或者快退休了,那么他往往倾向于接受补偿金、开始"新生活";如果他找到的新工作比以前差很多或者再就业比较困难,那么他会更愿意回到原来的工作岗位上,但是整个诉讼程序走下来可能要一两年,离开工作岗位这么久,技术生疏,同事也不熟悉,而且回去以后可能面临雇主新的"刁难",再加上也不能保证肯定胜诉,所以很多人也会考虑到这些问题不能坚持到最后;雇主一般也愿意调解,因为他也难以预测诉讼的结果,最后败诉的情况下他或者得支付补偿金、或者要让雇员

---

① APS/Schmidt-Biebl, 4. Aufl. § 12 KSchG, Rn.9.
② 这是德国马克思普朗克外国私法与国际私法研究所在 1981 年对解雇保护进行实证研究的结论,虽然后来还有其他的调查结果,但是以马普所的研究结论最为权威,详见 Falke u. a., Kündigungspraxis und Kündigungsschutz in der Bundesrepublik Deutschland, Forschungsbericht, hrsg. vom Bundesminister für Arbeit und Sozialordnung, Band 2, Bonn 1981。从所有劳动争议的统计数据来看也可以印证这一点,2012 年德国劳动法院系统审理的总共 400 998 起案件中有 234 920 起案件是通过调解结案的,高达 58.6% 的比例,判决结案的只有 64 527 起(其中还包括缺席审判等判决),不到 16%。载联邦劳动与社会保障部官网 http://www.bmas.de/DE/Themen/Arbeitsrecht/Statistik-zur-Arbeitsgerichtsbarkeit/inhalt.html。

回归并且支付期间拖欠的工资,还不如早点让雇员"拿钱走人";另外,根据《劳动法院法》第五十四条和五十七条,法官在正式审理之前应该安排双方见面尝试调解,即使此次尝试不成功,之后的程序中法官仍然应该致力于"纠纷的友好解决",法官们往往乐于采取这种减轻工作量的方法。[1]

## 五、 解雇保护制度的批评和改善意见

### (一) 具体环节:以"继续劳动权"为例

对解雇保护制度具体环节的批评和改善意见数不胜数,由于德国立法者、学者、法官、律师之间有着良好的互动关系,这些建议也带来了实质的变化,此处仅以继续劳动权为例稍加介绍,不再一一赘述。

前面已经提到,解雇保护之诉旷日持久,雇员在解除通知期届满或者甚至是解除通知送达之日起就离开了工作岗位,等到最后法院判定解雇违法、要求双方继续履行劳动合同,可能已经过去了一两年,雇员往往已经找到了别的工作懒得再行变动,又或者他发现自己脱离原来的岗位太久已经生疏了本职工作。为了避免雇员即使胜诉也难以回归的尴尬局面,1972 年《企业组织法》修改时在第一百零二条赋予了雇员"继续劳动权"。[2]根据该条第五款,雇主作出对雇员正常解雇的决定后,如果企业职工委员会表示反对,那么之后雇员提起解雇保护之诉时,可以要求雇主在解除通知期届满之后以原来的合同条件继续雇用他,直至法院就劳动关系是否解除作出最终生效的判决。[3]根据该条第三款,企业职工委员会对解雇表示反对得在雇主告知解雇意图及其理由之后一个星期之内以书面形式提出,而且必须具备以

---

① Däubler, Das Arbeitsrecht 2, 12. Aufl., Rn. 1190ff.

② 详见 KDZ/Kittner,7.Aufl.,§ 102 BetrVG Rn. 241ff。

③ 只有在雇员明显没有胜诉希望、继续雇用会导致雇主严重的经济负担或者企业职工委员会的理由明显站不住脚的时候,法院才会依雇主申请免除其在诉讼期间继续雇用该雇员的义务。

下原因之一：雇主基于经营原因解雇时没有进行"社会性挑选"或者挑选有瑕疵；解雇违反了《企业组织法》第九十五条意义上的关于解除人选的挑选方针；可以在其他工作岗位上继续雇用该雇员；在采取培训、进修措施以后可以继续雇用该雇员；或者改变其他的劳动条件可以继续雇用该雇员，雇员对此改变也表示同意。

然而，实践中雇员往往难以主张《企业组织法》第一百零二条所规定的继续劳动权，因为并不是所有企业都设立了企业职工委员会，而且企业职工委员会未必能够提出反对理由，比如主张社会性挑选有错误就得牺牲另外一个企业工龄更短或者抚养义务更轻的雇员，又或者找不到其他空缺的、合适的工作岗位。所以，联邦劳动法院通过一系列的司法判决确认在另外两种情况下雇员也有继续劳动权：其一，解雇明显违法时，比如没有经过企业职工委员会的听证程序或者违反了禁止解雇孕妇的规定，雇员可以主张诉讼期间继续工作；其二，解雇保护之诉中，如果雇员在一审中获胜，那么从雇主上诉到有效判决作出之前他可以要求回到原来的岗位上班，如果雇员在一审失利而二审获胜，那么在联邦劳动法院的第三审期间他可以回去上班。①这种继续劳动权并不以企业职工委员会的存在及其提出反对意见为前提，是法定继续劳动权的有益补充。

### （二）整体评价：以"经济补偿"替代"存续保护"

就整体制度设计而言，解雇保护制度被"吐槽"得最多的有两点。

司法实践证明，提起解雇保护之诉以后，雇员最终选择拿了补偿金另寻生路的属于普遍情况，回到原工作岗位继续履行劳动合同的则是例外。在20世纪末21世纪初放松劳动法管制观点盛行的时候，不少人主张，既然立法者追求的存续保护的目的没有实现，就应该回归现实，用"经济补偿"替代

---

① BAG 27.2.1985，EzA Nr.9 zu § 611 BGB Beschäftigungspflicht.

"存续保护"。那么,法院判定解雇违法以后,在支付经济补偿终止劳动关系以外是否还应该保留继续履行劳动合同的出路? 如果允许在这两者之间选择,那么选择的权利应该赋予雇员、雇主还是双方? 补偿金的额度如何计算,是否根据解雇的合法性、类型、事由的不同而有所差别? 是否应该设置补偿金的上限、引入等待期和小企业豁免条款,从而减轻雇主的负担? 就这些问题,学者们设计了各种不同的模式,其中威廉森(Willemsen)的方案比较典型:首先,无论解雇是否符合"社会正当性",都承认解雇有效,不支持恢复劳动关系;除了基于重大事由和雇员过错行为的解雇以外,只要劳动关系已经存续两年以上,雇员就可以获得基础补偿金,基础补偿金应该按照雇员的企业工龄计发,企业工龄每满一年发放解雇前一年月平均工资的 25%,基础补偿金的上限为六个月工资;其次,如果雇员提起了解雇保护之诉,法院也判定解雇违反社会正当性,那么雇员在基础补偿金以外还可以要求雇主支付额外的补偿金,此时适用现行《解雇保护法》第十条规定的最高限额;最后,如果解雇违反了反歧视原则、有违公序良俗,或者触犯了对企业工人委员会委员、三期女职工、残疾人等的解雇禁令,那么法院应当判定解雇无效,劳动合同继续履行。[1]虽然这类意见在学界颇有市场,但是并未获得立法者青睐,反对派指出,有实证调查[2]表明,雇员在面临解雇的时候,只有11.1%到15%的人选择提起解雇保护之诉,所以仅仅以司法系统统计的数据为依据得出结论,号称现行法没有实现存续保护的目标,显然属于盲人摸象、以偏概全,实际上解雇保护制度在很多情况下都能起到震慑雇主、预防解雇的作用。另外,目前所有被解雇的雇员中只有 15% 的人获得了补偿金,其中提起解雇保护之诉的雇员获得补偿金的大约有一半,其他雇员获得补偿金的不到 10%,因此,如果无论解雇是否合法而普遍引入基础补偿金,

---

① Bauer, NZA 2002, 529ff; Buchner, NZA 2002, 533ff; Neef, NZA 2000, 7ff; Rebhahn, RdA 2002, 272ff; Rüthers, NJW 2002, 1601ff; Willemsen, NJW 2000, 2769ff.

② 汉斯伯克勒基金会的经济社会研究所分别在 2001 年和 2003 年以雇员和人事主管为对象进行了广泛的问卷调查,相关调研结果公布在 Pfarr u.a., Der Kündigungsschutz zwischen Wahrnehmung und Wirklichkeit, München und Mering 2005 一书中。相关数据另见 Genschke/Pfarr/Tschersich/Ullmann/Zeibig, AuR 2008, 431ff。

将会大大加重企业的负担。①

另外，还有不少学者提出，由于现行制度采取的是概括性条款的立法例，规则中使用了一系列的不确定概念，需要依靠司法实践进一步去具体应用、充实这些规则，所以，联邦劳动法院的司法审判活动实际上起到了法官造法的作用，其判决对于下级法院有着事实上的约束力。虽然司法实践中已经自上而下贯彻了三大原则，但是判决是针对具体案件作出的，往往带有个案的特性，而且原则本身的适用也是灵活多变的，法官自由裁量的空间很大，这就不可避免地导致解雇保护规则的不确定性。比如，在雇员因为长时间患病被解雇的情况下，迄今为止的患病天数要达到多少才能对雇员未来的健康状况作出负面的预测？雇员三番五次迟到早退，雇主在发出几次警告以后辞退才算是满足了最后手段原则？又比如，根据利益衡量原则，即使可以预测将来劳动关系的履行会受到严重干扰，已经穷尽了更为温和的手段也难以避免，仍然要考虑具体案件的特殊情况：雇员以后的就业机会如何，他失去工作以后是否难以抚养自己的小孩，继续雇用是否会造成雇主沉重的经济负担，这些因素在利益衡量中分别应该被赋予多少的权重，是否还有别的因素应该被纳入利益衡量之中？就这些问题，无论是雇员、雇主，还是他们的代理律师都难以给出明确的答案，甚至同一个法院的不同法官的意见也可能南辕北辙。由于相关规则纷繁复杂、迷雾重重，即使是专家也未必能够看透，所以有人甚至把解雇保护之诉比作赌博游戏，认为现行制度极大地威胁了法律的确定性。然而，这些学者在提出批评之后，并没有提出现行概括性条款立法例的替代方案，其"修改建议稿"的重点在于用支付经济补偿终止劳动关系的模式补充或者替代继续履行劳动合同，但是就解雇本身的合法性判断而言，仍然保留了"解雇行为必须具有社会正当性"等与现行规定相差无几的表述。②

---

① KDZ/Däubler, 7. Aufl., Einleitung Rn. 959a; Zöller/Loritz/Hergenröder, Arbeitsrecht, 6. Aufl., S. 278.

② Bauer, NZA 2002, 529ff; Münchener Kommentar zum BGB/Schwerdtner, 3. Aufl., § 622 Ahn. Rn. 4; Rüthers, NJW 2002, 1601ff; Willemsen, NJW 2000, 2769ff.

**图书在版编目(CIP)数据**

经济性裁员法律制度:司法适用与立法完善/王倩
著.—上海:上海人民出版社,2021
ISBN 978 - 7 - 208 - 16948 - 7

Ⅰ.①经…　Ⅱ.①王…　Ⅲ.①劳动法-研究-中国
Ⅳ.①D922.504

中国版本图书馆 CIP 数据核字(2021)第 028501 号

**责任编辑**　秦　堃　郑家豪
**封面设计**　一本好书

**经济性裁员法律制度:司法适用与立法完善**
王　倩　著

| | | |
|---|---|---|
| 出　　版 | 上海人民出版社 | |
| | (200001　上海福建中路 193 号) | |
| 发　　行 | 上海人民出版社发行中心 | |
| 印　　刷 | 启东市人民印刷有限公司 | |
| 开　　本 | 720×1000　1/16 | |
| 印　　张 | 19.25 | |
| 插　　页 | 2 | |
| 字　　数 | 257,000 | |
| 版　　次 | 2021 年 2 月第 1 版 | |
| 印　　次 | 2021 年 2 月第 1 次印刷 | |
| ISBN 978 - 7 - 208 - 16948 - 7/D·3713 | | |
| 定　　价 | 78.00 元 | |